Diogenes Taschenbuch 250/14

Friedrich Dürrenmatt

*Werkausgabe
in dreißig Bänden*

Herausgegeben
in Zusammenarbeit
mit dem Autor

Band 14

Friedrich Dürrenmatt

Der Mitmacher

Ein Komplex
Text der Komödie
(Neufassung 1980)
Dramaturgie
Erfahrungen, Berichte
Erzählungen

Diogenes

Umschlag: Detail aus ›Minotaurus, Frau vergewaltigend‹ von Friedrich Dürrenmatt.

Der Mitmacher. Ein Komplex erschien erstmals 1976 im Verlag der Arche, Zürich. Copyright © 1976, 1980 by Peter Schifferli, Verlags AG ›Die Arche‹, Zürich.

Aufführungs-, Film-, Funk- und TV-Rechte für die Komödie *Der Mitmacher:*

Weltvertrieb: Theaterverlag Reiß AG, Bruderholzstraße 39, CH-4053 Basel.

Vertrieb für Deutschland: Felix Bloch Erben, Verlag für Bühne, Film, Funk, Hardenbergstraße 6, D-1000 Berlin 12.

Vertrieb für Österreich: Theaterverlag Eirich GmbH, Lothringerstraße 20, A-1030 Wien.

Die *Neufassung 1980* der Komödie *Der Mitmacher* sowie das Kapitel *Jack* hat Friedrich Dürrenmatt eigens für diese Ausgabe geschrieben.

Namenregister: Ueli Duttweiler.

Redaktion: Thomas Bodmer.

Inhalt

Nachwort zum Nachwort

Anhang

Der Mitmacher

Ein Komplex

Allgemeine Anmerkung
zu der Endfassung 1980 meiner Komödien

Es ging mir, im Gegensatz zu den verschiedenen Fassungen, die vorher einzeln im Arche-Verlag erschienen sind, bei den Fassungen für die Werkausgabe nicht darum, die theatergerechten, das heißt die gestrichenen Fassungen herauszugeben, sondern die literarisch gültigen. Literatur und Theater sind zwei verschiedene Welten: Außer den Komödien, die ich nur für die Theater schrieb, *Play Strindberg* und *Porträt eines Planeten,* die Übungsstücke für Schauspieler darstellen und die ich als Regisseur schrieb, gebe ich im Folgenden – die ersten Stücke tastete ich nicht an – die dichterische Fassung wieder, eine Zusammenfassung verschiedener Versionen.

F. D.

Der Mitmacher

Eine Komödie

Personen

Doc
Boss
Cop
Jim
Ann
Bill
Jack
Sam
Joe
Al

Geschrieben 1972/73
Uraufführung im Schauspielhaus Zürich
am 8. März 1973

Ort der Handlung:
Fünftes Untergeschoß eines alten, vergessenen Lagerhauses. Betonpfeiler. Betondecke. Links ist ein Kühlraum in den modrigen Raum hineingebaut worden, offenbar ohne sonderlich auf den übrigen Raum zu achten. Seine Schiebetüre öffnet sich automatisch parallel zur Rampe auf einen Knopfdruck hin, doch wird dann das Innere nur zum Teil sichtbar, zwar hell erleuchtet, weiß gekachelt, ein Wasserhahn mit einem langen roten Schlauch, mehr nicht. Rechts im Lagerraum ein Liftschacht – ob geschlossen oder vergittert (so daß man den Lift hoch- oder niederschweben sieht), bleibe dahingestellt. Kommt der Lift unsichtbar, so ist es ratsam, sein Ankommen oder Hinaufgehen durch mehrere senkrecht übereinander angeordnete Lichtscheiben anzuzeigen, ferner die Lifttüre sich nicht von rechts nach links, sondern von oben nach unten schließen zu lassen. Zwischen einem Betonpfeiler und dem Liftschacht ist eine Wohnnische eingerichtet. Sie ist gegen das Publikum hin geöffnet. Den Hintergrund dieser Wohnnische bildet eine primitive Bretterwand. Zwischen dieser Bretterwand und dem Liftschacht ein Durchgang nach hinten. In der Wohnnische eine Couch schräg zum Publikum, eine primitive Holzstange dient zur Stütze einer Plane, die sich über die Couch spannt: nicht unnötig, von oben tropft immer und irgendwo Wasser. Als Beleuchtung dient eine Lampe, die ein rötli-

ches, wärmeres Licht verbreitet als das brutale der drei
Neonröhren, die den ganzen Raum erhellen, von denen
jedoch meist nur eine in Betrieb ist. Die Lampe über der
Couch hängt an einem Kabel, das durch die Plane gezogen wurde, so daß die primitive Lampe geradezu vertrau-
lich in der Wohnnische brennt. Neben der Couch rechts
eine kleine Kiste, an der Wand des Liftschachtes eine
Kiste, auf der Whiskyflaschen stehen, vor dem Betonpfeiler ein Stuhl, am Betonpfeiler ein kleines Wasserbecken
mit einem Wasserhahn. Links außen am Betonpfeiler
hängt der Bewohner dieses unterirdischen Raumes seinen
Kittel auf, während sein Arbeitsanzug, eine weiße Leder-
schürze und violett-rosa Gummihandschuhe, an der rechten Innenwand des Kühlraums hängen. Im Hintergrund,
zwischen den Betonpfeilern, häufen sich Kisten von verschiedener Größe, die sich im Verlauf des Stücks noch
weiter anhäufen. Auch im Vordergrund der Bühne einige
Kisten, eine vielleicht links, eine andere rechts vom Bühnenportal, eine dritte rechts neben der Kühlraumwand,
hinter ihr ein zweiter Stuhl.
Zeit: Gegenwart.

Erster Teil

Doc, sich langsam aufrichtend.

DOC Man nennt mich Doc. Ich rede. Ich rede, damit mich jemand hört. Ich bin in eine Geschichte verstrickt, die mich nicht zu Wort kommen läßt, in eine heil- und sprachlose Angelegenheit, sprachlos, weil sie im Verschwiegenen spielt, so daß die Beteiligten schweigen, auch wenn sie miteinander reden. Ich bin Biologe. Ich wollte das Leben erforschen, seinen Aufbau ergründen, seinen Geheimnissen nachgehen. Ich studierte in Cambridge und an der Columbia University. Ich lehrte an der Hochschule unserer Stadt. Es gelang mir, ein künstliches Virus herzustellen. Dann wechselte ich zur Privatindustrie hinüber. Das Angebot war fürstlich, der Schritt ein Irrtum. Ich verließ mich auf meinen Ruhm und mein Einkommen. Ich gewöhnte mich, über meine Verhältnisse zu leben. Ich führte ein großes Haus, behängte eine Frau mit Schmuck und verwöhnte einen Sohn. Ich glaubte an das Märchen einer freien Wissenschaft. Ich meinte, ewig in Muße forschen zu können. Ich bildete mir ein, daß die Instrumente, Elektronenmikroskope und die Computer mir gehörten. Sie gehörten nicht mir. Die reine Wissenschaft wurde zu teuer für die Privatindustrie. Ich flog in hohem Bogen aus meiner Stellung, als die Wirtschaftskrise kam. Wie viele andere Wissen-

schaftler auch, Physiker, Mathematiker, Kyberneti-
ker. Die Lehrstühle waren von meinen Schülern be-
setzt, die Institute für Krebsforschung und für biologische Kriegsführung überfüllt. Die Hypotheken waren
zu groß, die Frau lief mit meinem Sohn, dem Schmuck
und einem Liebhaber davon. Ich änderte meinen Namen und tauchte unter. Ich versank im Bodensatz
unserer Städte, im intellektuellen Proletariat unserer
Gesellschaft, im ungenutzten Denkvorrat der Menschheit. Ich war gezwungen, einen unwissenschaftlichen
Beruf anzunehmen.

*Nimmt einen Stuhl, setzt sich vorn links von der Mitte an
die Rampe.*

DOC Ich wurde Taxifahrer, ein Job, der mich mit Boss in
    Verbindung brachte.

*Boss, Hut und Pelzmantel, tritt mit einem Stuhl von links
auf.*

DOC Aus Zufall. Er mußte ein Taxi nehmen. Mein Taxi.
    Vor zwei Jahren. An einem roten Winterabend.

Boss setzt sich neben Doc.

DOC Seinem Cadillac waren die Reifen aufgeschlitzt, sein
    Rolls-Royce war von Kugeln durchlöchert, seinem
    Buick lauerte die Konkurrenz auf.
BOSS Eine Katastrophe.
DOC Das dritte Krematorium, zu dem ich Sie schon
    fahre.

BOSS Ich suche weiter, und wenn ich die ganze Stadt abklopfen muß.

DOC Direktor eines Beerdigungsinstituts?

BOSS *lacht* Der Witz des Jahres.

Doc fährt.

BOSS Wissen Sie, warum ich neben Ihnen sitze?

DOC Gewohnheit.

BOSS Meine Gewohnheit ist, hinten zu sitzen. *Schaut nach links.* Wasserkopf-Abraham.

DOC Kenn ich nicht.

BOSS Hätte er mich erkannt, säßen Sie neben einer Leiche.

Doc fährt.

BOSS Ich bin Boss.

DOC Es gibt viele Bosse.

BOSS Ich bin der Boss.

Doc fährt.

BOSS Fahren Sie nicht so schnell.

DOC Ich gehe auf fünfzig runter.

BOSS Ich bin gesundheitlich angeschlagen.

DOC Kein Wunder.

BOSS Ich könnte Sie umlegen.

DOC Ich gebe Gas.

BOSS Fahren Sie langsamer, zum Teufel.

DOC Wenn Sie mich schon umlegen wollen.

BOSS Bloß eine Redensart.

DOC Ach so.

Doc fährt.

BOSS Es ist mein Beruf, Leute umzulegen.
DOC Verstehe.
BOSS Gegen Bezahlung.
DOC Ein Licht geht mir auf.
BOSS Ich bin führend in der Branche.
DOC Wasserkopf-Abraham?
BOSS Von der Konkurrenz.
DOC Also doch nicht so führend.
BOSS Er sieht morgen die Sonne nicht mehr.
DOC Rot.
BOSS Halten Sie sanft.

Doc hält.

DOC Stände Wasserkopf-Abraham an dieser Straßen-
kreuzung, sähen Sie morgen die Sonne nicht mehr.
BOSS Berufsrisiko. *Schaut nach rechts.* Wolfsrachen-Jeff.
DOC Der Mann mit der Sportmütze?
BOSS Der.
DOC Sackt eben zusammen.
BOSS Sam hat ihn erledigt.
DOC Ihr Mann?
BOSS Mein Mann.
DOC Grün.

Doc fährt.

BOSS In die Nebengasse.
DOC Schön.

BOSS Anhalten.
DOC Bitte.

Boss geht nach links.

BOSS Hier muß es noch ein Krematorium geben.
DOC Vor zwei Monaten abgebrochen.
BOSS Meine letzte Chance dahin.
DOC Kopf hoch.

Boss setzt sich wieder, nimmt eine Pille.

BOSS Nitroglyzerin. Für meine Pumpe. *Spuckt die aufge-
bissene Pille aus.* Weiter.
DOC Wohin?
BOSS Tommey's Bar.

Doc fährt.

BOSS Sie verkennen mein Problem.
DOC Das wäre?
BOSS Ein hygienisches Problem.
DOC Inwiefern?
BOSS Zuerst ließen wir die Leichen einfach liegen.
DOC Das wird die Polizei verärgert haben.
BOSS Umweltverschmutzung.
DOC Sie hätten private Beerdigungsinstitute beliefern
sollen.
BOSS Ihre Preise können wir uns unmöglich leisten. Jetzt
links.

Doc fährt.

DOC Morden rentiert nicht mehr.
BOSS Rentiert Taxifahren?
DOC Auch nicht.
BOSS Miese Zeiten.

Doc hält.

DOC Tommey's Bar.
BOSS Ein geschäftliches Problem macht sinnlich.
DOC Ein Krematorium löst Ihr Problem nicht.
BOSS Warum nicht?
DOC Verbrennt man eine Leiche, verfinstert der Rauch das ganze Stadtviertel.
BOSS Dann ist mir geschäftlich nicht mehr zu helfen.
DOC Einer kann Ihnen helfen.
BOSS Wer?
DOC Ich.
BOSS Rücken Sie mit Ihrer Weisheit heraus.

Doc flüstert Boss etwas ins Ohr.
Gelächter. Boss nach rechts ab.

DOC Ich rückte mit ihr heraus, und seitdem bin ich nicht mehr Taxichauffeur.

Die ganze Bühne sichtbar.

DOC Ich wandte gewisse Grundtatsachen der organischen Chemie technisch an, das war alles. Mein Laboratorium befindet sich in der Nähe des Flusses im fünften Untergeschoß eines alten Lagerhauses, von dem nur wenige wissen, daß es überhaupt existiert. Es kann allein mit einem Warenaufzug betreten werden. Ich bin ein Nekrodialytiker geworden, mit Nekrodialyse beschäftigt, und die Installation, die ich erfunden habe, ist ein Nekrodialysator.

Er öffnet die Tür des Kühlraums.

DOC Es ist Juli, gegen fünf Uhr abends. Ich arbeite den ganzen Tag. Jemand ist auf unsere Beschäftigung aufmerksam geworden. Ein unerwarteter Besuch hat sich angekündigt. Ich liebe keine unerwarteten Besuche.

Aus dem Lift Boss im Sommeranzug.

BOSS Kommt er pünktlich, können wir uns begraben lassen.

Aus dem Kühlraum Doc mit einer leeren Kiste. Der Lift nach oben.

DOC Er kommt nicht pünktlich. *Räumt die leere Kiste nach hinten.*
BOSS Ich bin nicht nervös.
DOC Ich auch nicht.
BOSS *bemerkt den offenen Kühlraum* Stellen Sie endlich den Apparat ab.
DOC Wir müssen den Kühlraum räumen.
BOSS Wie viele sind noch drin?
DOC Fünf.
BOSS Stellen Sie den Apparat schneller ein.
DOC Er läuft auf Hochtouren.

Boss läuft herum.

DOC Jetzt verlieren Sie doch die Nerven.
BOSS Die sind eisern wie Stahl. *Fixiert Doc.*
DOC Kennen Sie ihn?
BOSS Nein.
DOC Er Sie?
BOSS Nein.
DOC Merkwürdig.

Rauschen.

BOSS Endlich.
DOC Noch vier. *Geht in den Kühlraum.*
BOSS Wie kam er auf Sie?
DOC *aus dem Kühlraum* Er rief mich in sein Büro.
BOSS Bloß, um Ihnen zu sagen, er wolle mich sprechen?
DOC Bloß.
BOSS Hier?
DOC Hier.
BOSS Verdammt. *Steckt sich eine Zigarre in den Mund.*
   Gefällt mir nicht. *Steckt die Zigarre in Brand.*
DOC *kommt mit einer leeren Kiste* Mir auch nicht.
BOSS Ihr Vorgesetzter ist offiziell Mac.
DOC Weiß ich.
BOSS Warum nannten Sie nicht Mac?
DOC Ich nannte Mac.
BOSS Und?
DOC Er verlangte Macs Vorgesetzten zu sprechen.
BOSS Verflucht. *Denkt nach.* Er soll ausgesprochen
   harmlos sein.
DOC Völlig.

BOSS Ich mißtraue harmlosen Figuren.
DOC Sie sehen schwarz.

Rauschen.

DOC Nur noch drei.
BOSS Beeilen Sie sich.

Doc geht in den Kühlraum.

BOSS Er wird mir nichts vorwerfen können.
DOC *aus dem Kühlraum* Wasserkopf-Abraham und Wolfs-
  rachen-Jeff sind längst begraben.
BOSS Er wird mir nichts nachweisen können.
DOC Sie sind über jeden Verdacht erhaben.
BOSS Ich war dabei, als wir Isigaki eroberten. *Legt sich
  auf die Couch.* Weiber?
DOC *kommt mit einer leeren Kiste* Hin und wieder.
BOSS Hier?
DOC Warum nicht. *Räumt die leere Kiste nach hinten.*
BOSS Na ja. *Zieht den linken Schuh aus. Erhebt sich.*
  Verschiedene?
DOC Immer die gleiche.
BOSS Ist sie verheiratet?
DOC Glaube nicht.
BOSS Sind Sie verliebt?
DOC Weiß nicht.
BOSS Geschäftliche Sorgen. Eine Pumpe, die nachläßt.
  Schwindelgefühle. Geschwollene Füße. Einen Rat,
  Doc: Hände weg von den Weibern. Seit zwei Jahren
  lebe ich mit einer Pflanze.
DOC Das winseln Sie mir jeden Tag vor.

BOSS Ich richtete ihr ein verdammt teures Apartment ein.

DOC Das reut Sie auch jeden Tag.

BOSS Die Eifersucht bringt mich noch um.

DOC Die brachte früher Ihre Rivalen um.

BOSS Ich weiß nicht einmal, mit wem sie mich betrügt.

DOC Lassen Sie sie überwachen.

BOSS Dazu bin ich zu stolz.

DOC Früher waren Sie nicht zu stolz.

BOSS Früher war ich jünger.

DOC Gehen Sie zum Psychiater.

BOSS Ging ich. Defekte Mutterbindung. Wenn er jetzt kommt, verliere ich die Nerven endgültig.

DOC Er ist nicht pünktlich.

BOSS Gott sei Dank.

Rauschen.

BOSS Das verfluchte Altern.

DOC Nur noch zwei.

BOSS Los! Tempo!

DOC Bestechen Sie ihn einfach.

BOSS Wenn ich nur nicht ein so verteufelt ungutes Gefühl hätte.

Der Lift fährt nach unten.

BOSS Er kommt!

DOC Pech.

BOSS Er ist pünktlich.

DOC Überpünktlich. *Geht in den Kühlraum.*

BOSS Was soll ich um Himmels willen tun?

Aus dem Lift kommt Cop.

DOC *aus dem Kühlraum* In seinem Büro machte er wirklich einen harmlosen Eindruck.
BOSS Wir sind nicht in seinem Büro.

Der Lift fährt wieder nach oben.

COP Boss?
BOSS Cop?
COP Cop.

Boss bietet Cop den Stuhl an. Cop setzt sich nicht.

BOSS *denkt nach* Haben wir uns nicht schon einmal getroffen?
COP Sie haben mich getroffen.
BOSS Wann?
COP Ich erinnere mich genau.
BOSS Komme nicht drauf.
COP Werden Sie schon noch.

Doc kommt mit einer leeren Kiste.

BOSS Den kennen Sie ja. *Weist mit dem Kopf auf Doc, der nach hinten geht.* Ich bin unschuldig.
COP Wir sind alle unschuldig.

Doc kommt mit zwei Gläsern und Whisky, Boss setzt sich.

BOSS Ich bin ein gewöhnlicher Bürger.
COP Wir sind alle gewöhnliche Bürger.

BOSS Ich half Isigaki erobern.

COP Wir sind alle Helden. *Wendet sich zu Doc.* Trinken Sie nicht, Doc?

DOC Nein.

COP Auf Ihr Wohl, Boss. *Trinkt.*

BOSS Auf Ihr Wohl, Cop. *Trinkt nicht.*

COP Abscheulich. *Gießt das Glas aus.*

BOSS *grinst* Doc braut seinen Whisky selber zusammen.

COP Er sollte uns besseren vorsetzen.

BOSS Fällt ihm nicht ein.

Doc setzt sich auf die Couch, liest Comics.

COP Vielleicht fällt es ihm später ein. *Inspiziert den Hintergrund.* Praktisch hier unten.

BOSS Bloß leere Kisten.

COP Was lesen Sie denn da, Doc?

DOC Comics.

BOSS Er liebt die Polizei nicht.

COP Ich bin nicht beruflich hier.

BOSS Dann wären Sie überhaupt nicht hier.

COP *setzt sich Boss gegenüber* Es geht um Ihr Geschäft.

BOSS Ich besitze kein Geschäft. Ich bin Privatmann.

COP Ich hatte eine Besprechung mit Mac.

BOSS Mac verwaltet mein Vermögen.

COP Ein Millionenvermögen.

BOSS Reiche Vorfahren.

COP Nirgends vorzuweisen.

BOSS Halfen den Staat gründen.

COP Riesenvilla.

BOSS Falsche Bescheidenheit ist unanständig.

COP Streng bewacht.

BOSS Kostbare Sammlung alter Niederländer.

COP Dazu sind nicht fünfzehn Mann nötig.

BOSS Acht.

COP Fünfzehn.

BOSS Sie sind informierter als ich.

COP Ausgesuchte Gorillas.

BOSS Hundsgewöhnliche Leibwächter.

COP Einer ist von mir eingeschleust.

BOSS *stutzt* Wer?

COP Tut nichts zur Sache.

BOSS *lauernd zu Doc hinüber* Da ist man wie ein Vater zu den Leuten, doch immer stellt sich irgendeiner als Verräter heraus.

COP Rohe Zeiten.

BOSS *wischt sich den Schweiß von der Stirn* Schwül hier unten.

COP *grinst* Nicht im geringsten.

BOSS *betrachtet Cop nachdenklich* Sie haben mich unterwandert?

COP Taktik.

BOSS *überlegt* Was wissen Sie?

COP Alles.

BOSS *erhebt sich* Wie kamen Sie dahinter?

COP Mac erzählte, daß Sie einen Chemiker beschäftigen.

BOSS *fixiert Doc* Mac schwatzt zuviel.

COP Eben.

BOSS *geht zu Doc hinüber* Doc ist ein harmloser Säufer, der höchstens ein Waschpulver erfunden hat.

COP Vielleicht ist er ein Genie.

BOSS *bleibt vor Doc stehen* Ich kenne nicht einmal seinen richtigen Namen.

COP Den werde ich schon herausfinden.

BOSS *wendet sich zu Cop* Ich mußte den Mann beschäftigen.

COP Ach nein.

BOSS Opfer der Wirtschaftskrise.

COP Na und?

BOSS Der Mann mußte Taxichauffeur werden.

COP Menschenliebe kommt bei Ihnen nicht in Frage.

BOSS Sie kränken mich.

COP Sie erheitern mich.

Rauschen.

COP Irgend jemand hat sich aufgelöst.

BOSS *starrt fassungslos Doc an* Er ist auf dem laufenden.

COP Doc, Sie sind ein Genie. Wer rauschte in die Kanalisation?

BOSS Ein Garagenbesitzer.

COP Wieviel?

BOSS Wofür?

COP Für den Garagenbesitzer.

BOSS Fünftausend.

COP Wie viele Leichen befinden sich noch im Kühlraum?

BOSS Eine.

COP Doc.

DOC Cop?

COP Führen Sie mich hinein.

Doc führt Cop in den Kühlraum.
Boss setzt sich auf die Couch, zieht den rechten Schuh aus.

COP *aus dem Kühlraum* Die junge Miller.

BOSS Verschonen Sie mich damit.

COP Ich dachte, sie läge im Fluß.

BOSS Sie liegt im Kühlraum.

COP Erdrosselt.

BOSS Ich schaue nie hin.

COP Doc, lösen Sie das Mädchen auf. *Kommt aus dem Kühlraum.* Wer bestellte die Arbeit?

BOSS Ihr Bruder.

COP Wieviel zahlte er?

BOSS Neuntausend.

COP Setzt Mac die Preise fest?

BOSS Und?

COP Der junge Miller hätte fünfzigtausend zahlen können.

BOSS So viel hätte er nie aufgetrieben.

COP Wer beim Tod seiner Schwester drei Millionen erbt, treibt so viel auf.

BOSS Sie sind größenwahnsinnig.

COP Ich bin realistisch. Zur Sache. *Setzt sich wieder.*

BOSS Ist das Lagerhaus umzingelt?

COP Ich sagte schon, ich sei nicht beruflich hier.

BOSS Sie sind ein Polizist.

COP Gerade darum sollten Sie mir vertrauen.

BOSS Gerade darum traue ich Ihnen nicht.

Doc kommt mit einer Kiste aus dem Kühlraum, trägt sie nach hinten, setzt sich auf den Stuhl von Boss.

COP Zuerst brachten Sie Bordelle und Spielhöllen in Schwung, dann eroberten Sie den Rauschgiftmarkt.

BOSS Ich stieß mir in der Jugend die Hörner ab.

COP Schließlich gründeten Sie vor vier Jahren das Unternehmen.

BOSS Es handelt sich um eine höchst bescheidene Firma.

COP Immerhin zogen wir massenhaft Leichen aus dem Fluß.

BOSS Sie verekeln mir mit Ihren unappetitlichen Details die Zigarre. *Wirft die Zigarre auf den Boden, tritt sie aus.*

COP Sensibel.

BOSS Muß meine Pumpe schonen.

COP Unsere Stadt rückte mordstatistisch an die erste Stelle. Dann engagierten Sie Doc. Vor zwei Jahren. Heute ist der gute Ruf unserer Stadt wiederhergestellt. Sie steht mordstatistisch an letzter Stelle. Weil Doc eine Methode erfand, Leichen in Flüssigkeit aufzulösen. Der perfekte Mord wurde möglich.

BOSS *betrachtet Cop mißtrauisch* Was wollen Sie?

COP Fünfzig Prozent.

BOSS *außer sich* Sie sind verrückt. *Läuft herum.*

COP Durchaus nicht.

BOSS Das Unternehmen ist mein Lebenswerk.

COP Sie organisierten die größte Mordbande unserer Kommunalgeschichte.

BOSS Sie organisieren die größte Korruption unserer Kommunalgeschichte.

COP Eine Hand wäscht die andere schmutzig.

BOSS *verzweifelt* Sie wollen mich ruinieren.

COP Wollte ich Sie ruinieren, würde ich Sie liquidieren.

BOSS Ich trage die Unkosten.

COP Ihre Bande kostet Sie bloß zehn Prozent.

BOSS Sie blutet mich aus.

COP Sie zahlen schäbig.

BOSS Für eine schäbige Arbeit.

COP Geschäftlich sind Sie ein Stümper.

BOSS *bleibt erschöpft stehen* Fünfzehn Prozent gehen an
  Mac.
COP Geschäftlich ein noch größerer Stümper. Ihr Unter-
  nehmen könnte florieren wie noch nie.
BOSS Sie vermasseln es mir wieder.
COP Werden Sie nicht sentimental.
BOSS Was haben Sie vor?
COP Es zum Florieren zu bringen wie noch nie. *Wendet
  sich an Doc.* Doc, wieviel verdienen Sie?
DOC Fünfhundert im Monat.
COP Wenig.
BOSS Als Taxichauffeur verdiente er nicht so viel.
COP Ich beabsichtige, Doc zu unserem Teilhaber zu ma-
  chen.
BOSS Beteiligen wir ihn mit einem Promille.
COP Ich bekomme fünfzig, Sie erhalten dreißig, und Doc
  erhält zwanzig Prozent.

*Doc bricht in ein Gelächter aus, erblickt Boss, bricht
erneut in ein Gelächter aus, wirft sich auf die Couch.*

BOSS Ich appelliere an Ihren gesunden Menschenver-
  stand.
COP Ich schätze den Geist.
BOSS Auf zwanzig Prozent?
COP Ohne Doc kein Aufschwung.

Doc holt Whisky.

BOSS Sie sind ein Kommunist.
COP Die Zeit der großen Bosse ist vorbei.
BOSS Wenn ich mit meinen dreißig Prozent noch die

Bande und Mac bezahle, sitze ich auf dem trockenen.

Doc schenkt Cop ein.

COP Besser als auf dem elektrischen Stuhl.

Doc lacht.

BOSS Ihre Witze sind mir unsympathisch. Mit Ihren
modernen Ideen schlagen Sie mein Lebenswerk in
Trümmer.
COP Ich bin bereit, Mac zu übernehmen.
BOSS Mit einem Butterbrot gebe ich mich nicht ab.
COP *trinkt* Sehen Sie, Doc, jetzt haben Sie mir von Ihrem
Besseren vorgesetzt.

Lift fährt nach unten.

BOSS Der Lift.
COP Sicher.
BOSS Ich erwarte niemanden.
COP Eine Überraschung.
BOSS Also doch die Polizei.

*Der Lift öffnet sich, Jim, in bürgerlichen Sommerklei-
dern, rollt mit einem zweirädrigen Karren eine große
Kiste herein.*

BOSS Jim also.
COP Mein tüchtigster Mann.
BOSS Ich dachte, er sei mein tüchtigster Mann.
COP Er ist jetzt unser tüchtigster Mann.

JIM Die Kiste, Cop.

COP In den Kühlraum, Jim.

JIM Jawohl, Cop. *Rollt die Kiste in den Kühlraum.*

BOSS Wer ist in der Kiste?

COP Mac.

BOSS Sie sagten, Sie hatten mit ihm eine Besprechung.

DOC Das Resultat.

BOSS *konsterniert* Mac war mein bester Freund.

COP Er vermochte die Zahlungsfähigkeit unserer Klienten nicht abzuschätzen.

BOSS Wer soll es in Zukunft tun?

COP Doc.

BOSS Ein Taxichauffeur.

COP Der Intellektuelle von uns dreien.

BOSS Mac war auch ein Intellektueller.

COP Ein unbrauchbarer.

BOSS Er hatte seine Leute.

COP Habe ich auch.

BOSS Beziehungen zu Kunden sind nicht leicht herzustellen.

COP Mac stellte sie zu leicht her.

Aus dem Kühlraum kommt Jim mit dem leeren Karren.

COP Jim, ich komme mit dir.

Jim geht in den Lift.

COP Doc, Ihr Bourbon war ausgezeichnet. *Trinkt das Glas aus.* Die Liste mit den nächsten fünfzehn Patienten. *Legt die Liste auf die Couch, geht in den Lift.* Von nun an wird das Unternehmen exklusiver und teurer.

Der Lift fährt nach oben.

BOSS Dieser Machtkampf hat mir gerade noch gefehlt. *Stöhnt.* Holen Sie mir die Schuhe.

Doc nimmt die Liste, wirft sich auf die Couch, studiert die Liste. Boss sucht die Schuhe selbst zusammen, zieht sie an, holt den Lift wieder herunter.

BOSS Mein ungutes Gefühl hat mich nicht getäuscht.
DOC Ich bin Ihr Teilhaber geworden.
BOSS Der Bulle auch.
DOC *grinst* Sie sind in die Hände von anständigen Menschen gefallen.
BOSS Dabei half ich Isigaki erobern.
DOC Es sind andere Zeiten gekommen.
BOSS Eine Sauhitze hier unten.

Rauschen.

DOC Denken Sie an Ihre Pumpe.
BOSS *nickt, betrachtet Doc nachdenklich, geht in den Lift* Wenn ich nur wüßte, wo ich den Kerl schon getroffen habe.

Dunkel.
Aus dem Kühlraum kommt Ann, Licht nur auf sie.
Sie trägt ein elegantes Abendkleid, schleppt einen Pelzmantel am Boden nach.

ANN Ich heiße Ann. Ich bin die Geliebte von Boss. Ich war ein Fotomodell, nicht ein berühmtes. Mein größ-

ter Erfolg war die Werbung für eine Gartenschaukel.
Sie ist in Harper's Bazaar erschienen. Ich schaukle
darin in einem blauen Badeanzug über einem englischen Rasen. Vorher hatte Boss eine andere Geliebte.
Meine Freundin Kitty. Sie wohnte in einem vorneh-
men Stadtviertel. Als sie mich zu sich einlud, sagte sie,
Boss würde nicht anwesend sein, wenn ich käme. Als
ich kam, war Boss anwesend und Kitty verschwunden.
Ich hatte gleich ein ungutes Gefühl, als Boss mich
nahm; man sollte sich mit Menschen wie Boss nicht
einlassen, aber seitdem lebe ich mit ihm. Er verwöhnt
mich. Ich fahre einen teuren Sportwagen. Er schenkte
mir Schmuck und einen Pelzmantel, und letzthin
schenkte er mir einen kleinen Rembrandt, ich darf ihn
nur niemandem zeigen. Ich habe Kittys Wohnung
übernommen. Kitty ist nicht mehr aufgetaucht. Ich
kann mir denken, was mit ihr geschehen ist. Boss ist
mächtig. Die Menschen fürchten ihn; aber ich weiß
nicht, was er treibt. Es ist besser, daß ich es nicht weiß.
Ich schätze, er hat noch eine Familie. Er erwähnte
einmal, er wohne in einer großen Villa in einem noch
vornehmeren Viertel. Manchmal fliegt er nach der
Westküste. Als er wieder einmal nach der Westküste
geflogen war, ging ich in Tommey's Bar.

Sie tritt an die Rampe.

ANN Eigentlich hatte mir Boss verboten, in Tommey's
Bar zu gehen, er wünschte, daß ich nur teure Restau-
rants besuche, aber manchmal ging ich trotzdem in
Tommey's Bar, weil ich selbständig sein wollte und
weil mich die Gefahr reizte, und so kam es, daß ich

Doc traf. Ich trug damals diesen Pelzmantel. *Zieht sich den Pelzmantel an.* Er sagte, er wohne ganz in der Nähe beim Fluß, aber ich fürchtete mich doch, als wir in das Lagerhaus gingen und nach unten fuhren, und ich schaute mich mißtrauisch um, als ich zum erstenmal diesen Raum betrat.

Der Raum erhellt. Doc liegt auf der Couch.

DOC Nun?

ANN So tief unten.

DOC Fünf Stockwerke tief.

ANN Hier wohnst du?

DOC Hier –

ANN Tag und Nacht?

DOC Immer.

ANN Das ist doch keine Wohnung!

DOC Für mich ist es eine.

ANN Ungemütlich.

DOC Ich brauche keine Gemütlichkeit. *Liest Comics.*

ANN Irgendwo tropft Wasser.

DOC Furcht?

ANN Etwas.

DOC Du hast mich angesprochen.

ANN In Tommey's Bar.

DOC Du bist freiwillig mitgekommen.

ANN Ich weiß.

DOC Es war dir egal wohin.

ANN Jetzt bin ich da.

DOC Du willst mit mir schlafen.

ANN Mein Angebot.

DOC Hier ist die Couch.

ANN Ich sehe.
DOC Zieh dich aus.
ANN Später.
DOC Whisky?
ANN Bitte.

Doc reicht ihr den Whisky.

DOC Wenn du willst, kannst du wieder hinauffahren.
ANN Ich bleibe. Du bist ein Wissenschaftler?
DOC Etwas Ähnliches.
ANN Das ist dein Labarotorium?
DOC Etwas Ähnliches. *Lacht.*
ANN Ich habe mich wieder mal versprochen.
DOC Macht nichts.
ANN Schwips. *Drückt auf den Knopf des Kühlraums, die Tür öffnet sich.*
DOC Ich stelle Industriediamanten her.
ANN Mußt du deshalb so tief unter die Erde? *Geht einen Schritt in den Kühlraum.*
DOC Radioaktive Strahlung.
ANN Gefährlich? *Kommt erschrocken aus dem Kühlraum.*
DOC Nur wenn der Apparat läuft.

Ann drückt auf den Knopf, die Tür schließt sich wieder.

DOC Meine Erfindung.
ANN Ich wußte gleich, daß du ein Intellektueller bist.
DOC Ich war einer.
ANN Da unten?
DOC Die Kanalisation.

ANN Soll ich mich jetzt ausziehen?

DOC Später.

ANN Furcht?

DOC Nein.

ANN Darf man hier rauchen?

DOC Du brauchst nicht zu fragen.

ANN Vielleicht geht alles in die Luft.

DOC Vielleicht.

ANN Dann rauche ich lieber nicht. *Lacht, betrachtet Doc.*
Ich sah dich noch nie in Tommey's Bar.

DOC Ich war auch vorher noch nie in Tommey's Bar.

ANN Lebst du wirklich immer hier unten?

DOC Das erste Mal, daß ich oben war, seit mehr als einem
Jahr. Noch einen Whisky?

ANN Noch einen. *Reicht ihm ihr Glas.*

DOC Eis?

ANN Wenn du welches hast hier unten.

DOC Ich habe immer welches hier unten. *Geht mit Anns
Glas in den Kühlraum, redet von dort.* Du bist mit
einem tollen Schlitten vorgefahren.

ANN Ein Geschenk.

DOC Dein Pelzmantel ist auch nicht billig.

ANN Auch ein Geschenk.

DOC Warum hast du gerade m i c h gefragt, ob du mit mir
schlafen kannst?

ANN Zufällig.

DOC Hättest du auch einen anderen gefragt?

ANN Auch.

DOC *kommt mit dem Whisky* Edelnutte oder auf Abenteuer aus?

ANN Spielt keine Rolle.

DOC Willst du immer noch mit mir schlafen?

ANN Immer noch.

DOC Zahle nichts.

ANN Spielt keine Rolle.

DOC Komisches Mädchen. *Setzt sich auf die Couch.* Hatte schon lange keine Frau mehr.

ANN Kunststück, hier unten.

DOC Ich wohnte einmal nobel.

ANN Ruiniert?

DOC Nach Strich und Faden.

ANN Die Wirtschaftskrise setzte viele auf die Straße.

DOC Wir sahen alle einmal bessere Zeiten. *Trinkt.*

ANN Ich heiße Ann. *Trinkt.*

DOC Mich nennt man Doc. *Trinkt. Betrachtet sie nachdenklich.* Warum willst du mit mir schlafen?

ANN Das geht dich nichts an. *Trinkt.*

DOC Dann zieh dich aus.

Sie reicht ihm ihr Glas Whisky.

ANN Ich zieh mich aus.

Licht nur auf Ann.
Doc verschwindet im Hintergrund links. Ann tritt an die Rampe.

ANN Darauf zog ich mich aus. *Zieht den Pelzmantel aus.* Vielleicht, weil ich mich an Boss rächen wollte, vielleicht, weil ich mich schämte, daß ich Boss nicht hatte widerstehen können. Es wurde sehr schön. Ich blieb nur wenige Stunden bei Doc, damals in jener kalten Nacht im Februar, nachher wollte ich ihn nie wiedersehen, aber als Boss aufs neue nach der Westküste flog, sah ich Doc wieder, und nun besuche ich ihn auch, wenn Boss nicht nach der Westküste fliegt.

Sie legt sich auf die Couch, stellt später den verborgenen Plattenspieler ein. Vivaldi, Sommer, Allegro non molto.

ANN Jetzt ist es Juli. Ich finde diesen kahlen Raum tief unter der Erde auf einmal gemütlich, mit dieser Nische darin und der Plane darüber, auf die hin und wieder Wasser tropft, und mit dem kleinen versteckten Plattenspieler, den Doc mir schenkte. Ich bin glücklich mit Doc. Ich vertraue ihm mehr, als ich je einem anderen Mann vertraut habe. Doch sprach ich bisher mit ihm nie über Boss. Er sollte weder wissen, daß ich Boss kenne, noch Boss kennenlernen. Er durfte nicht einmal ahnen, daß es Boss gibt. Aber nun muß ich mit ihm über Boss reden, wenn auch vorsichtig, ohne seinen Namen zu nennen.

Der ganze Raum hell.
Aus dem Kühlraum Doc mit einer leeren Kiste, stutzt.

DOC Du bist noch da?
ANN Ich bin wieder da.
DOC Du bist doch eben nach oben gefahren.
ANN Ich bin dann eben wieder nach unten gefahren.
DOC Es ist schon Morgen.
ANN Und?

Doc trägt die Kiste nach hinten.

ANN Du frierst, wenn du aus dem Nebenraum kommst.

DOC Es ist kühl dort.

ANN *stellt den Plattenspieler ab* Doc.

DOC Ann?

ANN Ich habe mich in dich verliebt.

Doc schweigt.

ANN Auf einmal.

DOC In einen Menschen wie mich verliebt man sich nicht.

ANN Du bist anders als die anderen.

DOC Ich bin so geworden wie die anderen.

ANN Ich wollte ein anständiger Mensch bleiben.

DOC Das wollten wir alle.

ANN Du bist ein anständiger Mensch.

DOC Unsinn. Wenn ich mich nicht auf meine Instrumente verlassen und ohne Elektronenmikroskop und ohne Computer zu denken gewagt hätte, wäre ich vielleicht ein anständiger Wissenschaftler geblieben, das ist alles.

ANN Es ist nicht unanständig, Industriediamanten herzustellen.

DOC Alles ist heute unanständig.

ANN Du weißt nichts von mir.

DOC Wir brauchen nichts voneinander zu wissen.

ANN Jemand hält mich aus.

DOC Und?

ANN Ich kann nicht mehr mit ihm leben, seit ich dich kenne.

DOC Ein großes Tier?

ANN In bestimmten Kreisen.

DOC Sein Name?

ANN Ich will dich nicht hineinziehen.

DOC Ich bin schon hineingezogen.

ANN Noch nicht.

DOC Wir sind alle in alles hineingezogen.

ANN Er schenkte mir einen Rembrandt.

DOC Fürstlich.

ANN Alte Frau im Kerzenlicht.

DOC Kaum echt.

ANN Möglich.

DOC Sonst ist er gestohlen.

ANN Dann ist er echt.

DOC Fürchtest du dich?

ANN Seit ich dich liebe.

Rauschen.

DOC Die Herstellung von Industriediamanten verlangt ständige Überwachung. *Geht in den Kühlraum.* Ist er mißtrauisch geworden?

ANN Weiß nicht.

DOC Bist du in Gefahr?

ANN Wenn er mißtrauisch geworden ist.

DOC Du hättest dich nicht in mich verlieben sollen.

ANN Ich habe mich aber in dich verliebt.

Doc kommt mit einer leeren Kiste aus dem Kühlraum.

DOC Ann.

ANN Doc.

DOC Ich habe mich auch in dich verliebt.

Schweigen.

DOC Auch auf einmal.

Sie geht auf ihn zu. Sie reißen einander an sich. Wälzen sich auf dem Boden.

ANN Was soll ich tun?
DOC Nicht mehr mit ihm leben.
ANN Ich muß mit ihm leben.

Sie küssen sich.

ANN Er würde mich überall finden.
DOC Ich bringe dich in Sicherheit.
ANN Wo?
DOC Bei der Freundin meines Partners.
ANN Wer ist dein Partner?
DOC Unwichtig.
ANN Auch ein großes Tier?
DOC Auch.
ANN Nächste Woche fliegt er nach der Westküste.
DOC Dann kann es zu spät sein.
ANN Es ist gefährlich, ihn vorher zu verlassen.
DOC Noch heute.
ANN Heute kommt er zu mir.
DOC Dann morgen.
ANN Ich weiß nicht, ob es möglich sein wird.
DOC Es muß.
ANN Morgen abend?
DOC Hier unten.
ANN Nach zehn.
DOC Nach zehn. *Erhebt sich.* Nimm nichts mit. Es muß sein, als ob du dich in Nichts aufgelöst hättest.

Sie erhebt sich, setzt sich auf die Couch, zündet sich eine Zigarette an, läßt die Packung liegen.

ANN Die letzte. *Raucht.* Du?
DOC Ich muß noch hier unten bleiben.
ANN Deines großen Tieres wegen?
DOC Ich steige in ein großes Geschäft ein. *Setzt sich auf die leere Kiste.*
ANN Mit deinen Industriediamanten?
DOC Damit.
ANN In ein schmutziges Geschäft?
DOC Es gibt nur schmutzige Geschäfte.

Ann raucht.

DOC In einem Jahr bin ich reich.
ANN Ein Jahr kann eine Ewigkeit dauern.
DOC Nicht immer.
ANN Wenn du es schaffst.
DOC Dann verlassen wir beide diese Stadt.
ANN Wenn wir Glück haben.
DOC Ich schaffe es.

Ann raucht.

DOC Weil ich wieder eine Chance habe.
ANN Mit deinen Industriediamanten.
DOC Mit dir.

Ann drückt die Zigarette aus, erhebt sich, nimmt den Pelzmantel.

ANN Ich muß gehen.

Doc geht mit der leeren Kiste nach hinten.

DOC Ich muß arbeiten.
ANN Ich muß noch einmal zu meinem großen Tier zurück.
DOC Zum letztenmal.

Ann betritt den Lift, der erhellt ist. Sie ist als Silhouette sichtbar.

ANN Doc.
DOC Ann?
ANN Ob wir noch einmal in unserem Leben Tommey's Bar besuchen?

Die Lifttüre schließt sich. Der Lift fährt nach oben.
Dunkel.
Aus dem Kühlraum schleppt sich Bill, nackt, halb in Plastik gewickelt.
Licht nur auf ihn.

BILL Mein Name ist Bill. Ich bin vierundzwanzig. Zuerst studierte ich Biologie, dann wechselte ich zur Soziologie hinüber. Dem Menschen hilft das Studium der Natur erst wieder weiter, wenn er gelernt hat, mit seinesgleichen zusammenzuleben. Es ist unanständig, über Atome, Moleküle, Spiralnebel oder Kohlenstoffverbindungen nachzudenken, wenn ein korrupter Staat, eine noch korruptere Gesellschaft oder ein idiotischer Dogmatismus die Welt zugrunde richten. Ich bin Wissenschaftler, nicht Moralist, die persönlichen Erlebnisse, die zu meinen Erkenntnissen führten, sind unerheblich. So oder so wäre ich Anarchist geworden, denn der Fortschritt der Menschheit geschieht in kleinen Schritten. Da den Einzelnen seine Ordnungen immer wieder versklaven, muß er diese Ordnungen immer wieder zerstören. Die Revolutionen schaffen mit gewaltigen Opfern nur neue Notwendigkeiten, die Welt aufs neue zu ändern. Es ist sinnlos, immer neue Ideologien zu erfinden, immer neue Utopien zu errichten. Es ist genug geschwatzt worden. Erst eine größere Not bringt die Menschen zur Vernunft, doch gehört zu einer wahnwitzigen Welt auch eine wahnwitzige Methode. Unser Kampf richtet sich gegen jedes politische System und gegen jede Gesellschaftsordnung: es taugt keine etwas. Die allgemeine Korruption ist nicht zu bekämpfen, sondern zu fördern. Eine klug gelegte Bombe ist keine Utopie, sondern Wirklichkeit, eine im richtigen Augenblick falsch gestellte Weiche keine ideologische Tat, sondern ein sinnvolles Eingreifen in den Ablauf der Geschichte. Nichtstun schadet. Mitmachen ist verbrecherisch. Pläneschmieden Zeitverschwendung. Bloß Amoklaufen hilft weiter. Diese Erkenntnis in die Tat umzusetzen ist mein Ziel. Es schien einst unerreichbar. Wissenschaftlich gebildet, fehlt mir jede Übung in der Gewalttätigkeit, bin ich doch so unpraktisch, daß es mir kaum gelingt, einen Nagel in die Wand zu schlagen; aber unvermutet rücken Umstände und Zufall das Unerreichbare in greifbare Nähe. Ich greife zu, das ist alles.

Bill schleppt sich wieder in den Kühlraum zurück. Aus dem Kühlraum kommend steigt Jack über ihn hinweg,

uralt, in feierlichem schwarzem Anzug, Hut, randlose
Brille, zwei Diplomatenkoffer tragend.
Wasserrauschen, während Bill verschwindet.

JACK Ich bin Jack. War der Auftritt Bills irreal, ist meiner
noch irrealer. Der da die Kanalisation hinunterrauscht,
bin ich, der ich doch sonst am liebsten sanfte Liebesgeschichten und elisabethanische Sonette lese. Höllisch
der Ort, in den ich geraten bin, eine Badewanne, auf
einem Regal Flaschen mit Säuren wie in einer Apothe-
ke, an der Wand Fässer mit unbeschreiblichen Flüssig-
keiten, ein roter Schlauch, den Sie ja sehen können,
samt Wasserhahn, alles weiß gekachelt, gräßlich. Übri-
gens wurde ich in diesen zwei Diplomatenkoffern
hineingeschafft. *Schmeißt die Koffer in den Kühlraum.*
Die Tür schließt sich, erneutes Rauschen, Licht. Jetzt
rutscht mein Neffe Bill in die Kanalisation. Ich mochte
den Jungen eigentlich leiden, gebildet, verträumt, sanft.
Die Ideen, die er eben entwickelte, setzen nicht nur Sie
in Erstaunen, auch mich, die heutige Jugend überbor-
det ja nun wirklich. Allerdings war schon seine Mutter
die fabelhafteste Nymphomanin, die mir in meinem
Leben begegnet ist, ein verdammt lockeres Frauenzim-
mer, schwarzhaarig, hochbeinig, elastisch. Großartig.
Mein Bruder war wild auf sie. Es war ihm gleichgültig,
wenn sie ihn mit der ganzen Belegschaft der Chemiewerke betrog und mit dem Verwaltungsrat, wie ich
schätze, ich bleibe bescheiden. Es genügte meinem
Bruder, daß sie seine alten Knochen aufmöbelte, und
als ich ihn aufklärte, grinste er nur. »Nick«, schleuderte ich ihm die Wahrheit ins Gesicht, »Nick, sie schläft
mit jedem, sogar mich hat sie verführt, in meinem

Arbeitszimmer, unter Hermann Hesses gesammelten
Werken, während einer Dichterlesung in der Halle.
Ich weiß nicht mehr, wer las, E. F. Shutterton,
K. L. Shutterton oder Shutterton Shutterton oder irgendeiner der jungen Autoren, die jetzt in Mode kommen. Ich hörte nur fernes Stimmengemurmel, während sie auf mir ritt. Manchmal ein Bravo. Nackt, alter
Knabe, nackt, nicht auszudenken, wenn so ein Dichter
plötzlich mein Arbeitszimmer betreten hätte. Nick, du
rennst in dein Verderben.« Es machte ihm keinen
Eindruck. Er heiratete sie, adoptierte Bill und flog in
sein Verderben. Wortwörtlich. Ich bin sicher, daß
dieses Prachtweib es gerade mit dem Piloten trieb,
während Nick mit seinem Blutzucker wieder einmal
dahindöste, als sie in die Eigernordwand donnerten.
Der Berg hat gesprochen, basta, testamentarisch
gehören die Chemiewerke Bill, mir blieb ein Sitz im
Verwaltungsrat und die Kultur – die bleibt immer an
mir haften. So neppt einen das Geschick. *Steckt sich
eine weiße Nelke ins Knopfloch.* Mein Vater hatte die
wichtigsten schöngeistigen Verlage zusammengekauft
und sie mir vermacht. Während mein Bruder Millionen scheffelte, powerte die moderne Literatur mich
aus, mein Ende ist denn auch danach, absurdes Theater. Wenn ich nur begriffe, weshalb ich mich hier in
zwei Diplomatenkoffern habe auflösen lassen müssen,
wäre mir schon besser. Seltsam, mein Vorschlag Bill
betreffend schien doch angenommen worden zu sein.
Doch kommen wir wieder zur Realität zurück. An den
Abschied Anns von Doc werden Sie sich nicht ohne
Rührung erinnern, ahnen Sie doch, es war ein Abschied für immer.

Licht.
Doc liegt auf der Couch, erhebt sich, geht in den Kühl-
raum.
Licht wiederum nur auf Jack.

JACK Am nächsten Morgen, kurz vor acht, begibt sich
   Doc in den Kühlraum, beginnt mit seiner Arbeit.

Der Lift kommt herunter.

JACK Der Kühlraum muß jeden Morgen gesäubert werden, begreiflich, und so bemerkt er nicht, daß Bill
   herunterkommt.

Aus dem Lift kommt Bill, sieht sich neugierig um, ohne
Jack zu beachten, geht nach hinten.
Der Lift fährt wieder nach oben.

JACK Das ist er, na ja, Sie haben vielleicht etwas Mühe,
   den jungen Mann wiederzuerkennen. Er betrat dieses
   Lagerhaus nur wenige Minuten vor mir, ich dachte
   noch, der Ferrari am Straßenrand gegenüber sehe wie
   sein Ferrari aus; es war sein Ferrari. So langsam wird
   mir einiges klar. Er muß mein Angebot belauscht und
   das meine überboten haben – aber warum dann sein
   Ende? Und wenn seines, warum dann auch meines?
   Ich kapiere immer noch nichts, weigere mich auch,
   etwas zu kapieren. Es gibt schließlich auch die Würde
   des Logischen. Stellen Sie sich vor, ich sitze vor dem
   Fernseher, betrachte das Podiumsgespräch meiner Autoren, freue mich darüber, daß ihnen endlich die Einsicht aufdämmert, daß man wieder dichten müsse,

dichten, einfach drauflos, wieder erzählen, einfach
drauflos, die ganze engagierte und sozialbezogene So-
ße, die sie in letzter Zeit von sich gaben, war nicht zu
koɪ sumieren, ganze Reihen mußten verschlankt oder
gar verramscht, Legionen von Lektoren, einige Mana-
ger gefeuert werden, ich atme beglückt auf, endlich,
endlich sprudelt der Quell der reinen Dichtung wieder, dieses göttliche Fabulieren, da spüre ich plötzlich,
daß sich hinter mir etwas rührt, will, immer noch
beglückt, immer noch beschwingt, nach rückwärts
sehen – und befinde mich Ihnen gegenüber. Verzei-
hung, immer schweifen meine Gedanken in die Zukunft, aber das würde Ihnen, meine Damen und Her-
ren, auch so gehen, wenn Sie sich als Tote immer
wieder in die Vergangenheit – in die Vorvergangenheit,
um es genauer zu sagen – zurückversetzt sähen.

Licht.
Aus dem Kühlraum kommt Doc, legt sich auf die Couch,
liest Comics, ohne Jack zu beachten.
Licht auf Jack.

JACK Bleiben wir denn in dieser Vorvergangenheit. Doc
kommt zurück, ahnungslos, daß ihn Bill aus dem
Hintergrund beobachtet.

Der Lift kommt herunter.

JACK Der Lift kommt herunter. Mit mir herunter. Wirklich, keinen Schimmer, was mit mir geschehen ist,
nachträglich, so wie ich jetzt bin, aufgelöst in eine
unbeschreibliche Flüssigkeit, läßt sich das ja auch nicht

mehr feststellen. Aber wozu auch. Dramaturgisch gesehen bin ich wahrscheinlich nur eine unbedeutende Nebenfigur, ohne Überblick aufs Ganze, kann ich mir denken. Der Lift ist da mit mir. *Geht zum Lift.* Scheußlich, es kommt mir vor, als würde die Literatur, die ich verlege, wirklich.

Licht.
Jack betritt den Lift, ergreift darin einen Schirm und eine Aktentasche, kommt aus dem Lift. Geht vorsichtig einige Schritte in den Raum.

JACK Jack.
DOC Doc.
JACK Ich wurde für heute punkt acht telefonisch von einem Unbekannten hierherbestellt.
DOC Pünktlich.
JACK Ich hoffe, ich bin am richtigen Ort.
DOC Sie täuschen sich nicht.

Die Lifttüre schließt sich.

JACK *schaut sich um* Entsetzlich.
DOC Unbehaglich?
JACK Als Verleger der sensibelsten Dichter seit der Jahrhundertwende bin ich andere Örtlichkeiten gewohnt.
DOC Ich lese keine Dichter.
JACK Ich sehe: Comics. *Geht zum Lift zurück.*
DOC Mißtrauisch?
JACK Subjekte wie Sie sind nicht vertrauenswürdig.
DOC Menschenkenntnis.
JACK Sie pflegen sich offensichtlich nicht zu erheben, wenn ein Fremder den Raum betritt.

DOC Kommt drauf an.

JACK Es geht um die Chemiewerke.

DOC Und ich hoffte schon, Sie wollten einige Dichter verschwinden lassen.

JACK Ich bin Mitglied des Verwaltungsrats.

DOC Womit sich schöngeistige Verleger nicht alles abgeben.

JACK Ich spreche im Namen des ganzen Verwaltungsrats.

DOC Sprechen Sie.

JACK Nur der Verwaltungsratspräsident weiß nichts von der Sache.

DOC Nun?

JACK Die Chemiewerke sind wahrscheinlich sogar Ihnen ein Begriff.

DOC Ich war dort angestellt.

JACK Ich kann mich nicht an Sie erinnern.

DOC An mich erinnert sich niemand.

JACK Wir beschäftigen Zehntausende.

DOC Mich beschäftigen Sie seit sieben Jahren nicht mehr.

JACK *lächelt* Opfer der Wirtschaftskrise?

DOC Chef einer Ihrer Forschungsabteilungen.

JACK *freut sich* Die Wissenschaftler der Forschungsgebiete ohne wirtschaftlichen Nutzen wurden rücksichtslos gefeuert.

DOC Ich wurde rücksichtslos gefeuert.

JACK *lacht* Schicksal.

DOC Gleichzeitig wurde der Propagandaetat erhöht.

JACK *strahlt* Geschäft.

DOC Kommen wir dazu.

JACK Ich erhielt brieflich ein Angebot.

DOC Es scheint Sie zu interessieren.

JACK Unter gewissen Umständen.

DOC Wen wollen Sie beseitigt wissen?

JACK Den Besitzer der Chemiewerke. Den Verwaltungs-
ratspräsidenten.

DOC Den alten Nick?

JACK Der alte Nick ist tot. Es handelt sich um seinen
Stiefsohn.

DOC Weshalb sollen wir uns mit ihm beschäftigen?

JACK *wird grob* Sie haben meinen Auftrag entgegenzu-
nehmen und keine Fragen zu stellen.

DOC *wird wild* Ich habe das Geschäft abzuwickeln, und
Sie haben zu antworten.

JACK Werden Sie nicht unverschämt.

DOC *lacht* Ich bin nicht der Kunde.

JACK Ich bin Nicks Bruder.

DOC Na und?

JACK *wird erhaben* Die Chemiewerke wurden von meinem Vater gegründet. Ich kann nicht zulassen, daß sie
in die Hände eines Menschen kommen, dessen Herkunft unbeschreiblich ist.

DOC Versuchen Sie es trotzdem.

JACK Der Vater verkam in der Gosse, die Mutter hurte
sich ins Bett des alten Nick, ihr Sohn besitzt testamentarisch die Aktienmehrheit, ist Präsident des Verwaltungsrates und der reichste Mann des Landes.

DOC Des freiesten Landes.

JACK Diesem Skandal muß Einhalt geboten werden.

DOC Erwarten Sie nicht, daß ich Ihre Entrüstung teile.

JACK Ich bin nicht an Ihrer Entrüstung, sondern an
Ihrem Unternehmen interessiert. Sein Ruf grenzt ans
Sagenhafte.

DOC Vor allem seine Kosten.

JACK Nebensächlich.

DOC Hoffentlich.

JACK Erledigen wir die Lappalie. Mein Fahrer wartet.

DOC Wieviel?

JACK Hunderttausend.

DOC Eine Million.

JACK *empört* Werden Sie hübsch bescheiden.

DOC Ich passe die Preise den Kunden an. *Grinst.*

JACK Die Konkurrenz verlangt fünfzigtausend.

DOC Wenn sie morgen noch existiert.

JACK Sie setzen uns das Messer an die Kehle?

DOC Ihre Unkenntnis ist noch sagenhafter als unser Unternehmen.

JACK Es ist das erste Mal, daß ich eine solche Verhandlung führe.

DOC Mein Gott, wie müssen Sie Ihre Dichter behandeln.

JACK Ich muß den Verwaltungsrat einberufen.

DOC Trommeln Sie ihn ruhig zusammen.

Jack betritt den Lift.

JACK Ob er zustimmt, ist völlig ungewiß.

Doc liest wieder Comics.

DOC Er wird schon zustimmen. Es geht um die Chemiewerke, nicht um die schöne Literatur.

Jack im Lift ab.
Aus dem Hintergrund taucht Bill auf in Blue-jeans-Kleidung.

BILL Vater.

DOC *wendet sich erstaunt nach ihm* Bill.

BILL Comics.

DOC Na ja.

BILL Ich suchte dich überall.

DOC Ich bin untergetaucht. *Setzt sich auf.*

BILL Seit Jahren.

DOC Die Zeit vergeht.

BILL Ich glaubte schon, du seist –

DOC Ich schlage mich durch.

Rauschen.

BILL Eine Leiche löst sich auf?

DOC Mein Job.

BILL Darf ich sehen?

DOC Bitte.

Bill geht in den Kühlraum.

BILL Perfekte Arbeit.

DOC Ich bin kein Stümper.

BILL Rentiert sich so was?

DOC Es geht mir passabel.

Bill kommt aus dem Kühlraum.

BILL Offenbar.

DOC Du hast dich hier eingeschlichen.

BILL Ich wurde hergeschickt! Es war niemand da, als ich vor einer halben Stunde herunterkam.

DOC Da muß ich den Kühlraum gesäubert haben.

BILL Du benimmst dich reichlich sorglos hier unten.

DOC Wir haben unsere Beziehungen. *Betrachtet Bill.* Student?

BILL Soziologie.

DOC Mode.

BILL Vorher studierte ich Biologie.

DOC Keine Wissenschaft für Männer mehr.

BILL Ich war Assistent bei White.

DOC *lacht* Mein Schüler. *Geht nach hinten, holt Whisky.*

BILL Er bedauerte deinen Abgang zur Industrie.

DOC Er sollte die Biologie auch aufgeben.

BILL Du bist ein großer Wissenschaftler gewesen.

DOC Ich verstand etwas von Aminosäuren.

BILL Wir verdanken dir wesentliche Erkenntnisse über das Leben.

DOC Meine wesentlichen Erkenntnisse über das Leben bestehen darin, in einer Wirtschaftskrise trotz allem auf die Straße gesetzt worden zu sein. *Trinkt.* Ziemlich überraschend, dich wiederzusehen.

BILL Ziemlich.

DOC Ich erwartete jemand anderen.

BILL Ich auch.

DOC Den reichsten Mann des Landes. *Trinkt.* Machen wir uns nichts vor. Du weißt, für wen ich arbeite. Es war amüsant, dich wiederzusehen. Ich bin zufällig dein Vater, und du bist zufällig mein Sohn, etwas anderes haben wir uns nicht zu sagen. Adieu, Bill. Der Erbe der Chemiewerke schickt besser einen anderen Unterhändler.

BILL *betrachtet seinen Vater ruhig* Ich bin der Erbe der Chemiewerke.

Doc schweigt.

BILL Meine Mutter heiratete den alten Nick. Vor zwei
Jahren.

Doc trinkt.

BILL Sie wälzte sich von einem guten Bett ins nächstbessere.

DOC *bricht in ein Gelächter aus* Karriere. *Trinkt.* Während ich bei der Beschäftigung landete, Leichen in ihre
natürlichen Bestandteile aufzulösen. Auch eine Karriere.

BILL *bleibt ruhig* Vor drei Wochen knallte der alte Nick
mit meiner Mutter in seinem Privatjet gegen eine Felswand.

DOC Kondoliere.

BILL Der Unfall des Jahres.

DOC Ich bin schon lange nicht mehr im Bilde, was oben
geschieht. Kommen wir zum Geschäft. *Schmeißt das
Glas nach hinten.*

BILL Kommen wir.

DOC Du hast der Verhandlung vorhin zugehört?

BILL Habe ich.

DOC Für deinen Kopf wird eine Million geboten.

BILL Ich ahnte immer, daß sich mein Stiefonkel nicht
bloß mit Literatur beschäftigt.

Doc stutzt, geht zu Bill, betrachtet ihn finster.

DOC Du stellst einen Scheck über zwei Millionen aus und
verschwindest.

BILL Auf die Ermordung Jacks lege ich keinen Wert.
DOC Leichtsinnig.
BILL Dafür biete ich zehn Millionen –
DOC Witzig.
BILL – für die Ermordung des Staatspräsidenten.

Schweigen.

DOC Ein Mordsspaß.
BILL Blutiger Ernst.
DOC Ich habe Humor, Bill, doch muß ich dich darauf
aufmerksam machen: das Unternehmen hat keinen.
BILL Ich spaße nicht. Was die Leiche des Staatspräsiden-
ten betrifft, brauchst du sie selbstverständlich nicht
aufzulösen. Ich möchte der Bevölkerung das Vergnü-
gen, an einem Staatsbegräbnis teilzunehmen, nicht
mißgönnen.
DOC *begreift* Mach dich aus dem Staub.
BILL Mein Angebot ist gemacht.
DOC Zwei Millionen für Jacks Ermordung, und hau ab!
BILL Du bist der Vermittler.
DOC Ich leite das Angebot nicht weiter.
BILL Du wirst es weiterleiten.
DOC Ich weigere mich, auf diesen Blödsinn einzugehen.
BILL Cop gab mir deine Adresse.

Doc schweigt.

BILL Sonst müßte ich mich an ihn wenden.

Doc schweigt.

BILL Ich bin dem Polizeichef überaus verbunden. Er machte mich auf die Existenz des Unternehmens aufmerksam und brachte mich damit auf die Idee, es sinnvoll anzuwenden.

DOC *überlegt* Warum willst du den Präsidenten ermorden lassen?

BILL Ich vertrete die bisher radikalste Richtung des Anarchismus.

DOC Das ist mir inzwischen auch klargeworden.

BILL Die repressiven Tendenzen –

DOC Heute reden Mörder Jägerlatein.

BILL Reden wir geschäftlich miteinander. Zehn Millionen im Jahr, und das Unternehmen legt einen Präsidenten nach dem anderen um.

DOC Ein Dauerauftrag?

BILL Nur so wird das Land auf die Dauer lahmgelegt.

DOC Kostet.

BILL Ich sprenge die Welt in die Luft, indem ich den Riesengewinn verpulvere, den ich aus den Chemiewerken herauswirtschafte.

DOC Man kauft sich keine Revolution, man führt sie selber durch.

BILL Ich führe sie mit eurer Hilfe durch. Wir sind keine Pfahlbauer mehr, wir leben im technischen Zeitalter. Wer ein Auto braucht, muß es nicht herstellen. Er kann es kaufen. Wer einen Mord braucht, muß nicht selber morden. Er kann den Mord bestellen. Ich kaufe ihn bei euch ein.

Doc schweigt.

BILL Bist du beteiligt?

DOC Mit zwanzig Prozent.

BILL Na also.

DOC Ich bestimme nicht allein.

BILL Das Unternehmen schlug mir ein Geschäft vor, ich biete ihm ein besseres an.

DOC Jacks Angebot könnte angenommen werden.

BILL Zehn Millionen schlägt man nicht aus.

DOC Bill, noch einmal: Zwei Millonen für Jacks Ermordung und Adieu. *Drückt auf den Liftknopf.*

BILL Ich bin der reichste Mann des Landes. Ihr seid auf mich und ich bin auf euch angewiesen, sonst schwimmt euch das große Geschäft und mir die Politik davon.

DOC Ich rede mit dem Unternehmen.

BILL Siehst du.

DOC Du bekommst Bescheid.

BILL Wann?

DOC Nächstens.

BILL Du nimmst Vernunft an.

DOC Dein Leben steht auf dem Spiel.

BILL Ich setze alles aufs Spiel.

DOC Dein Alleingang ist purer Wahnsinn.

BILL Du vergißt die ungeheure Verwundbarkeit der heutigen Gesellschaft. Mit meinen Millionen braucht man keine Partei. Mit meinen Millionen braucht man bloß deine wissenschaftlichen Erkenntnisse anzuwenden.

DOC Wissenschaft hat nichts mit Politik zu tun.

BILL Vielleicht doch. Wer ein Gemisch aus Methan, Wasserdampf, Ammoniak und Wasserstoff einer elektrischen Entladung aussetzt, erhält Aminosäure, den Grundstoff des Lebens. Durch dieses Experiment bist du berühmt geworden. Ich wiederhole es in der Poli-

tik. Das Gemisch ist unsere Gesellschaft – Ammoniak
und Methan sind besonders stinkende Gase – und der
elektrische Funke meine Millionen, mit denen ich
durch euch handle.

DOC Meinetwegen?

BILL Ich verdanke deinem Schicksal meine Überzeugung.

DOC Mein Schicksal ist unwichtig.

BILL Von einem Erlebnis geht jeder aus.

DOC Du willst mich rächen?

BILL Ehre Vater und Mutter. Als dich die Chemiewerke
entließen, begann ich über die Gesellschaftsordnung
nachzudenken, die diese Wirtschaftskrise hervorbrachte, und als sich meine Mutter zum alten Nick
legte, fing ich an zu überlegen, wie man diese Welt
zerstören könnte, die dich zerstörte.

DOC Bill.

BILL Vater?

DOC Ich stellte mich dem Unternehmen zur Verfügung.
Warum? Weil ich an der Gesellschaft zugrunde ging?
Weil ich es der Welt noch einmal zeigen wollte? Weil
ich mich selbst verachtete? Aus Haß? Aus Verbitterung? Große Worte. Vielleicht bloß aus Gedankenlosigkeit, weil mir nichts mehr schlimm vorkam, vielleicht bloß, um etwas besser zu leben: fünf Stockwerke
unter der Erde. Du kannst mich nicht rächen, weil ich
mich längst gerächt habe. An mir selber. Wie ein
betrogener Ehemann, der sich rächt, indem er sich
entmannt.

Bill bleibt unerbittlich.

BILL Ich räche dich trotzdem.

DOC *wütend* Laß mich mit deiner Rache in Frieden.

Schweigen.

BILL Still hier.
DOC Ich habe dir nichts mehr zu sagen.
BILL Irgendwo tropft Wasser.
DOC Es dringt vom Fluß herein.
BILL Was auch oben geschieht, es dringt nicht zu dir
herunter. Die Welt geht dich nichts mehr an. Sie liefert
dir nur noch ihre Toten und ihre Comics. Nicht ich
vernichte sie, sie vernichtet sich. Ich helfe bloß nach.
Geht in den Lift. Zehn Millionen. Jedes Jahr.

Der Lift schließt sich und fährt nach oben.

Zweiter Teil

In der Mitte der Bühne steht Boss. Dunkle Kleidung, in den Händen den Hut und eine rote Rose. Der Lift kommt. Sam rollt einen großen Überseekoffer auf einem zweirädrigen Karren herein.

SAM Wohin, Boss?
BOSS Hierher, Sam.
SAM Jawohl, Boss.
BOSS Warte im Cadillac, Sam.

Sam ab. Der Lift fährt nach oben. Boss ist mit dem Überseekoffer allein.

BOSS In der Kiste befindet sich die Leiche Anns, die Leiche des Mädchens, das ich mit Schmuck, Pelzmantel, mit einem Sportwagen und mit einem aus der Nationalgalerie gestohlenen Rembrandt beschenkte. *Setzt sich auf den Überseekoffer.* Ich mache mir nichts vor. Ich flöße einen zwiespältigen Eindruck ein. Ich erwecke Sympathie als freier Unternehmer und Abscheu über die Art meines Unternehmens, doch sind die Unternehmungen anderer Geschäftsleute nur scheinbar nicht so radikal, in Wahrheit ist die Welt der Geschäfte prinzipiell radikal. Der Schwächling sinkt unter, der Starke treibt nach oben, ob mit legalen oder illegalen Mitteln, ist eine Frage der Umstände. Unwich-

tig, daß ich den Namen meiner Mutter und den meines
Vaters nicht weiß, nebensächlich, daß ich mit sieben
Jahren aus einem Waisenhaus entwich, unerheblich,
daß ich mit neun Jahren eine Bande anführte, belanglos, daß ich mit siebzehn in Tommey's Bar Fettgesicht
Einauge niederschoß: andere Umstände, ich wäre Ge-
neral geworden, Kardinal, Politiker oder Großindustrieller. Umstände sind unwesentlich, wesentlich ist
nur der Charakter: zum Rechnen, Regieren, Töten,
Lieben und zu einer glücklichen Ehe braucht es die
gleiche Seelenstärke. *Kniet an der Rampe. Nimmt seine
Brieftasche hervor, zeigt gerührt eine Fotografie.* Meine Familie. Meine Frau Perpetua, wir feierten letztes
Frühjahr unsere silberne Hochzeit, meine Tochter An-
gela, vierundzwanzig, meine Tochter Priska, dreiund-
zwanzig, meine Tochter Sofia, zweiundzwanzig, meine Tochter Regina, einundzwanzig, und dieser süße
Fratz ist meine Tochter Loretta, zwanzig. *Steckt die
Brieftasche wieder ein. Kehrt dem Publikum den Rük-
ken zu, legt andächtig die Rose auf den Überseekoffer.*
Vor diesem Hintergrund ist das Ableben Anns zu
begreifen. Ich habe sie aus taktischen Gründen getötet;
persönlich belustigte sie mich. Nicht eigentlich, weil
sie mit Doc schlief, es war die Furcht, die ich ihr
einflößte, die mich zum Lachen brachte, ja ich würde
mich nicht wundern, wenn Ann sich eingebildet hätte,
ihre Vorgängerin Kitty sei von mir beseitigt worden,
Kitty, die längst an der Westküste ein Bordell führt,
und so brachte sie denn auch das Unglaubliche fertig,
mich mit einem Mann zu betrügen, ohne draufzukom-
men, daß es mein eigener Angestellter war. Komisch.
Zum Schießen. *Hat den Hut über die Rose auf den*

Überseekoffer gelegt. Daß Doc nicht draufkam, mit wem er schlief, ist eine andere Sache: Wann hätte je ein Intellektueller die Welt durchschaut! Was seine Brauchbarkeit ausmacht! Und brauchbar ist Doc mit seinem Nekrodialysator – weiß Gott! –, was ein Grund mehr gewesen wäre, ihm sein Verhältnis mit Ann nicht übelzunehmen, im Gegenteil, ich hätte den beiden den Segen gegeben, ich bin großzügig, doch dann betrat Cop die Arena, Cop, den ich schon irgendwo getroffen habe, Cop, auf den ich nie komme, und schanzte Doc zwanzig Prozent zu, und ich mußte handeln, nur über Ann ist Doc und nur über Doc ist Cop zu treffen, Ann war nun einmal Docs schwache Stelle. Weil er sich ein schlechtes Gewissen leistet. Wie alle Intellektuellen. Sie nehmen die Welt gleich zweimal in Anspruch: so wie sie ist und so wie sie sein sollte. Von der Welt, wie sie ist, leben sie, von der Welt, wie sie sein sollte, nehmen sie die Maßstäbe, die Welt zu verurteilen, von der sie leben, und indem sie sich schuldig fühlen, sprechen sie sich frei, ich kenne den Schwindel: Das Pack ist für den Machtkampf ungeeignet. Es schwelgt in seinem Schuldbewußtsein. Es fühlt sich sogar für die Erschaffung der Welt verantwortlich, doch sein Schuldbewußtsein ist nur eingebildet, ein Luxus, den es sich leistet, um sich vor jeder Tat zu drücken. *Zieht sich beide Schuhe aus.* Der gute Doc! Er wird sich an Anns Tod schuldig fühlen, seinen Widerstand mir gegenüber aus Furcht vor meiner Rache aufgeben, von Cop zu mir herüberschwenken und sich mit einem noch schlechteren Gewissen heiligsprechen. Der Lift kommt.

Aus dem Lift erscheint Doc mit einem Paket Lebensmit-
tel, Champagner und mit einer roten Rose. Legt Lebens-
mittel und Rose auf den Überseekoffer.

DOC 'n Abend, Boss.

BOSS 'n Abend, Doc. Ich kenne Sie nicht wieder. Endlich
  einmal oben gewesen?

DOC Zum zweiten Mal in zwei Jahren. *Geht mit dem*
  Champagner in den Kühlraum, antwortet von dort.

BOSS Das erste Mal?

DOC Lernte ich meine Freundin kennen.

BOSS Jetzt?

DOC Kommt sie für immer.

BOSS Bald?

DOC Nach zehn.

BOSS Sie vergessen, daß Sie noch ein weiteres Mal oben
  waren. Als Cop Sie in sein Büro zitierte.

Doc kommt aus dem Kühlraum.

BOSS *nimmt Docs Rose in die Hand* Eine schöne Rose.
  Wer stellt ihr denn nach?

DOC Keine Ahnung.

BOSS Sie braucht nur den Namen zu nennen, und der
  Mann ist erledigt.

DOC Sie schweigt.

BOSS Das verfluchte Schweigen der Weiber. *Starrt auf*
  den Überseekoffer.

Doc stellt die Rose in eine leere Whiskyflasche, holt eine
Kiste, bedeckt sie mit einem weißen Tischtuch.

BOSS Sie möchten Ihre Freundin zu meiner Pflanze bringen?

DOC Dort ist sie in Sicherheit.

BOSS Wenn Sie meinen.

DOC Niemand wird sie bei der Freundin des großen Boss vermuten.

BOSS Joe und Al führen sie hin.

DOC Tüchtige Leute?

BOSS Erstklassige Leute.

DOC Morgen.

BOSS Selbstverständlich morgen.

DOC Vorher will ich mit ihr in Tommey's Bar frühstücken.

BOSS Freundchen, Sie beginnen zu bummeln.

DOC *bemerkt die zweite Rose* Noch eine Rose?

BOSS Auch für Ihre Freundin.

DOC Ich traue Ihren Freundlichkeiten nicht.

BOSS Ich habe eben ein Herz.

DOC Rühren Sie meine Freundin nicht an.

BOSS Denken Sie an meine Pumpe.

DOC Wir wollen heiraten.

BOSS Wann?

DOC Später.

BOSS Mann, ich warnte Sie vor der Liebe.

DOC Meine Sache.

BOSS Nur so.

DOC Ich bin mit zwanzig Prozent beteiligt. Habe ich genug beisammen, beginne ich ein neues Leben.

BOSS Wer Leichen auflöst, beginnt kein neues Leben.

DOC Ich steige aus dem Geschäft.

BOSS Es gibt Geschäfte, aus denen man nicht mehr steigt.

DOC Eine Drohung?

BOSS Eine Feststellung.
DOC *geht zum Überseekoffer* Neue Ware?
BOSS Unwesentlich.
DOC Wer?
BOSS Privatsache.
DOC Schön.

Doc stellt die zweite Rose zu der anderen, deckt den improvisierten Tisch für zwei Personen, stellt eine Kerze auf, legt dann die Speisen bereit, Schinken, Perlzwiebeln, Kaviar, Brötchen usw.

BOSS Doc. Ich weiß, es ist spät. Sie haben eingekauft und erwarten Ihr Mädchen. Aber eine Viertelstunde werden Sie für mich übrig haben. Unsere Geschäfte wachsen ins Gigantische.
DOC Erfreulich.
BOSS Ich weiß nicht.
DOC Was gefällt Ihnen nicht?
BOSS Cop.
DOC Er schanzte uns das Geschäft des Jahrhunderts zu.
BOSS Er schanzte es sich zu.
DOC Wir sind mitbeteiligt.
BOSS Ein korrupter Polizist irritiert mich.
DOC Die Polizei war immer korrupt.
BOSS Nicht in dieser Größenordnung. Kein Wort, wenn Cop zwei oder drei Prozent genommen hätte, aber gleich fünfzig! Ich ließ vorsichtig den Staatsanwalt informieren, Cop sei bestochen worden. Der Staatsanwalt tut keinen Wank.
DOC Vielleicht hat Cop den Staatsanwalt bestochen.
BOSS So spricht kein Patriot.

DOC Ich bin kein Patriot.

BOSS Ein Staatsanwalt läßt sich nicht bestechen.

DOC Jeder ist bestechlich.

BOSS Ich weiß. Sie sind ein heimatloser Geselle, das Vaterland ist Ihnen gleichgültig, Sie schämen sich nicht, einen solchen Verdacht zu äußern.

DOC Verbrecher sind heute romantisch.

BOSS Von einem Berufsethos haben Sie wohl noch nie gehört.

DOC Nicht in Ihren Kreisen.

BOSS Wir sind Geschäftspartner, das haben Sie selbst betont. Dann müssen Sie sich auch an unsere Geschäftsprinzipien halten.

DOC Die wären?

BOSS Erstens: Zivile Preise. Von Jack verlangten Sie eine Million. Unrealistisch für die Beseitigung einer Privatperson. Halten wir an solchen Preisen fest, nimmt innerhalb Jahresfrist die Konkurrenz derart zu, daß wir sie nicht mehr in Schach halten können. Zweitens: Keine Politik. Ich bleue meinen Burschen immer wieder ein: Abgeordnete und Senatoren sind tabu, und gar der Präsident! Der ist ein Symbol, woran ich nicht taste. Die Beseitigung des Chemieerben nehme ich noch in Kauf, die Ermordung des Staatspräsidenten werde ich zu verhindern wissen. Sonst nehmen uns die Politiker auseinander.

DOC Wir haben uns schon entschieden.

BOSS Wir?

DOC Cop und ich.

BOSS *wird mißtrauisch* Sie trafen ihn?

DOC Heute nachmittag.

BOSS Nicht einmal telefonisch war er für mich erreichbar.

DOC Er besuchte mich.

BOSS Hinter meinem Rücken.

DOC Das Attentat gegen den Staatspräsidenten ist beschlossen.

BOSS Ich habe wohl nichts zu sagen.

DOC Die Mehrheit beschließt.

BOSS Wäre ich doch nur bei meinen Puffs geblieben, bei meinen Spielhöllen oder wenigstens beim Rauschgift. Aber das letzte Wort ist in diesem Geschäft noch nicht gesprochen. Der Erbe der Chemiewerke ist ein gemeingefährlicher Dilettant. Wer heutzutage einen Präsidenten beseitigen will, braucht bloß für eine Handvoll Banknoten einen Scharfschützen mit Zielfernrohr anzuheuern und nicht zehn Millionen zu verschleudern, geschweige denn ein Unternehmen von unserem Renommee zu bemühen. *Wirft Doc einen Schlüssel zu.* Machen Sie sich an die Arbeit.

DOC *stutzt* Jetzt?

BOSS Jetzt.

DOC Aber mein Mädchen –

BOSS Es gibt kein Aber.

DOC Bitte. *Zieht sein Arbeitskleid an. Geht zum Überseekoffer.*

BOSS Ist sie schön?

DOC Wer?

BOSS Ihre Pflanze.

DOC Sehr. *Schleppt den Überseekoffer in die Tür des Kühlraums.*

BOSS Auch sie war schön.

DOC Wer?

BOSS Meine Pflanze.

DOC War?

BOSS Bereiten Sie sie im Kühlraum vor und lösen Sie sie in ihre Bestandteile auf.

Doc verschwindet mit dem Koffer im Kühlraum, die Tür bleibt geöffnet.

BOSS Dabei war ich wie ein Vater zu ihr. *Humpelt zum Tisch, setzt sich, zündet die Kerze an.* Doc! *Legt die Beine auf den ›Tisch‹.* Ich lasse mir den Schinken auch von Busoni holen.

Vom Kühlraum her hört man das Öffnen des Koffers.

BOSS Rein mit ihr.

Vom Kühlraum her ist nichts zu hören.

BOSS *starrt die Kerze an* Beeilen Sie sich, es ist mir schwergefallen, Doc, das können Sie mir glauben, aber meine Pflanze wird in ihrem Apartment Ihrer Pflanze nicht Gesellschaft leisten können. Busoni ist Klasse. *Ißt.* Erstickt. Ich warf sie aufs Bett und nahm ein Kissen. *Ißt.* Perlzwiebeln. *Wirft die Perlzwiebeln hinter sich, auf die Couch, überallhin.* Aus Eifersucht. Dabei habe ich auf einmal das Gefühl, Doc, daß meine Pflanze mir treu war, Doc, daß alles – verstehen Sie, Doc – daß alles nur in meinem Kopf, Doc, in meinem Kopf – ich werde alt, kaputte Pumpe, die ewig geschwollenen Füße und immer Bilder unter der Schädeldecke, Doc, Bilder, Vorstellungen, meine Pflanze könnte sich mit jemand anderem – ganz nackt – ich sehe die beiden sich wälzen, Doc, auf irgendeiner

Couch, wie diese dort. Hätte sie schon längst zum
Teufel jagen sollen. Beim ersten Verdacht. – Wenn ich
nur wüßte – auch heute abend war es ihr nicht recht,
daß ich kam – wie oft in der letzten Zeit – ich witterte
längst was – seit letztem Februar – legte mich zu ihr ins
Bett, tat wie immer, als ob ich Schlafmittel genommen
hätte. – Seit Wochen lauerte ich, lag ich neben ihr – da
steht sie auf, packt die Koffer, will sich davonmachen,
abschleichen, mit ihrem Schmuck sich in Luft auflösen, mit ihrem Pelzmantel und mit dem Rembrandt,
den ich ihr geschenkt hatte – sie wehrte sich nicht
einmal. *Erhebt sich.* Tolle Oliven. *Ißt.* Wenn ich nur
wüßte, wer der Kerl ist, zu dem sie wollte, mit dem sie
schlief, immer und immer wieder. *Schiebt mit dem Fuß
Anns leere Zigarettenpackung fort, die noch auf dem
Fußboden liegt.* Solche Zigaretten rauchte sie auch.
Aber vielleicht gab es den Kerl gar nicht. *Er stellt den
Plattenspieler ein, Vivaldi, Sommer, Allegro non molto,
geht zum Kühlraum.*

BOSS Gefällt sie Ihnen? *Schreit.* Sie hieß Ann.

Keine Antwort.

BOSS Na ja, wohl nicht Ihr Typ – und so als Leiche –
Kehrt zum ›Tisch‹ zurück. Sogar Crevetten trieben Sie
auf. *Streut die Crevetten über den ›Tisch‹.* Wenn sich
meine Pflanze nur gerührt hätte, man läßt sich doch
nicht einfach erwürgen, dabei wollte ich eigentlich
bloß –

Aus dem Kühlraum kommt Doc.
Boss starrt Doc an.

BOSS Merkwürdig, eifersüchtig bin ich auch nicht mehr.

DOC Sie ist tot.

BOSS Sardellenbrötchen mag ich besonders. *Ißt.* Wenn Sie diese Pflanze da so liegen sehen und sich vorstellen, sie wäre noch am Leben, verstehen Sie, daß ich eifersüchtig war?

Doc spricht langsam, automatisch, wie im Traum.

DOC Sie muß kaum fünfundzwanzig sein.

BOSS Das ist doch keine Antwort.

DOC Sie ist schön.

BOSS Weiß ich auch.

DOC Die schönste Frau, die ich je gesehen habe.

BOSS Weiß ich auch.

DOC Sie hätten sie nicht töten sollen.

BOSS Hab ich aber.

Doc stellt den Plattenspieler ab.

DOC Boss.

BOSS Doc?

DOC Ich –

BOSS Nun?

DOC Nichts.

BOSS Dann nichts. Ich stellte Sie an, damit Sie Leichen auflösen, und nicht, damit Sie psychologische Studien treiben. Sie war eben doch bloß eine Nutte.

Doc setzt sich in Arbeitskleidung und Handschuhen an den ›Tisch‹, beginnt pedantisch und starr zu essen.

DOC Ich kannte sie nicht.

BOSS Ich weiß, Sie kannten sie nicht.

DOC Ich brauche Ihr Apartment nicht mehr.

BOSS Ich dachte, Ihre Pflanze sei in Gefahr.

DOC Wird übertrieben haben.

BOSS Sie fürchte sich.

DOC Jetzt nicht mehr.

BOSS Wenn Sie glauben.

DOC Ich bringe meine Freundin anderswo unter.

BOSS Ihre Sache. Ich denke, Sie wollen mit Ihrer Pflanze
glücklich werden. *Besorgt.* Mann, Sie sind toten-
bleich. Sie tun mir von ganzem Herzen leid. *Setzt sich
Doc gegenüber, bewirft ihn brutal mit den Blättern der
zwei Rosen, ißt dann Kaviar.* Als Gefühlsmensch geht
Ihnen das Ableben meiner Pflanze nahe. Sie sind tief
erschüttert, als ob es Ihre Geliebte gewesen wäre,
obwohl sie Ihnen wildfremd war. Weil Sie kein Geschäftsmann sind. Doc, ich rede wie ein Vater mit
Ihnen, trotz meiner Trauer. Sie kommen unter die
Räder, wenn Sie so weitermachen, das Leben wird
täglich härter, das Ringen um die Macht grausamer,
Bestien sind angetreten. Ein Vorschlag, Doc: Sie sind
mit zwanzig Prozent am Unternehmen beteiligt, Sie
überlassen mir die zwanzig Prozent, ich gebe Ihnen
fünftausend im Monat, nehme Ihnen alle Sorgen ab,
und Sie können sich ganz auf Ihre stille Arbeit hier
unten konzentrieren. Nun, ist das nicht großzügig?
Schleckt die Finger ab. Prima Kaviar. *Zieht die Schuhe
an.*

DOC Falls der Staatspräsident beseitigt wird.

BOSS Aber warum denn? Der gute Mann tat Ihnen doch
nichts.

DOC Meine Zusammenarbeit mit dem Unternehmen muß einen Sinn bekommen.

BOSS Eine merkwürdige Antwort, eine komische Antwort.

DOC Meine Bedingung.

BOSS Selbstverständlich, Doc, natürlich. Wenn Cop auch dafür ist, bin ich bereit, den Präsidenten für zehn Millionen abknallen zu lassen. Ihretwegen. Schweren Herzens, das dürfen Sie mir glauben. Sie kennen meinen Patriotismus. Ich war schließlich dabei, als wir Isigaki eroberten. *Geht in den Kühlraum, kommt zurück, schleppt hinter sich Anns Pelzmantel wie eine Beute nach.* Verpflegungsoffizier. Danke für den Imbiß. Hoffentlich haben wir ihn nicht Ihrer Pflanze weggefressen. *Setzt sich den Hut auf.* Gehe mit Sam saufen. Ob er auch zu Cop übergelaufen ist?

DOC Möglich.

BOSS Den Überseekoffer lasse ich wieder abholen.

DOC Bitte.

BOSS Bin doch neugierig, was sich in Tommey's Bar inzwischen für Grüngemüse angesiedelt hat. Laß den Kopf nicht hängen, Doc. Weiberfleisch bleibt Weiberfleisch. Und nun lösen Sie meine Pflanze auf! Es ist nach zehn. Jeden Augenblick kann Ihre Pflanze kommen. *Betritt den Lift.* Wenn ich mich nur erinnern könnte, wo ich Cop schon getroffen habe – ich komme nie darauf.

Der Lift fährt nach oben.
Doc, auf dem Stuhl sitzend, nimmt mechanisch Schinken, ißt.
Dunkel.

Licht auf Cop. Jetzt erst bemerkt man, daß seine linke
Hand aus einem eisernen Haken besteht. Er zertrümmert
Docs Behausung, fegt die Speisen vom ›Tisch‹ usw.

COP Boss hatte recht. Er kam nie darauf, und auch als er
sich in den Cadillac lümmelte, um sich wie in den
guten alten Zeiten in Tommey's Bar vollaufen zu
lassen, war er immer noch nicht daraufgekommen, wo
er mich getroffen hatte: gleich zweimal. Meinen linken Arm und mein rechtes Bein säbelte auf seine
Schüsse hin der zuständige Chirurg herunter; war
doch Boss vor mehr als zwanzig Jahren in eine Bijoute-
rie eingestiegen, und der junge Polizist, der ihm bei
dieser Gelegenheit über den Weg lief, war ich. Daß er
mich dabei zum Krüppel schoß, ist Nebensache,
Hauptsache, wir machten von dieser Begegnung an
beide Karriere. Er stieg zum König der Unterwelt auf
und ich zum Chef der Polizei, indem sich einer am
andern hochrankte, genauer, meine Erfolglosigkeit an
seinem Erfolg. Denn obgleich ich seitdem seine Schli-
che verfolgte, seine Schlupfwinkel aufspürte, seine
Transaktionen registrierte, seine Huren und Zuhälter
beobachtete, mich über seine Beziehung zu den Ban-
den und Syndikaten informierte, ja sie ihm selber auf
den Hals hetzte, immer wußte er einen Dreh, immer
entkam er mir, bevor ich einschreiten konnte. Seine
Beziehungen, seine Volkstümlichkeit, sein Patriotismus, sein Geld machten ihn unangreifbar – allein für
den Kriegsinvalidenfonds stiftete er zwei Millionen.
Da änderte ich die Taktik, und langsam verließ ihn sein
Glück, ohne daß er es merkte. Er verlegte sich aufs
Rauschgift, ich wartete, er wurde übermütiger, ich ließ

ihn gewähren, er beherrschte den Markt, ich spielte den Ahnungslosen; doch als Boss mit Mac das Unternehmen gründete, war e r ahnungslos. Einer, den er zerfetzt, den er vergessen, den er nicht einmal mehr erkannt hatte, als er ihm wieder begegnete – so gleichgültig war ihm der Vorfall gewesen, das war doch das Wahnsinnige –, hatte ein Leben lang einen Beweis um den anderen mit einer Engelsgeduld zusammengetragen, um ihn vor den Richter zu schleppen – aber welcher Riesenunfug das Ganze, welche unermeßliche Zeitverschwendung, welche gigantische Blindheit, die mich umfangen hielt –, als es endlich soweit war, als ich Boss und sein Unternehmen ausnehmen wollte wie ein Nest pfeifender Ratten, hämmerten mir die Umstände ein – nicht auf einmal, sondern – grausamer – von Instanz zu Instanz –, daß ich, ein verkrüppelter Trottel, ein verrotteter Polyp, bevor ich zur Hölle segle, der einzige Schuldige bin, aus dem einfachen Grunde, weil ich als einziger in einer Welt, der die Gerechtigkeit gestohlen werden kann, die Gerechtigkeit suchte, als ob sie nicht die Sache aller, sondern eines Einzelnen wäre. Räumen wir endgültig auf.

Der Lift nach unten.
Cop geht in den Kühlraum, irgend etwas zersplittert.
Cop taucht wieder aus dem Kühlraum auf, am Haken seiner Handprothese Anns Abendkleid, in der Rechten die Champagnerflasche, wirft sich auf die Couch.
Doc kommt aus dem Lift mit einer Whiskyflasche. Setzt sich.

DOC Ich war in Tommey's Bar.

COP Bald Morgen.
DOC Boss soff nicht mehr dort.
COP Boss säuft nie mehr dort.

Lift nach oben.

DOC Es riecht.
COP Wenn schon.
DOC Es stinkt.
COP Es soll stinken.
DOC Nach Leichen.
COP Es gibt hier nichts als Leichen.
DOC Der Kühlraum ist offen.
COP Ich zertrümmerte die Kühlanlage.

Doc schweigt.

COP Boss' nacktes Mädchen liegt in Ihrer Installation. Ihr
    Abendkleid. *Winkt Doc mit Anns Abendkleid zu.*
DOC Korrupte Polypen widern mich an.

Lift nach unten.

COP Nach mir kommen noch korruptere.
DOC Sausen Sie mit dem Lift wieder nach oben.
COP Ich bin mit Ihnen und Boss verabredet.
DOC Ich weiß nichts davon.
COP Jetzt wissen Sie davon.

*Der Lift öffnet sich, Sam rollt Boss' Überseekoffer in den
Raum.*

SAM Wohin Cop?

COP Irgendwohin, Sam. Die Kühlanlage ist kaputt.

SAM Zu Befehl, Cop.

Sam rollt den Überseekoffer irgendwohin.
Doc erhebt sich.

DOC Boss' Überseekoffer.

COP Sehen Sie, wir sind doch mit Boss verabredet. Hau
ab.

SAM Zu Befehl, Cop. *Geht mit dem Lift nach oben ab.*

Doc öffnet den Überseekoffer, starrt hinein.

DOC Hat Sam –

COP Im Cadillac.

DOC Boss hatte recht.

COP Offensichtlich.

DOC Sam ist zu Ihnen übergelaufen.

COP Er machte längst den Vorschlag, die Bande preis-
werter zu leiten.

DOC Alles läuft zu Ihnen über.

COP Alles wird verstaatlicht. *Macht eine Handbewe-
gung.* Fliegen. Auf einmal. *Schaut in den Überseekoffer.* Der gute Boss. Er war beinahe der Anständigste.
Er begriff nie, daß die goldenen Zeiten der Privatwirt-
schaft vorüber sind. Wie seinesgleichen fallen jetzt
Tausende. Großwildjagd.

DOC Wer ließ Boss töten?

COP Mit seinen dreißig Prozent hätte man sich vielleicht
abgefunden. Aber noch mit Ihren Prozenten ist er dem
Unternehmen zu mächtig geworden. Boss unterschrieb

sein eigenes Todesurteil, als er Ihnen Ihren Anteil
abknöpfte. Jetzt will das Unternehmen alles.

DOC Fünftausend im Monat genügen mir.

COP Bescheiden.

DOC Ich will überleben.

COP Das hätte sich Boss auch überlegen sollen. *Schlägt
den Deckel des Überseekoffers wieder zu.*

*Die Lifttüre öffnet sich, Sam trägt zwei elegante Diplo-
matenkoffer in den Raum.*

SAM Jack.

COP Stell ihn irgendwo hin.

SAM Jawohl, Cop. *Stellt die beiden Koffer an die Rampe
vor dem Lift.*

*Jim kommt mit Bills Leiche, in eine Wolldecke eingewik-
kelt, aus dem Lift.*

JIM Wohin damit, Cop?

COP Vor den Überseekoffer.

JIM Zu Befehl, Cop.

Sam und Jim legen Bills Leiche vor den Überseekoffer.

JIM Wir warten oben, Cop.

COP Wartet oben.

SAM Sonst kommen wir runter, dauert's zu lange.

COP Sonst kommt ihr runter.

Jim und Sam mit Lift ab.
Cop deckt Bill auf.

DOC Bill.
COP Der reichste Mann des Landes.

Doc schweigt.

COP Kannten Sie ihn?
DOC Ich verhandelte bloß mit ihm.
COP Ein sympathischer Junge.
DOC Ein Phantast.
COP Ich weiß nicht.
DOC Ich dachte, das Zehn-Millionen-Geschäft sei vom Unternehmen angenommen worden?
COP Es ist auch angenommen worden.
DOC Wir haben uns darauf geeinigt.
COP Sicher.
DOC Dann durfte man Bill doch nicht –
COP Man durfte offenbar doch.
DOC Der Präsident?
COP Wird ohnehin abgeknallt.
DOC Warum wurde Jack getötet?
COP Aus taktischen Gründen.
DOC Wer hat die beiden –
COP Gleichgültig.
DOC Sam?
COP Nein.
DOC Jim?
COP Ich.
DOC Weshalb?
COP Sie verrichten die saubere Arbeit. Irgend jemand muß die schmutzige tun.

Doc will sich auf Cop stürzen, Cop schlägt ihm Anns Abendkleid ins Gesicht.

COP Scheußlich, diese Wolke von Schmeißfliegen. *Wehrt die Fliegen ab.* Und irgendwo tropft immer noch Wasser vom Fluß herunter.

Doc schweigt.

COP Kannten Sie den Jungen wirklich nicht, Doc?
DOC Nein.
COP Merkwürdig. *Beobachtet Doc.* Als ich mit ihm sprach, hatte ich den Eindruck, mit jemandem zu reden, der so war, wie Sie einmal gewesen sein könnten. Eigenartig, nicht?
DOC Zufall.
COP Wirklich? Sie müssen früher doch auch an etwas geglaubt haben.
DOC Ich war Wissenschaftler, nichts anderes.
COP Ich weiß, Chemiker.
DOC Ich erforschte ein Waschpulver.
COP Vielleicht erforschten Sie das Leben.
DOC Wie kommen Sie darauf?
COP Ich stelle es mir nur so vor. Der Junge wollte die Welt verändern.
DOC Dafür legten Sie ihn um.
COP Damit hätte Bill rechnen müssen.
DOC Er war arglos.
COP Ich dachte, Sie kannten ihn nicht.
DOC Mein Eindruck bei unserer Verhandlung.
COP Mit seiner Weltanschauung sollte man sich diese Arglosigkeit nicht leisten. Eine Ratte. *Jagt ihr nach.*
DOC Ein Meisterstück. Den Kunden haben Sie beseitigt und die zehn Millionen kassiert.

COP Er wehrte sich nicht einmal. Es war in seiner Wohnung. Der Junge schaute mich bloß verwundert an. Ich soff nachher zwei Flaschen Whisky leer.

DOC Das Unternehmen floriert.

COP Dank Ihrer Hilfe.

DOC Ich ließ ihn nicht töten.

COP *wütend* Sie verhandelten mit ihm.

DOC In einem anderen Sinne.

COP Schmeißen Sie den reichsten Mann des Landes zu der nackten Geliebten Ihres ehemaligen Teilhabers oder wessen Geliebte sie sonst war.

DOC Später.

COP Später. Ich weiß. Sie haben mit ihm nichts zu schaffen. Sie haben bloß mit Leichen zu schaffen. Bill erinnert mich an einen anderen Jungen.

DOC Verschonen Sie mich mit Ihren Erinnerungen.

COP *bleibt vor Doc stehen* Der Junge war auch vierundzwanzig. Er schoß mit einem Gewehr mit Zielfernrohr vom Dach der Methodistenkirche auf Schulkinder. Er tötete achtzehn. Ich entwaffnete ihn. Er leistete keinen Widerstand. Er glaubte, eine gute Tat vollbracht zu haben. Ich bin nie einem glücklicheren Jungen begegnet.

DOC Ein Irrer.

COP Sicher.

DOC Was sollten die beiden gemeinsam haben?

COP Beide glaubten, im Recht zu sein. Es gibt keinen fürchterlicheren Glauben. *Wendet sich ab.* Ein Geständnis, Doc. Bill stellte mir keinen Scheck aus. Ich schoß vorher.

DOC Wozu?

COP Um das Zehn-Millionen-Geschäft platzen zu lassen.

DOC Sie sind von Jack bestochen?

COP Jack ist tot.

DOC Sie haben ihn getötet.

COP Ich komme mir in dieser Hinsicht auch ein wenig wie der Junge mit dem Zielfernrohr vor.

DOC Sie ließen beide Geschäfte platzen?

COP Nur der Verlust von Riesengeschäften vermag diese Welt noch zu treffen, sonst ist sie durch nichts zu erschüttern.

DOC *schreit* Sie sind beteiligt!

Cop bricht in ein höllisches Gelächter aus.

COP Ich war nie beteiligt. *Säuft die Champagnerflasche aus, stößt wie aus Versehen an den Plattenspieler, Vivaldi, Die vier Jahreszeiten, Winter, Largo.* Der Staatsanwalt lachte mich aus, als ich euer Mörderunternehmen ausfindig machte, und mit ihm stieg die ganze Verwaltung ins Geschäft.

DOC Saufen! *Stürzt Whisky hinunter.*

Es folgt die Makame von der großen Korruption, während der Cop zuerst den einen, dann den anderen Diplomatenkoffer auf den Überseekoffer stellt, schließlich auf allen drei Koffern sitzt, am Haken immer noch das Abendkleid Anns, in der Rechten die Champagnerflasche.

COP Als ich erspähte den Dreh, den Boss drehte, schlug ich mit Gewalt dem Staatsanwalt die Bude ein, fegte ihn vom Schreibtisch und von seiner Sekretärin herunter: Mensch, werde munter, verhafte den Hai, loch ein seine Bande, sonst wird bald im Lande mehr gekillt als

gefickt. Der Staatsanwalt knöpfte sich in Ruh die Hose
zu und sagte entzückt in erleuchtetem Ton: Ei, ei,
mein Sohn, warum dieser Schmäh? Dreh'n wir mit an
dem Dreh – steigen wir zu zwei'n in die Bande mit ein.
Ich verlange als Lohn bloß dreißig Prozent von der
Organisation, los, hopp, Courage, braver Cop, denk
nicht klein, plane groß, den Rest teile mit Boss.
Da rannte ich voll Wut über den staatlichen Wicht vor
den Bürgermeister, schrie ihm ins Gesicht, und das
ziemlich abrupt: Der Staatsanwalt ist korrupt! Das ist
ein Mist, mein Sohn, sagte der Bürgermeister in gelas-
senem Ton, man lebt nicht gegen, man lebt mit der
Korruption: Steigen wir zu dritt in die Organisation,
nur so wird die Lage nicht fatal. Doch für mich nur
fünfzehn Prozent. Ich bin human. Los, hopp, Courage, lieber Cop, denk nicht klein, plane groß, den Rest
teile mit Boss.
Der Schmach gab ich nicht nach. Ohne zu zagen
packte ich den Gouverneur am Kragen. Der Grandsei-
gneur hörte sich an, was die Verwaltung getan, trank
Likör, verzog kein Gesicht. Mein Sohn, sprach er in
verwundertem Ton, deine Empörung verstehe ich
nicht. Wir sind Menschen, vom Weibe geboren. Es
verliert, wer nicht schmiert, wer das nicht kapiert, geht
verloren. Zu viert steigen wir ein in die Organisation.
Du siehst, ich bin willig, doch bin ich nicht billig, als
Patriot, den jeder und jede kennt, und als einmal
beinah und vielleicht möglicher Präsident mach ich es
nicht unter dreißig Prozent. Los, hopp, Courage,
guter Cop, denk nicht klein, plane groß, den Rest teile
mit Boss.
Da sauste ich voll Bitterkeit vor den obersten Richter

des Landes, verlangte Gerechtigkeit. Mein Sohn, sei kein Dichter, sagte der Richter in erhabenem Ton, fast wie Gott Vater, der Heilige Geist und sein Sohn, von der Gerechtigkeit faseln nur versoffene Schreiber und geschiedene Weiber, laß die Finger davon. Was nicht sein kann, kann auch nicht sein: Sei keine Sau, sei ein Schwein. Steigen wir zu fünft in die Organisation: Als oberster Richter bin ich nicht stur, fünfundzwanzig Prozent verlange ich nur. Los, hopp, Courage, armer Cop, denk nicht klein, plane groß, den Rest teile mit Boss.

DOC Zum Totlachen! *Trinkt wieder aus der Whiskyflasche, ist sofort betrunken.* Da kreuzen Sie auf, spielen den eisenharten Burschen, krempeln das ganze Unternehmen um, und alles wofür: Um mit einigen lumpigen Tausendern monatlich abgefunden zu werden!

COP Mich findet man nicht mit Geld ab. Ich lege keinen besonderen Wert darauf, zu überleben wie Sie, Doc. Jim und Sam warten oben auf mich oder kommen runter, sollte unser Gespräch zu lange dauern. Das ist meine Abfindung. Ich machte mir nie was vor, aber ich glaubte, daß sich hie und da etwas Gerechtigkeit verwirklichen ließe. Wieder eine Ratte. *Wirft die Flasche nach ihr.* Ich war genau so naiv wie dieser große Junge. Auch ich trat zu einem wahnwitzigen Alleingang an. Ein Leben lang. Vergeblich? Ich weiß nicht. Wer heute ein Verbrechen aufdeckt, wird vernichtet, nicht der Verbrecher; und weil ich diese Farce nicht mitmachen wollte, habe ich Jack und den Jungen getötet. Nun ist gerecht, was Sam und Jim mit mir tun, wenn es auch eine erbärmliche Gerechtigkeit ist, aber heute ist das schon viel, es gibt keine andere. Ratten!

Ratten! *Rennt ihnen nach.* Auf einmal sind überall
Ratten hier unten.

DOC Die kommen jetzt hervor.

COP Sie pfeifen.

DOC Wenn schon.

COP Da! Da! Da! *Jagt die Tiere.*

DOC Sie zertrümmerten die Kühlanlage. Sie würden die
ganze Welt zertrümmern, wenn Sie es könnten.

COP *setzt sich Doc gegenüber* Doc, ich bilde mir nicht
ein, das Unternehmen erledigt zu haben, erst jetzt
wird der Kundenstrom einsetzen. Doch eine kurze
Weltsekunde lang bot ich dem fatalen Abschnurren der
Geschäfte Einhalt. Wozu? Man muß sich schließlich
doch noch irgendwie achten können, sonst wäre die
Situation allzu unwürdig und, offen gesagt, zu komisch. Aber ich weiß nicht, ob Sie mich verstehen, Sie
sind ja Wissenschaftler und verkrochen sich unter der
Erde. Fünf Stockwerke tief. Zwei weitere Ratten.
Große fette Ratten.

DOC *schleudert ihm den Rest seines Whiskys ins Gesicht.*
Da, Lumpenhund.

COP *erhebt sich* Sie kannten den Jungen also doch.

DOC *schreit* Nein.

COP Sein Anarchismus wird einschlagen. Alles schlägt
heute ein. *Nimmt einen Stuhl, setzt sich in den Vordergrund links.* Was ist denn heute schon Mord, Doc?
Ein Kavaliersdelikt. Und dieses Kavaliersdelikt hat
dieses Unschuldslamm verklärt und der Gesellschaft
die Ausrede geliefert, eine Mordgesellschaft zu werden. Als ob die Kriminalität nicht längst die Form
unserer Zivilisation wäre. Sein Anarchismus war eine
geniale Schnapsidee. Er kam jedem gelegen wie ein

Weihnachtsgeschenk. Der Staatsanwalt, der Bürgermeister, der Gouverneur, der oberste Richter, sie alle
waren vom Jungen begeistert. Er machte mit, ohne zu
wollen. *Gleichgültig* Im übrigen sucht man seinen
Vater.

DOC Wessen Vater?

COP Bills Vater.

DOC Weshalb?

COP Er ist nun der Erbe der Chemiewerke.

Doc schweigt.

COP Der reichste Mann des Landes.

Doc schweigt.

COP Er soll irgendwo untergetaucht sein.

DOC Wer sucht ihn?

COP Das Unternehmen.

DOC Wozu?

COP Jacks Witwe bietet für seinen Kopf zehn Millionen.

DOC Wenn schon.

COP Damit sie das größte Vermögen des Landes erben
    kann.

DOC Geht mich nichts an.

COP Mich auch nichts.

DOC Sie sind ein Narr.

COP Wahrscheinlich.

DOC Darauf können Sie Gift nehmen.

COP Ich kriege eine Kugel. *Steckt sich eine Zigarre in den
    Mund.* Geben Sie mir Feuer.

Doc gibt ihm Feuer. Cop raucht.

COP Die Zigarre brachte ich vom Jungen mit.

Der Lift kommt nach unten.

COP *gibt Doc eine Brieftasche* Hier.
DOC Was soll ich damit?
COP Bills Brieftasche. Mit einigen Geldscheinen und dem
Bild seines Vaters.

Doc schweigt.

COP Sehen Sie, nun bin ich doch auf Ihren Namen ge-
kommen.
DOC Gehen Sie jetzt.
COP Unnötig.

Aus dem Lift Jim und Sam. Der Lift wieder nach oben.

SAM Mann, gibt es hier Fliegen.
JIM Verfluchtes Biest. *Schlenkert ein Bein.* Die Ratten
klettern einem ja die Beine hoch.
COP Nun, ihr beiden?
JIM Oben ist wieder eine Mordshitze.
COP In dieser Stadt ist immer eine Mordshitze.
JIM Sie haben uns reingelegt, Cop.
COP Kann sein.
JIM Der Staatsanwalt telefonierte.
SAM Oben sind die Jungens versammelt.
COP Ich bleibe hier unten.
JIM Nach hinten, Cop. *Nimmt Cop den Revolver aus
dem Revolvergurt.*
COP Komisch, daß das Leben auf einmal einen Sinn
bekommt.

SAM In den Kühlraum, Cop.

JIM Muß sein, Cop.

COP Kapiert.

SAM Dann geh.

JIM Wir machen schnell, Cop.

COP *erhebt sich, raucht* Gehen wir hinein. *Geht zum Kühlraum, bleibt stehen.* Doc.

DOC Cop?

COP Wer stirbt, macht nicht mehr mit. *Zieht noch einmal an der Zigarre.* Eine unwahrscheinliche Havanna, die der Junge da rauchte. *Tritt die Zigarre aus.*

Cop, Jim und Sam in den Kühlraum ab.
Doc untersucht die Brieftasche, findet seine Fotografie.
Im Kühlraum ein Schuß.
Doc zerreißt das Foto, ißt es auf.
Jim und Sam kommen wieder aus dem Kühlraum.

JIM Erledigt.

SAM *tritt zu Bills Leiche* Glaube, dem seine Schuhe passen mir. *Zieht Bills Leiche die Schuhe aus.*

Lift nach unten.

SAM Halt die Leiche mal fest, Doc.

Doc hält Bills Leiche.

SAM *zieht seinen rechten Schuh aus* Hatte immer kleine Füße. *Zieht Bills rechten Schuh an.* Paßt.

Jim tritt zu Bills Leiche.

SAM Prima Leder. Elegant.

JIM Tolle Krawatte. *Nimmt der Leiche die Krawatte ab.*

Aus dem Lift kommen Joe und Al in Polizeiuniform und mit Kisten.

JIM Stellt die Ware irgendwohin. Der Kühlraum funktioniert noch nicht.

Joe und Al stapeln die Kisten im Vordergrund auf.

SAM *geht mit Bills Schuhen auf und ab* Passen wie angegossen.

JIM Da staunst du, Doc, was uns auf einmal für Ware zuströmt, wie?

SAM Und nicht nur Ware. Auch solche, die unsere Preise unterbieten wollten.

JIM Feine Manschettenknöpfe. *Nimmt die Manschettenknöpfe von Bills Leiche.* Türkise.

SAM Nobel.

JIM Prima Anzug.

SAM Klasse.

JIM Seide. Paßt meinem Sohn. Zum Glück hat ihn Cop mit einem Kopfschuß erledigt.

SAM Cop war trotz allem ein prima Kerl.

JIM Hilf mir mal.

Sie ziehen Bills Leiche den Anzug aus.

SAM Was macht denn dein Sohn?

JIM Studiert.

SAM Was denn?

JIM Arzt.

SAM Der wird noch ein Doktor Schweitzer. Meiner geht
in einem Friseursalon in die Lehre. Für Damen. Hatte
immer was Künstlerisches.

JIM Von dir geerbt. Prima Hemd.

SAM Auch Seide.

JIM Leicht beschmutzt.

SAM Kommt in Mutters Waschmaschine.

*Sie ziehen Bill auch das Hemd aus. Joe und Al mit dem
Lift nach oben.*

JIM Wenn wir noch Bills Vater auftreiben, wird das Geschäft perfekt.

SAM Soll irgendwo versoffen sein. Die Socken auch?

JIM Alles. Fabelhafte Qualität.

Sam zieht Bill Unterhosen und Socken aus.
Jim betrachtet Doc nachdenklich.
Unterdessen bringen Joe und Al immer neue Kisten.

JIM Bist du eigentlich Biologe oder Chemiker gewesen,
Doc?

DOC Chemiker.

JIM Von Bills Vater hast du natürlich nie etwas gehört?

DOC Ich kannte weder ihn noch Bill.

JIM Na ja.

SAM Wen soll der schon kennen.

JIM Keinen Schwanz.

SAM Wieviel verdienst du eigentlich, Doc?

DOC Fünftausend.

SAM Denkste.

Sam und Jim schlagen Doc zusammen.
Doc sinkt nieder.

SAM Du lieferst mir monatlich zweitausend ab, verstanden? *Holt den Lift herunter.*

Doc kriecht am Boden. Jim bearbeitet ihn mit Fußtritten.

JIM Mir zweitausendfünfhundert.

Doc liegt am Boden zusammengekauert.

SAM Da bleiben dir immer noch fünfhundert für deine Drecksarbeit.

Jim schaut sich um. Überall häufen sich die Kisten.

JIM Mensch, hat der heute zu tun.
SAM Dazu ist er ja da.
JIM Ein Kopf, den wir brauchen.

Sam und Jim gehen in den Lift.

SAM Mach schön weiter, mein Junge.

Der Lift fährt nach oben.
Licht nur noch auf Doc, der am Boden kriecht, liegenbleibt.

Nachwort

Vorwort zum Nachwort

Irgend jemand bemerkte einmal, meine Nachworte würden immer länger. Ich habe vor, das längste zu schreiben, das ich je schrieb, nicht etwa, um irgend jemandem recht zu geben, sondern aus der Einsicht heraus, es sei eigentlich unmöglich, eine halbwegs brauchbare Theaterpartitur herzustellen. Das Wesentliche, was ein Theaterstück ausmacht, kann doch nicht aufgezeichnet werden: der Text ist ein Resultat innerer Vorgänge, nicht mehr, der erbärmliche Klavierauszug einer Partitur. Werktreue ist eine Utopie. Die Meinung, auf der Bühne müsse nur gespielt werden, was geschrieben worden sei, so einfach sei die Sache, geht schnell verloren, versucht man, sich nach ihr zu richten. Als ob man überhaupt schreiben könne, was man gespielt sehen möchte; ist es doch schon unsinnig, mehr als einige Hinweise für das Bühnenbild geben zu wollen. Ein Bühnenbild verändert sich je nach Bühne, Bühnenbildner und Regisseur, ebenso wie sich die Gänge und die Stellungen der Schauspieler je nach Bühne, Bühnenbildner und Regisseur verändern; mehr noch: sogar der Text selbst nimmt einen anderen Sinn an für das Publikum, je nach der politischen Situation nämlich, in die sich das Publikum verstrickt sieht. Was aber für das Spiel gilt, trifft auch für das Schreiben zu. Im Moment des Schreibens ist sich der Autor bewußt, was er schreibt. Er vergißt nur, daß er der Unbekannte ist, der da schreibt, daß er von Voraussetzungen ausgeht, die bloß er kennt: von seinem eigenen Denken. Und das tut er nicht aus Fahrlässigkeit: Der Autor muß die Voraussetzungen seines Schreibens vergessen, um überhaupt schreiben zu können – und einmal geschrieben, macht sich das Geschriebene selbständig, verbindet sich mit den Vorstellungen des Publikums, noch schlimmer, mit jenen der Kritiker, die wiederum das Publikum beeinflussen. Das Folgende ist daher nicht als Verteidigung eines durchgefallenen Stücks konzipiert – als solche wäre es lächerlich, der beste Kommentar macht ein Stück nicht besser –, es stellt den gedanklichen Hintergrund dar, der zu diesem Stück führte, an Hand des Stücks. Jedes Stück ist ein Resultat verschiedener Gedankenprozesse, ästhetischer, philosophischer, religiöser vielleicht, persönlicher sicher, unbewußter – zugegeben, von Wunden stammend, die nicht vernarbt sind – durchaus möglich, aber auch politischer usw., schließlich sprachlicher: Von dieser Überlegung her wurde ein Nachwort zum *Mitmacher* fällig; als Dokumentation einer Theaterarbeit, die ich – wenn auch unvollständig – in Mannheim zu leisten versuchte; nicht für Kritiker, nicht für Zuschauer, sondern für Schauspieler geschrieben: für imaginäre Schauspieler. Ich pflege mit offenen Karten zu inszenieren, aber nicht nach einem vorbereiteten Plan, sondern nach einer vorerst nur vagen Idee; die Einfälle, wie denn diese Idee zu verwirklichen sei, liefert die Bühne: die Schauspieler verhelfen mir dazu. Nach diesem Prinzip inszenierte ich auch in Mannheim. Anderswo wären die Bedingungen andere gewesen. Daher sind die im Textbuch enthaltenen Regieanweisungen mehr als Hinweise denn als Unumgänglichkeiten zu lesen: als Rohregie; auch das Schreiben eines Stücks ist ja ohne diese Rohregie nicht möglich. Das

Nachwort dagegen hat vorerst einen bühnenpraktischen
Sinn, es ist als Ergänzung der Textpartitur zu begreifen,
als Hilfe, hinter den Sinn des Ganzen zu kommen, hinter
den Sinn eines Stücks, von dem viele behaupten, es stecke
keiner dahinter. Ich bin mir bewußt, daß ich mich damit
auf ein Abenteuer einlasse, das noch bedenklicher werden könnte als das Stück selbst. Denn man kann sich
fragen, ob es überhaupt einen Sinn habe, nach dem Sinn
eines Theaterstücks zu suchen, insofern nämlich, als
angenommen werden darf, daß ein Theaterstück, bei dem
man erst nachträglich einen Sinn findet, an sich schon
mißraten sei, geht doch die Dramaturgie davon aus, das
Dramatische beruhe auf Spannung. Dies einmal angenommen, genügt auch die Spannung; ist die Spannung
nicht vorhanden, nützt auch der hinter dem Drama versteckte Sinn nichts. Er ist nur insofern vorhanden, als er
unmittelbar im Spannungsfeld des Dramas aufleuchtet;
alles Versteckte, Verdunkelte, Nachträgliche, alles Mit-
telbare also, fällt nicht ins Gewicht, und so ist auch jedes
Fragen nach dem Sinn, insofern er nicht offen zutage
liegt, zweitrangig: Literatur über Theater und, insoweit
Theater etwas Literarisches ist, Literatur über Literatur.
Das zugegeben, hat es keinen Sinn, in Klagen darüber
auszubrechen, unsere Zeit sei schon längst keine produk-
tive mehr, sie sei eine der Literatur über Literatur, eine,
die einen Sinn hinter der Literatur braucht, statt sich
einfach an ihr zu vergnügen, und die, scheint ihr dieser
Sinn nicht mehr zeitgemäß, sich einen zeitgemäßen konstruiert. Unsere Zeit hat etwas Alexandrinisches, Histo-
risierendes, sie neigt zu formalen Spielen, zu Forment-
wicklungen, die sie aus hypothetischen historischen Sti-
len kalkuliert. Produktivität dagegen setzt Naivität vor-

aus; diese Naivität so spät nach dem Sündenfall zu verlangen, scheint vorerst bloß auf eine unerlaubte Einfalt hinzuweisen oder auf den Glauben, es gebe noch ein Allgemeines, auf das sich jeder Sinn projizieren lasse wie auf eine Leinwand: auf einen allgemeinen Glauben oder auf eine allgemeine Ideologie usw. Für den aber, dem das Allgemeine nicht mehr einleuchtet oder nicht mehr allgemein ausdrückbar ist (als subjektiver Glaube), wird die Naivität, ohne die auch er nicht produktiv sein kann, eine Fiktion, mit deren Hilfe er produziert: seine Naivität wird nur im Spiel hergestellt, stellt nur Spiele her. Oder Gleichnisse. Sein Denken ist darum etwas Bescheidenes im Vergleich zum Anspruch, den ein Denker anmeldet, der im Bewußtsein, das Allgemeine zu verkünden, die Wahrheit, aus vollen Backen bläst. Wer diesen Tönen mißtraut, versucht, sich über sich selbst klarzuwerden, mehr nicht: sein Denken stellt bloß noch ein Abenteuer im Subjektiven dar. Damit ist aber auch seine künstlerische Produktion in Frage gestellt, ja, je mehr er sich als Einzelgänger herausstellt, um so mehr wird seine Kunst unmöglich, ein Paradox, weil sie trotzdem geschieht: gerade deshalb muß sie geschehen. Da aber heute der Einzelgänger immer mehr den Avantgardisten ablöst, wird die Kunst, die der Einzelgänger noch treibt, nur für ihn, nicht für die Allgemeinheit exemplarisch, sie wird zur Selbstdarstellung und gewinnt nur dann an Interesse, wenn diese Kunst, diese Komödie, diese Malerei, diese Partitur usw. von etwas zeugt, das nur noch in einem Kunstwerk zu manifestieren ist. Das Individuelle kann sich nur im Individuellen dokumentieren; es vermag nicht mehr als ein Hinweis darauf zu sein, daß es hinter dem Dokumentierten noch einen Sinn gibt. Das Allge-

meine ist nur zu ahnen. Dadurch wird das Denken über
die Kunst zur Spektralanalyse immer fernerer Sterne.

Bühne

Sie kann realistisch oder nur andeutend gestaltet werden,
nur einige Elemente verwendend, konkret oder abstrakt.
Aber auch dem ›abstrakten Bühnenbild‹ sollte das ›reale
Bühnenbild‹ zugrunde liegen, die Überlegung, wie denn
der Ort der Handlung in Wirklichkeit aussehen müßte.
Im *Mitmacher* liegt der fingierte Handlungsort unter der
Erde. Ein unterirdischer Raum muß abgestützt werden:
Die Betonpfeiler sind die erste Gegebenheit. Der Hand-
lungsort kann nur durch einen Lift betreten werden: Der
Liftschacht mit der Lifttüre ist die zweite Gegebenheit.
Ferner: In diesen unterirdischen Raum wurde ein kleine-
rer Raum hineingebaut, der Kühlraum, die Arbeitsstätte,
wo etwas aufbewahrt und wo etwas verarbeitet wird. Der
Kühlraum mit der Kühlraumtür ist die dritte Bedingung.
Die vierte: In diesem unterirdischen Raum wird nicht nur
gearbeitet, jemand wohnt und schläft auch darin: die
Wohnnische mit der Couch. Die fünfte Notwendigkeit:
Die Ware, die verarbeitet wird, ist zwangsläufig in längli-
chen Kisten, Särgen nicht unähnlich, verstaut – wir brauchen bei diesem Metier mit Worten nicht allzu wählerisch
umzugehen – und kommt in den Kühlraum; ist die Ware
dann verarbeitet, hat sie sich aufgelöst, werden die leeren
Kisten von Doc in den Hintergrund des Handlungsorts
getragen; einige dieser Kisten können auch als Sitzgele-

genheit verwendet werden, warum nicht, die Kisten sind
in diesem Stück nun einmal wesentliche Spielrequisiten.
Innerhalb dieses Rahmens ist zu arbeiten. Was jedoch die
Erfindung Docs, den Nekrodialysator, betrifft, so ist er
sicher jene Fiktion, die das Stück erst möglich, mir aber
als Requisit auf der Bühne auch am meisten zu schaffen
machte; Requisiten sind oft bösartig. Dramaturgisch
stellt sich nämlich die Frage, ob diese Erfindung auf der
Bühne zu zeigen sei, als eine Art technische Vulva wie in
Zürich etwa, die sich schloß, wenn eine der Waren in sie
hineinfuhr usw., oder ob sie *nicht* zu zeigen sei; eine
Entscheidung, die, je nachdem wie sie fällt, auch den
Text verändert. Ich meine jedoch, daß es besser sei, den
Nekrodialysator nicht zu zeigen, sondern ihn im Innern
des Kühlraums anzunehmen. Woraus denn eigentlich der
Nekrodialysator besteht und wie er funktioniert, bleibt
der Phantasie des Zuschauers überlassen, hörbar ist nur
das ›Rauschen‹, das ernüchternd wirkt, an ein Klo denken läßt, absichtlich, es ist nicht zu leugnen, das Makabre
ist dem Lächerlichen benachbart. Wahrscheinlich, kann
ich mir vorstellen, ist der Nekrodialysator etwas höchst
Primitives, eine Badewanne zum Beispiel, in die Doc eine
rasch wirkende Säure gießt. Da jedoch nur ein kleiner
Teil des Kühlraums sichtbar wird, öffnet man dessen
Tür, und da die Personen, die den Kühlraum betreten, in
ihm verschwinden, teils um zu arbeiten, teils um ihn zu
besichtigen, oder gar, wie Cop im letzten Akt, um
überhaupt nicht mehr aufzutauchen, ist es notwendig,
den unsichtbaren Teil des Kühlraums zu bespielen; ein
uralter Theatereinfall, zugegeben, die Bühne wird ›aku-
stisch‹ vergrößert. Ich schäme mich nicht, mit einem
Mittel der Illusionsbühne zu arbeiten, im Gegenteil, ihre

Zeit ist noch lange nicht vorüber, und so machte ich denn in diesem Stück mit einer gewissen Boshaftigkeit mehrfach von konventionellen Bühnenmöglichkeiten Gebrauch: Bill zum Beispiel versteckt sich; auch verschmähte ich nicht jene Möglichkeit, die ich sonst hasse, die etwa Lessing in seiner ›Emilia Galotti‹ bis zum Überdruß anwendet: die Stimme dessen vernehmen zu lassen, der sich außerhalb der Bühne befindet, hier dessen, der sich im unsichtbaren Teil des Kühlraums aufhält, wobei dieser nun lauter sprechen muß, um gehört zu werden, so daß auch jener, der vom Publikum gesehen wird, lauter zu sprechen hat, um vom unsichtbaren Gegenspieler vernommen zu werden: Ohne diesen Klamottentrick, dem der Umstand zugute kommt, daß der weißgekachelte sichtbare Teil des Kühlraums stets grell beleuchtet ist, wäre der Anfang des zweiten Teils gar nicht zu spielen, wo doch das Entgegengesetzte stattfindet, stattfinden kann: Doc, unsichtbar bei geöffneter Tür im Kühlraum, schweigt.

Beleuchtung

Auch die Beleuchtung wirft ein Problem auf. Sie fordert die, auch stilistische, Entscheidung, ob die Leuchtkörper, die einen unterirdischen Raum erhellen, darzustellen seien oder nicht. Expressionismus oder Realismus? Außerdem besitzt ein unterirdischer Raum, geschweige denn ein unterirdischer Lagerraum, für die Bühne wenig Atmosphärisches, es sei denn das stete – bald nahe, bald ferne – Hinuntertropfen irgendwelcher Kanalisationsgewässer. Wir versuchten in Mannheim, eine gewisse wechselnde Lichtstimmung zu erzielen, indem wir in die nach hinten geneigte Betondecke Lichtschächte einbrachten. Das Resultat war nicht befriedigend, der Raum wurde als unterirdischer Raum unglaubhaft, er wurde zu einem Dachboden. Glücklicher war die Idee, auf die wir nachher verfielen: Neonröhren anzubringen. Meist brannte nur eine Röhre, erst im Schlußakt brannten alle drei, der Lagerraum wurde in ein unbarmherziges kaltblaues Licht getaucht. Von diesem Einfall her müßte das Problem weiter untersucht werden. Für die Liebesszene im zweiten Akt des ersten Teils genügten in Mannheim die Lampe über der Couch und das Licht aus dem offenen Kühlraum. Der Lift war innen beleuchtet, der Liftschacht selbst gegen das Publikum hin vergittert, man sah die Auf- oder Abtretenden hinab- oder hinauffahren. Zusammengefaßt: Da ein unterirdischer Raum künstlicher Lichtquellen bedarf, sollten sie auch gezeigt werden, ohne jedoch auf Scheinwerfer, Verfolger usw. zu verzichten. Die notwendige Realität der Bühne widerspricht nicht ihrer immanenten Irrealität. Was die Beleuchtung der Schauspieler während der Monologe betrifft, so arbeiteten wir dabei fast ausschließlich mit den Verfolgern, außerdem konnte der Rost von unten beleuchtet werden, doch mißlang aus technischen Gründen der Beleuchtungseffekt, den wir uns von einem erleuchteten Rost in den Monologen erhofften.

Mitmachen

Wir machen alle mit, auch der Schreibende, ob wir nun
mit der Welt zufrieden sind, in der wir stecken, oder
gegen sie protestieren, Pläne entwerfen, sie zu ändern,
uns engagieren, politischen Parteien beitreten oder gar
welche gründen, die sie ändern wollen, usw. Wir machen
mit, weil wir *sind,* verstrickt nicht nur durch unzählige
gesellschaftliche, kulturelle, politische und wirtschaftliche Fäden mit der Welt als Ganzem, sondern auch als
Angehörige eines Staates, den wir als Ganzes nicht zu
überblicken vermögen, als Teile eines Volkes, das uns
nach außen prägt, ob wir wollen oder nicht, auch als
Glieder einer Gemeinde, die in anderen Gemeinden aufgeht, oder als Angestellte irgendeiner Firma, die ihrer-
seits wieder mit anderen Firmen verquickt ist: das Knäuel
ist unentwirrbar, nur Theorien über das Durcheinander
der Fäden existieren, eine Handvoll Fakten, das meiste ist
nur vage zu vermuten. Wir machen unfreiwillig mit, sei
es auch unter Protest, treiben im Strom der Zeit dahin.
Dieses Mitmachen, diese Verstrickung aller Dinge ergibt
an sich keine Dialektik, keine Dramatik, ist episch, Stoff
zu einem unermeßlichen Roman, der jede Darstellbarkeit
übersteigt. Kunst muß einschränken, auswählen, Tatsachen außer acht lassen, den Stoff, den sie formen will, aus
der Ungeheuerlichkeit der angesammelten und durchein-
andergewobenen Stoffe sondern. So auch hier. Aus einem allgemeinen Zustand des Menschlichen, aus den nun
einmal menschlichen Gegebenheiten heraus entstand
Doc, der Mitmacher, gleichsam als ein Konzentrat, wur-

de *Mitmachen als eine moralische Kategorie* ins Spiel gebracht, wurde dann zum Spiel, zum Vorspiel eines Nachworts endlich.

Mitmachen muß nicht von vornherein negativ sein. Wir unterscheiden: Wir machen mit, weil wir von der Notwendigkeit dessen überzeugt sind, bei dem wir mitmachen = ein moralisch positives Mitmachen. Wir machen mit, obgleich wir von der Notwendigkeit dessen nicht überzeugt sind, bei dem wir mitmachen = ein moralisch negatives Mitmachen. Nur dieses Mitmachen betrifft den Mitmacher des Stücks, die ›Mitmacherei‹. Ist der positive Mitmacher engagiert von der Sache her, bei der er mitmacht, so ist der negative Mitmacher nicht engagiert, obgleich er mitmacht, sein Mitmachen ist ein Mitgehen, ein Nachgeben, ist eine Schwäche, ein Mangel an moralischer Position. Ist der positive Mitmacher aktiv, so der negative Mitmacher passiv. Ist es beim positiven Mitmacher entscheidend, daß er die Sache, bei der er mitmacht, als etwas Notwendiges erkennt, als etwas Gutes (weshalb es denn gleichgültig ist, ob diese Sache ›an sich‹ auch notwendig sei oder nicht, gut oder schlecht, das Werturteil über sein Mitmachen liegt nur im Glauben an seine Erkenntnis, ob er diesen habe oder nicht, und nicht daran, ob seine Erkenntnis ›an sich‹ richtig sei oder nicht – es gibt auch getäuschte positive Mitmacher), so spielt die Erkenntnis oder das Verkennen der Sache, bei der einer mitmacht, beim negativen Mitmacher keine Rolle: er macht nicht der Sache, sondern sich zuliebe mit. Das negative Mitmachen ist ein Sich-nicht-Kümmern um die Erkenntnis (die auf die Sache gerichtet ist, bei der man mitmacht), auch ein Nichtverwirklichen der Erkenntnis, ein nicht nach der Erkenntnis

Handeln, ein Handeln wider die Erkenntnis, daß die Sache, bei der man mitmacht, nicht nur nicht notwendig, sondern sogar schlecht ist. Endlich ein In-den-Wind-Schlagen des Glaubens, insofern es ohne Glauben an die Erkenntnis kein Aneignen der Erkenntnis gibt (weil es keine nackte Erkenntnis gibt). Natürlich gibt es auch ein negatives Mitmachen aus Bequemlichkeit: so einer macht mit, ohne zu denken, weil die Sache, bei der er mitmacht, gerade Mode ist usw. Aber der eigentlich negative Mitmacher in seiner bedenklichsten Form ist der Intellektuelle, der trotzdem mitmacht. Dieser Intellektuelle braucht durchaus kein ›Fachidiot‹ zu sein (was ihn noch entschuldigen würde); entscheidend ist, daß ihm das moralische Sensorium fehlt. Dieser Mangel ist das eigentlich Nihilistische an ihm; daß einer entgegen seiner Erkenntnis handelt oder nicht handelt, ist für jene unverständlich, die der Meinung sind, auf die Erkenntnis des Notwendigen folge auch seine Verwirklichung. Wäre das so, wäre die Welt anders, Moral, wagt man überhaupt dieses Wort noch zu gebrauchen, nicht klischeehaft, als ein sinnloses Vollziehen angeblicher Gesetze – die keine sind, werden sie als Gesetze genommen und nicht als Einsichten –, Moral ist nicht schon die Erkenntnis des Notwendigen. Moral ist das Verwirklichen dieser Erkenntnis. Die Frage, warum wir diese Erkenntnis offenbar nur selten verwirklichen, ist im Bereich des Intellekts nicht zu lösen, weil der Intellekt gezwungen ist, diese Frage im Logischen zu stellen, wohin sie nicht gehört; wie die vernünftigen Pferde in Gullivers vierter Reise staunt die Vernunft stets darüber, warum sich das Vernünftige nicht von selber durchsetzt; daß es sich durchsetzen würde, wäre die Weltordnung vernünftig, ist ein

Zirkelschluß: eine ideale Weltordnung ist nur mit idealen Menschen möglich; setzt man den Menschen ideal, ist es unverständlich, wie und warum er in eine unvernünftige Ordnung hineingeriet; es nützt nichts, den idealen Menschen und die ideale Gesellschaftsordnung ins Zukünftige, Utopische zu versetzen und die jetzige Menschheit auf dem Weg dorthin anzunehmen – der Zwiespalt bleibt bestehen: Der Mensch, wie er ist, entspricht nicht dem Menschen, wie er sein sollte. So widersprüchlich ist auch die Politik.

Die *Realisten* suchen für den offenbar von Natur aus unvernünftigen Menschen die vernünftigste Gesellschaftsordnung, versuchen das Unvernünftige ins möglichst Vernünftige einzupendeln, wobei sie freilich Gefahr laufen, sich in der eigenen Falle zu fangen, auch sie bilden keine Ausnahme, auch sie sind, wie sie sind, und nicht, wie sie sein sollten. Das Schicksal des *Idealisten* ist kaum besser: Im Bestreben, den Menschen genau einzusetzen, um mit ihm ein pannensicheres Weltsystem zu errichten, erfaßte er ihn als Produkt seiner Produktionsweise und seiner Produkte usw. so einseitig rational, daß die ideal gemeinte Ordnung in einen aberwitzigen Irrationalismus umzuschlagen droht und schon umgeschlagen ist. Die unterdrückten, nicht kalkulierbaren Seiten des Menschlichen beginnen gleichsam Amok zu laufen: Daß die Idealisten dazu neigen, alle jene Kräfte zu entfesseln, die im Irrationalen liegen, hat in ihrer Radikalität seinen Grund. Wer die Realität verachtet, muß sie auch vernichten können. Tendiert aber der Realist dazu, von der menschlichen Wirklichkeit korrumpiert zu werden, und wird diese vom Idealisten pervertiert, so enthüllt sich die Frage, warum es um den Menschen so lausig bestellt

ist, was die Verwirklichung seiner Einsichten angeht – die
Frage also nach der Ohnmacht der Moral vor jeder
möglichen Revolution –, als existentielles Problem und
wird damit unlösbar. Auf die Frage, warum der Mensch
so ist, wie er ist; auf die Frage nach dem ›radikal Bösen‹
im Menschen gibt es keine Antwort, auch jene der Ver-
haltensforscher ist keine, ist sie doch nicht mehr als eine
Feststellung, daß der Mensch so ist, wie er ist. Dann
jedoch, wenn das Gefühl hochkommt, es treibe alles in
einem unaufhaltsamen Strom dahin, unmerklich, immer
schneller, gemäß der menschlichen Natur, irgendwelchen
unausweichlichen Katarakten zu, so daß es eigentlich
sinnlos sei, wie man schwimme, ob mit oder gegen den
Strom, dieser trage einen ohnehin seiner Bestimmung zu,
in diesem Augenblick wird das Sich-Mittreiben-Lassen
ein passives Mitmachen, ohne daß zu sagen wäre, wie es
zu vermeiden sei: die Entscheidungen, die dann fallen,
sind nur noch im Subjektiven möglich, in Bereichen, die
gegen außen hin nicht mehr zu objektivieren sind, vielleicht nur noch mittelbar zu umschreiben, durch eine
Fabel.

Doc

Ist so das Mitmachen dialektisch zugespitzt, auf
das Mitmachen eines Intellektuellen hin, auf dessen
Selbstaufgabe also, dann kommen wir zu Doc. Um ihn
genauer zu bestimmen, ist er von der Position her am
besten mit *Faust* zu vergleichen – nicht vom Literari-

schen, sondern von der dramaturgischen Ausgangslage
her. Faust ist der dämonische Mitmacher, sein Pakt mit
dem Teufel entspringt einem Erkenntniskollaps: »und
sehe, daß wir nichts wissen können«. Faust geht es wie
jedem negativen Mitmacher nie um die Sache, sondern
nur um sich selbst; sein Schluß aus der Erkenntnis, daß es
keine Erkenntnis gebe, ist nicht sokratisch. Faust findet
sich mit seinem Nichtwissen nicht ab; wenn er auch
einsieht, daß es unmöglich ist, aufgrund einer objektiven
Wahrheit zu leben, aufgrund einer objektiven Erkenntnis
also, so wagt er doch nicht den Schritt in die souveräne
Subjektivität, die Sokrates' Größe ausmacht: er wagt
nicht den Schritt in die *Ironie*. *Sokrates* wäre in den
Augen Fausts ein Spießer (weil Sokrates an seiner Subjektivität, an seinem Nichtwissen nicht verzweifelt). Faust
verharrt in der Verzweiflung, daß es kein Wissen gebe,
ohne aber von der Objektivität, trotz ihrer Unmöglichkeit, zu lassen und ohne die Subjektivität, trotz ihrer
Unvermeidbarkeit, zu bejahen – darum sein Entschluß,
die Subjektivität dann wenigstens zu genießen, und koste
es das Heil seiner Seele. Faust genießt die Verzweiflung,
das ist seine Dämonie, Sokrates überwindet sie. Der Sinn
des Teufelspaktes: Faust gehört dem Teufel, wenn Faust
einmal *nicht* verzweifelt; ein Installieren der Verzweiflung also – nicht des Zweifelns wie bei Lessing –, das die
Engel in ein »Wer immer strebend sich bemüht« uminter-
pretieren. Faust, weil er sich selbst genießt, ist in seinen
Äußerungen oft hohl, sentimental, pubertär, in seinem
Genuß der Dämonie professoral dämonisch, z.B. im
Glaubensbekenntnis, das wohl nur noch psychologisch
zu deuten und darzustellen ist: Faust muß Gretchen die
religiösen Skrupel nehmen, um mit ihr schlafen zu kön-

nen. Doc dagegen bleibt diesseits jeder Dämonie. Wie Faust ist Doc ein gescheiterter Wissenschaftler, sicher nicht ein Universalgenie wie sein Vorgänger, doch auch nicht ohne Format, die Erfindung eines künstlichen Virus ist schließlich keine Kleinigkeit. Er scheitert nicht an der Unmöglichkeit, alles zu erkennen, denn die moderne Wissenschaft hält sich an das Erkennbare, das Nichterkennbare grenzt sie ab, sie leistet sich höchstens einige Hypothesen darüber, ohne sich von ihm beunruhigen zu lassen. Doch eine Wirtschaftskrise trennt Doc von den zur Forschung notwendigen Apparaturen, auch wohl von einem Team; Forschung ist heute eminent teuer, besonders die Untersuchung der Atome, Moleküle, Riesenmoleküle und Anordnungen von Riesenmolekülen, diese fallen in Docs Bereich, und was die heutige Abhängigkeit der Wissenschaftler von Laboratorien, Computern, Teams usw. betrifft:

An einem Samstag im Februar 1974 wird mir von einem Physiker, einem Bekannten Albert Vigoleis Thelens, das ›Europäische Laboratorium für Kernforschung‹ gezeigt, CERN. Am Stadtrand von Genf. Es ist kalt, Bise. Eine unermeßliche Industrieanlage, kilometerweit, scheint es, Gebäude an Gebäude. Wir besteigen zuerst einen Aussichtsturm mit Sicht über das Ganze. Thelen, der mitgekommen ist und den Ausblick schon kennt, amüsiert sich, ihm kommt der Aufwand, der da getrieben wird, komisch vor, ich bin verwirrt, der bescheidene Arbeitstisch Otto Hahns steht mir vor Augen, auf welchem die erste Atomspaltung glückte, irgendwo sah ich ihn abgebildet, er hätte auch in Doktor Fausts Kabinett gepaßt: einige Batterien, Glühbirnen, Spulen, ein Paraffinschutzring; und nun diese Ungeheuerlichkeit, die Ex-

perimentalphysik braucht nicht zu sparen, hier bastelt sie
mit Zyklopenarmen und Millionenkrediten. Wir fahren
in einem Auto herum, die Anlage zu besichtigen, zu Fuß
wäre es nicht zu schaffen, ein Tagesmarsch. Zuerst eine
Blasenkammer, von außen ein bescheidenes Industriege-
bäude, hangar- oder schuppenähnlich in meiner Erinnerung. Im Vorraum sitzen Techniker um einen Tisch,
einer raucht eine Pfeife. Wir müssen die Uhren abgeben,
das magnetische Feld sei zu groß. Im Innenraum steht ein
gewaltiges Monstrum, tausend Tonnen, schwer zu beschreiben, weil Vergleiche fehlen. Wir besteigen eine
Treppe, befinden uns wie auf einer Kommandobrücke, in
meiner Tasche fühle ich, wie sich die Schlüssel bewegen,
gegen die Maschine streben: ein metallenes Feuerzeug,
dann ein Messer bleiben an ihr kleben. Gewaltige Entla-
dungen, weiße Elektronenblitze, wie Herzschläge eines
Giganten; durch ein Fenster erblicken wir in einem auf-
zuckenden blauen Muster die Spuren der in die Blasenkammer schießenden Atomkerne, die durch den 628 m
langen Ring des Protonensynchrotrons gerast sind, immer wieder, dabei durch 14 Energiestöße immer mehr
beschleunigt wurden, immer unglaublicher, bis sie einen
Weg zurückgelegt hatten, der beinahe so lang ist wie die
Strecke von der Erde zum Mond, zuletzt fast mit Lichtgeschwindigkeit dahinschießend. Drei Kameras fotogra-
fieren jeden Blitz, die drei Fotos werden stereometrisch
ausgemessen, alles automatisch, Hunderttausende von
Aufnahmen für ein einziges Experiment, Techniker setzen Filmrollen ein, in einer halben Stunde verbraucht
jede Kamera einen 600 m langen 500-mm-Film. Als wir
zurückkommen, sitzen im Vorraum zur Blasenkammer
immer noch die Techniker, machen Eintragungen, we-

nigstens hin und wieder, sie haben Zeit, lesen Zeitungen, der mit der Pfeife liest Comics (wie Doc), eine Atmosphäre entspannter Gemütlichkeit. Wir legen die Armbanduhren wieder an, die Techniker beobachten uns dabei gelangweilt, dann Fahrt zum Kontrollraum des Speicherrings oder des Synchrozyklotrons oder des Protonensynchrotrons oder aller Anlagen zusammen, ich weiß es nicht mehr, wahrscheinlich ist schon längst die ganze Beschreibung ein Mißverständnis, der Raum verliert sich im Dunkeln, seine Größe ist schwer abzuschätzen. Wir erblicken durch eine Glastür Hunderte von Lämpchen, Schalttafeln, kleine Televisionsscheiben, wie in einem Science-fiction-Film, auch hier zeitungslesende Techniker, sie bewegen sich wie in einem Aquarium, warten auf irgendeine Panne, auf ein Tuten oder Pfeifen, auf irgendein akustisches Signal, um dann einzugreifen, zwei greifen offenbar auch ein, zur Freude Thelens, der schon hofft, alles gehe in die Luft, und nicht bedenkt, daß er dann auch mitflöge; sie telefonieren, ein dritter kommt, sie neigen sich über einen Kontrolltisch, einer telefoniert wieder, worauf sie beruhigt auseinandergehen, die Panne ist behoben oder wird anderswo behoben oder hat nicht stattgefunden, auch ein Kontrollämpchen kann sich irren, oder das akustische Signal wurde aus Versehen ausgelöst oder überhaupt nicht, vor der Glastür stehend hätten wir es ohnehin nicht gehört. Wir gehen weiter, besteigen wieder das Auto. Über dreitausend Leute beschäftigt die Anlage, die meisten nur mit dem vertraut, was sie zu tun haben: zu kontrollieren, Spulen auszuwechseln, Buch zu führen, irgend etwas zu installieren oder zu reparieren; vom Sinn des Ganzen wissen nur wenige, eigentlich nur die Wissenschaftler, die Physi-

ker, und von denen auch bloß die Kernphysiker, und von
den Kernphysikern nur die Spezialisten unter ihnen, die
sich mit irgendwelchen Teilchen beschäftigen, mit den
Neutrinos zum Beispiel, und nicht mit dem gesamten
geradezu ungeheuerlichen Gebiet, das der Atomkern als
Komplex darstellt; diese Teilchen-Spezialisten sind in
CERN in der Minderzahl, sie stellen eine lächerliche Min-
derheit jener dar, die hier beschäftigt sind, dazu werden
neunzig Prozent von den Versuchsanordnungen, die
CERN durchführt, von Universitäten irgendwo in Europa
und in den Vereinigten Staaten ausgeheckt, eingereicht
und ausgewertet. CERN wird von Technikern, nicht von
Physikern in Schwung gehalten, die Physiker treiben sich
hier eigentlich nur aus Schicklichkeit irgendwelchen Poli-
tikern gegenüber herum, falls sie sich überhaupt hier
herumtreiben, die Politiker müssen schließlich das Geld
geben oder entscheiden, ob das Geld gegeben werde. Wir
geraten in eine Halle voller Computer, die errechneten
Resultate werden irgendwann an irgendeinen der Physiker oder, genauer, an irgendeinen der Spezialisten unter
den Kernphysikern weitergeleitet oder an irgendeinen
Spezialisten auf irgendeiner Universität geschickt oder,
noch genauer, an das Team, dem er vorsteht, denn jeder
Spezialist steht heute irgendeinem Team von Spezialisten
vor (es kann heute einer noch so sehr Spezialist sein, es
gibt in seinem Spezialgebiet immer noch Spezialgebiete,
die immer noch Spezialisten hervorbringen), mit einem
Mathematiker im hintersten Hintergrund des Teams, der
die Arbeit all dieser Spezialisten auf ihre mathematische
Stubenreinheit hin überprüft, als eine Art wissenschaftli-
cher Jesuitenpater – hat doch jede physikalische Aussage
auch mathematisch zu stimmen, wie früher jede theologi-

sche dogmatisch in Ordnung sein mußte und heute wieder jede ideologische linientreu zu sein hat. Dort in diesen Teams, kann ich mir denken, werden weitere Computer gefüttert, ein Computer füttert den anderen und dieser wieder andere, wobei der Mensch vor allem dazu nötig ist, herauszufinden, ob die Computer, die da unaufhörlich rechnen, nicht falsch rechnen; die Computer seien schließlich nichts anderes als idiotische Rechengenies auf elektronischer Basis, wird uns erklärt, ein falscher Kontakt, und schon rechne der Computer mit unwahrscheinlicher Geschwindigkeit in einer falschen Richtung drauflos, Resultate abliefernd, die ebenso falsch wie unbegreiflich seien und die, werden sie ernst genommen, zu völlig phantastischen Atommodellen führen würden. Auch diese Pannen kämen vor, sogar oft, zum Glück besitze CERN einen Mathematiker, der ebenfalls ein Rechengenie sei wie die Computer, wenn auch ein nicht so geschwindes, dafür ein intelligenteres, weil eben ein menschliches, der ungefähr, mehr instinktiv, er wisse selbst nicht wie, abzuschätzen wisse, ob seine elektronischen Brüder richtige oder falsche Resultate fabrizierten, ein Computerpsychiater also oder Computerseelsorger. Erleichterung unsererseits, der Mensch hat doch noch seine Aufgabe. Im übrigen sei CERN auch an sich nicht überzubewerten. Gewiß, es sei wirklich großartig, unwahrscheinlich, wie es als Organisation funktioniere, doch sei CERN schließlich nur da, um die Mutter Natur in Schwung zu setzen, die träge Materie zu beschleunigen, ihr mal Beine zu machen, stur, hartnäckig, immer hartnäckiger. Schon sei eine neue, noch gewaltigere Blasenkammer konstruiert, leider gerade außer Betrieb, der Hangar, worin sie stehe, vorsorglich leicht gebaut für den

Fall einer an sich unwahrscheinlichen Explosion, diese
Halle sei letzthin vom Sturmwind weggeblasen worden;
Albert Vigoleis Thelen grinst, ich grinse mit, wenn auch
leicht verlegen – am gleichen Nachmittag in Neuchâtel,
als in Genf dieser Hangar davonflog, ich erinnere mich,
erreichte der gleiche Sturm 160 km/h, auf dem Felsen
über meinem Haus mußte ich mich in den Wald retten,
die Hunde winselten, ein Krachen, ich erreichte eine
Lichtung, eine große Buche war etwa acht Meter über
dem Boden von den wütenden Luftmassen entzweigeris-
sen wie ein zersplitterter Bogen –, und so haben wir jetzt
dafür in Genf Pech, der Direktor der Blasenkammer
bedauert, er hätte uns ein noch gewaltigeres magnetisches
Feld vorführen können, wäre der Orkan nicht gewesen.
Doch spielen Pannen keine Rolle, CERN weitet sich ohnehin weiter aus, eine Art umgekehrter NASA, die Erfor-
schung immer kleinerer Teilchen erfordert immer riesen-
haftere Einrichtungen, immer zyklopischere Installatio-
nen, schon ist ein Superprotonensynchrotron für eine
Milliarde Schweizer Franken im Bau: 10 m unter der
Erde eine Maulwurfmaschine angesetzt, die einen 4 m
breiten, kreisrunden, 7 km langen Schacht durch das
Gelände frißt, meist im französischen Gebiet, die
Schweiz ist für CERN längst zu klein geworden. Man hofft
die Quarks zu entdecken, wobei unter Quark nicht ein
Milchprodukt, sondern das kleinstmögliche Materieteil-
chen zu verstehen ist, von dem man hofft, es sei vom
Superprotonensynchrotron aufzuspüren, falls es die
Quarks überhaupt gibt, denn daß man mit der gewaltigen
Anlage etwas sucht, was es gar nicht gibt – vielleicht gar
nicht geben kann –, ist natürlich auch möglich. Auch
wird zugegeben oder beinahe fast zugegeben, man weiß

nicht recht, ob man es bestreiten soll oder zugeben darf,
daß, wenn immer mächtigere Superprotonensynchrotro-
ne, immer gewaltigere Speicherringe, immer monströsere
Blasenkammern gebaut würden, man sich dann fragen
müsse oder solle, ob der Mensch nicht Gefahr laufe,
schließlich Ur-Teilchen zu erfinden statt zu finden. Doch
wie dem auch sei, man möchte endlich dem Geheimnis
des Neutrinos auf die Spur kommen, insoweit dieses
Geheimnis überhaupt zu lüften sei, das Geheimnis eines
Teilchens, das zwar eine Energie, doch keine Masse
aufweise oder fast keine Masse, einhundert Billionen
solcher Teilchen schössen oder flössen in jeder Sekunde
mit Lichtgeschwindigkeit durch unseren Körper, die Erde sei für sie nichts als ein durchlässiger nebuloser Ball,
eigentlich überhaupt nicht vorhanden, wobei sich diese
masselosen Teilchen, wie einige Physiker annehmen,
noch um sich selber drehen, wie uns erklärt wird, etwas
verlegen freilich; denn einerseits versichert uns der Physiker, er verstehe auch nicht viel davon, er sei kein Neutri-
nospezialist, und man dürfe die Teilchen nicht allzu
materialistisch auffassen, sei es doch eigentlich unmöglich geworden, sich vom Bau eines so vertrackten Gebil-
des, wie es das Atom darstelle, eine Vorstellung oder gar
ein Modell zu machen, jedenfalls müsse es widersprüchlich beschrieben werden, als ›Doppelnatur‹, anderseits
wird er von Thelen und mir, neugierig wie wir als Schriftsteller nun einmal sind und bereit, als Erfinder von
Geschichten auch in den Neutrinos etwas Erfundenes zu
sehen, nun doch oder gerade deswegen in die Fragen
verwickelt, was denn ein Neutrino eigentlich sei, was
man denn unter einem masselosen Teilchen verstehe, das
um sich selbst rotiere, ob nicht vielmehr der Raum um

dieses Teilchen, um diesen Punkt herumwirble und wir
und die Welt vielleicht mit, wie auf einem wahnwitzigen
Karussell um eigentlich nichts, eine Idee, die Thelen
besonders ausschmückt, ob es sich etwa um ein bloßes
Gedankending handle, ob sich am Ende CERN nicht vielleicht mehr als eine metaphysische, ja theologische denn
als eine physikalische Versuchsanstalt herausstellen
könnte, Fragen, die nicht fair waren; als ob man einen
Theologen frage, der eben Gott entmythologisiert hat,
was denn Gott in Wirklichkeit sei, ein Prinzip, eine
Weltformel oder was denn eigentlich nun, ohne zu begreifen, daß diese Frage untheologisch ist, ja daß gerade
moderne Theologie nur noch unter der Bedingung möglich ist, daß solche Kinderfragen nicht mehr gestellt
werden. So lächelt der Physiker denn auch nachsichtig:
Niemand sei sich klar darüber und könne sich klar darüber sein, was denn eigentlich, außerhalb der physikali-
schen Fragestellung, ›in Wirklichkeit‹ diese Teilchen sei-
en, die man da erforsche, erforschen wolle oder zu
erforschen hoffe – oder zu erfinden, weil es für den
Physiker gar kein ›außerhalb‹ geben könne, dieses falle
vielmehr in das Gebiet der philosophischen Spekulation
und sei für die Physik irrelevant. Gleichgültig. Hauptsache, daß man forsche, überhaupt neugierig bleibe. So
unwahrscheinlich und paradox das Ganze auch sei, fährt
der Physiker schließlich fort, es stelle bis jetzt das weitaus
Sinnvollste dar, was Europa hervorgebracht habe, weil es
das scheinbar Sinnloseste sei, im Spekulativen, Abenteuerlichen angesiedelt, in der Neugierde an sich. Thelen,
sein Freund und ich entfernen uns beinahe stolz durch
leerstehende Büros, auf den Tischen immer wieder Comics. Im übrigen, wird uns beiden, das Gespräch ab-

schließend, vom Physiker klargemacht, und es ist ein
kleiner Dämpfer auf unsere laienhafte, zukunftsbejahen-
de Begeisterung, sei die Anlage nicht für Genies geschaffen worden, sondern für anständige Durchschnittsphysi-
ker, Genies könnten Versuchsanordnungen verlangen,
die einfach zu kostspielig wären, oder gar herausfinden,
daß CERN überhaupt überflüssig sei.

Während wir zum Auto zurückgehen, um Erdwälle
herumkurven, aufgeschüttet, um vor harten Strahlungen
zu schützen, denke ich an *Doc,* die Hauptfigur des
Mitmachers, die ich in Mannheim, ein halbes Jahr vorher,
Comics lesen ließ auf Vorschlag des Hauptdarstellers,
denke ich an *Möbius* aus den *Physikern,* an meine Inszenierung dieses Stücks in Reinach, denke ich schließlich
wieder an *Faust.* Hier bei CERN ist alles gut besoldet, führt
der Freund Thelens, der Physiker, ein CD-Abzeichen am
Wagen, an; über die ökonomische Seite Faustens tappen
wir im Dunkeln: Urväterhausrat, Büchsen, Gläser, Instrumente, Bücherhaufen, ob sie ihm gehören oder nicht,
gleichgültig, Geld hat er keines, wie der Alte behauptet.
Möbius flüchtet sich ins Irrenhaus, nicht unberechtigt als
Genie, wie sich später herausstellen wird, wenn auch die
Rechnung leider nicht aufgeht. Doc dagegen lebte als
Wissenschaftler in gehobenen Gesellschaftskreisen, genau so wie die Wissenschaftler hier, die Wirtschaftskrise
traf ihn doppelt, vielleicht wird sie auch einmal CERN
treffen. Faust ist der ›freie‹ Wissenschaftler, Möbius will
noch der ›freie‹ bleiben, Doc ist der ›unfreie‹, auch darin
eben der Wissenschaftler in seiner modernen Form, zu
dem die Unfreiheit gehört – gleichgültig, in welchem
ideologischen Machtbereich er sich aufhält: Forschung
vermag sich immer mehr nur der Staat zu leisten und

damit eine ganz bestimmte Menge Wissenschaftler – der
Rest wird abgeschoben in die Gymnasien, in die Privat-
schulen, in die Industrie; wer auf der Strecke bleibt, wer
nicht unterkommt, hat den Beruf zu wechseln. Wird
Faust als Wissenschaftler in die Magie getrieben, flüchtet
sich Möbius vor dem Ruhm und vor den Folgen seiner
Wissenschaft ins Irrenhaus, wird Doc auf die Straße
gesetzt – das ist der triste Unterschied. Faust läßt sich mit
dem Teufel ein, Möbius wird zum Mörder, Doc fährt
Taxi; die drei nehmen dialektisch drei verschiedene Positionen zu ihrem Scheitern ein: Faust verzweifelt, Möbius
wird verrückt, Doc gibt sich auf, wobei die dritte dramaturgisch und rhetorisch den unergiebigsten Fall darstellt:
Liegt in der Verzweiflung noch ein Aufbegehren, wenn
auch ein ohnmächtiges (weshalb Kierkegaard in ihr etwas
Positives erblickt), liegt im Verrücktwerden ein ›Sichbe-
freien‹, ein ›Entschwinden in eine andere Dimension‹, so
wird in der Selbstaufgabe der ›Nullpunkt‹ erreicht, wor-
unter wir vorerst etwas verstehen, das ich als ›existentielle
Fiktion‹ bezeichnen möchte. Ich meine: Ist in der Verzweiflung noch Energie aufgestaut, die sich rhetorisch
(Pathos) oder in einer verzweifelten Tat freimacht, in
einer sinnlosen Zerstörung zum Beispiel, findet sich im
Verrücktwerden ein Ausweg, der den tragischen Knoten
unverhofft löst, so gerät jener, der den Nullpunkt erreicht, in eine Schwerelosigkeit, in eine absolute Gleichgültigkeit, sein Handeln oder Nichthandeln geschieht
zufällig. Doc macht nicht mit, um sich zu rächen oder
aus Haß oder aus Verbitterung usw., er lehnt diese
Gründe ab, warum weiß er selbst nicht, er vermutet als
Grund seines Mitmachens: »vielleicht bloß aus Gedankenlosigkeit, weil mir nichts mehr schlimm vorkam,

vielleicht bloß, um etwas besser zu leben«. Aus diesem Grunde sind noch schlimmere Verbrechen begangen worden. Vielleicht macht Doc auch nur mit aus einer Laune heraus, aus Spaß sozusagen, aus Galgenhumor, es scheint ihm vielleicht durchaus in Ordnung, daß er, der das Leben erforschte, sich auf einmal mit der Auflösung von Leichen abzugeben hat. Im Nullpunkt wird die kolossale Anstrengung hinfällig, mit der wir das Handeln der tragischen Helden zu motivieren suchen. Glaube, Erkenntnis, Intellekt werden sinnlose Akzidenzien. Aus unbewegten Gewässern werden die Mitmacher, wie von einem zufälligen Hauch gestreift, unmerklich zuerst und doch unaufhaltsam den Stromschnellen zugetrieben.

Monologe

Der Monolog ist einer der ältesten Theatereinfälle überhaupt, offenbar auch einer der erfolgreichsten. Ein Schauspieler betritt die Bühne und stellt sich dem Publikum vor: Ich bin Herkules oder Apollo usw., habe die oder die Absicht, mein Gegner, der da kommt, ist dieser oder jener. Das Publikum ist im Bilde, und das Spiel kann beginnen. Erst später wurde dem Monolog auch eine psychologische Funktion unterlegt, das Publikum hörte einem Selbstgespräch des Helden zu, es hörte ihn gleichsam denken: Sein oder Nichtsein, das ist hier die Frage. Ein solcher Monolog muß ins Spiel integriert werden. Die Analyse des *Mitmachers* zeigt, daß seine Monologe auf einer anderen Ebene als auf jener der

Handlung stattfinden, daß sie nicht im Spiel aufgehen, und wenn sie aufzugehen scheinen, so nur, um eine vergangene Zeit herzustellen, daß sie dagegen die Handlung ermöglichen, indem sie aus dem Zeitlosen immer wieder in die Handlung einbrechen, sie bedingen oder vorwärtstreiben, so sehr, daß die reale Handlung nicht unbedingt zeitlich folgerichtig abzulaufen braucht. Auch erfährt das Publikum durch die Monologe mehr, als die Partner dessen wissen, der den Monolog spricht. Im ersten Monolog erzählt Doc seine Vergangenheit, es ist wichtig, daß Boss und Cop sie nicht kennen: Boss wird Docs Vergangenheit nie, Cop sie erst am Ende herausfinden. Im zweiten Monolog erfahren wir, daß Ann zugleich Boss' und Docs Geliebte ist, eine Tatsache, die wiederum Doc nicht wissen darf. Nur der dritte Monolog besitzt eine andere Funktion: Bill verkündet seine Weltanschauung. Der vierte Monolog, jener Jacks, macht den Monolog Bills möglich, indem er erklärt, wer Bill ist. Die beiden Monologe bilden eine epische Einheit innerhalb des Stücks, auch wird mit dem Monolog Jacks erklärt, wie es dazu kommt, daß Bill das Gespräch Jack–Doc zu belauschen vermag. Im ersten Teil werden die vier Monologe vom zweiten Teil her erzählt, die Personen materialisieren sich gleichsam auf der Bühne; im zweiten Teil ist dieser Kunstgriff nicht mehr nötig, Boss und Cop sind schon in die Handlung eingeführt, während im ersten Teil Ann, Bill und Jack nur einmal auftreten, aber im zweiten dennoch eine Rolle spielen. Der fünfte Monolog, jener von Boss, läßt das Publikum erfahren, daß Boss um die Untreue Anns von Anfang an wußte, ferner, noch schlimmer, daß Boss über ihren Liebhaber im Bilde war, über Doc nämlich, des weiteren, wessen Leiche sich in dem Überseekoffer befindet, eine Tatsache, von der Doc keine Ahnung hat. Im letzten Monolog endlich, in jenem Cops, kommen wir dahinter, wo Boss Cop einmal getroffen hat, Boss, den diese Frage das ganze Stück hindurch beschäftigt, wird nie dahinterkommen. Strenggenommen setzt sich das Stück aus fünf Einaktern zusammen, die überschrieben werden könnten: Doc, Ann, Bill, Boss, Cop. Die genauere dramaturgische Funktion des Monologs in diesem Stück besteht aber darin, die Dialoge zu ermöglichen, die ›Stichomythien‹. Der Dialog ist nicht aus expressionistischen oder stilistischen Gründen verknappt, sondern aus psychologischen: die Menschen im *Mitmacher* sind gezwungen, sich zu verstellen, ihre Antworten sind ein Ausweichen, ihre Fragen ein Belauern usw. Sie tragen einen Machtkampf aus, müssen sich behaupten. Es ist kein Stück der Lebenslüge wie bei Ibsen, sondern ein Stück des Lebenskampfes, eine sprachlose Angelegenheit, weil die Sprache zum Verräter werden kann. Daher ein Stück des Verschweigens, nicht des Redens. Dabei stellt sich die Frage, ob die Monologe realistisch oder nicht realistisch zu spielen seien, als Selbstgespräche, Anreden ans Publikum oder surrealistisch, eine Frage, die nicht eindeutig zu beantworten ist. Weil der Monolog im *Mitmacher* auch die Funktion des Chors der griechischen Tragödie ausübt, einen Teil dieser Funktion wenigstens, könnte er ›außerhalb‹ des Stücks gespielt werden.

Erster Akt, bühnentechnisch

Stellt jeder Auftritt aus dem Lift einen realen Auftritt innerhalb der Handlung dar, so müßten für die Auftritte der Monologe ›irreale‹ Möglichkeiten geschaffen werden, unter anderem aus der Mitte des Hintergrundes (eine eindrucksvollere Auftrittsmöglichkeit gibt es nicht). Deshalb legten wir denn auch in Zürich und Mannheim die Lifttüre als den einzigen realen Auftrittsort nicht in die Mitte der Bühne, sondern nach rechts außen. Aus der gleichen Überlegung verwandten wir in Mannheim auch eine Wand, die wir vor dem Spielort herunterlassen konnten. Sie machte es unter anderem möglich, die für das Stück so wichtige Autoszene innerhalb des ersten Monologs deutlich herauszuheben: die Autoszene spielt als einzige Szene nicht innerhalb des Orts der Handlung. Es wäre der Versuch zu wagen, alle Monologe vor dieser Wand zu spielen. Doch gibt es auch andere, weniger statische Möglichkeiten. Ist einerseits jeder Monolog seinem dramaturgischen Sinn nach zu gestalten (dem Publikum wird etwas mitgeteilt, das Publikum wird zum Mitwisser gemacht), erscheint andererseits im Monolog der Schauspieler, materialisiert er sich auf der Bühne. Diese zweite Möglichkeit verlockte uns. Zum Beispiel der Monolog Docs: Wir gingen, wie schon in Zürich, davon aus, den Monolog Docs, wie auch jenen Anns und Bills, vom Ende der Handlung her zu gestalten und ihn, gleichsam aus der Rückerinnerung, vorerst aus der Handlung herauszunehmen, um ihn nachträglich in die Handlung einzufügen. Wir begannen in Mannheim mit einer dunklen Bühne, nur das Tropfen von Wasser irgendwo war zu hören, dann streifte der Lichtkegel einen umgestürzten Stuhl auf dem Rost, erfaßte endlich Doc in der Mitte des Hintergrunds: Doc lag am Boden, quer über seine rechte Wange eine Wunde, er richtete sich mühsam auf, taumelte zum Wasserhahn am Betonpfeiler bei seiner Wohnnische, trank Wasser, taumelte dann nach links, stützte sich auf eine Kiste. Er sprach stockend die ersten vier Sätze, wobei der Satz »Ich bin in eine Geschichte verstrickt, die mich nicht zu Wort kommen läßt, in eine heil- und sprachlose Angelegenheit, sprachlos, weil sie im Verschwiegenen spielt, so daß die Beteiligten schweigen, auch wenn sie miteinander reden« eine Anweisung darstellt, wie in diesem Stück der Dialog gesprochen werden soll. Dann stürzte Doc nach vorn, kam vor dem Rost auf den Rücken zu liegen, lag wie tot. Von oben senkte sich die Wand zwischen Doc und die Szene, mit Doc lag nur noch der Stuhl vor der Wand, der Rost wurde von unten beleuchtet, Doc begann, auf dem Rücken liegend, zu sprechen: »Ich bin Biologe. Ich wollte das Leben erforschen . . .« Doc setzte sich auf, lehnte sich mit dem Rücken an die Wand, sprach das folgende vor sich hin, ohne das Publikum wahrzunehmen, wie ein Clochard, in der Gosse gegen eine Hauswand gelehnt, im Fusel vor sich hin spricht: »Das Angebot war fürstlich.« Er spielte den Monolog gedankenverloren, ohne Kontakt zum Zuschauer, ein Säufer, der langsam aus einem unendlichen Rausch zu sich kommt, richtete sich endlich auf, mühsam, nahm sich die Wunde von der rechten Wange, warf sie zornig in den Souffleurkasten, richtete den Stuhl auf, erzählte: »Ich wurde Taxifahrer«, setzte sich. Von links trat Boss auf, mit einem zweiten Stuhl unter dem Arm, hielt das Taxi an, setzte sich neben Doc. Die Autoszene fand so vor der Wand statt. Doc spielte sie nicht ohne Galgenhumor, seinen Entschluß: mitzumachen, als einen plötzlichen Einfall, einen zynischen Witz. Nach der eingeschobenen Spielszene im Taxi beginnt der letzte Teil des Monologs, die Vorstellung des Spielorts durch Doc: dieser Teil, das ist nicht zu vergessen, wird zwei Jahre später gesprochen. Die Auflösung der Autoszene geschah in Mannheim durch einen langen Abgang von Boss der Wand entlang nach rechts. Boss überlegte sich den Vorschlag, rentabel oder unrentabel, gewisse Investitionen sind schließlich nötig. Doc blieb sitzen, schaute Boss nach; fast rechts außen an der Rampe wandte sich Boss um, betrachtete Doc nachdenklich, Doc grinste, worauf Boss in ein Gelächter ausbrach und abging. Das Geschäft zwischen Faust und Mephisto war abgeschlossen. Die Wand hob sich, die Bühne wurde sichtbar, von den drei Neonröhren brannte eine, jene rechts vom Kühlraum, ferner die Lampe über der Couch. Während des letzten Teils des Monologs hängte Doc seine Jacke an einen Nagel am Betonpfeiler bei der Wohnnische (links vom Wasserhahn und dem Wasserbecken), öffnete die Tür des Kühlraums, an dessen rechter Innenwand seine Arbeitsschürze hing, zog sie an, nahm aus der Tasche der Arbeitsschürze violettrosa Gummihandschuhe, zog auch diese an, ging nach hinten in den Kühlraum. Boss kam mit dem Lift herunter, betrat eine leere Bühne. Nur Boss war aufgeregt, es ging schließlich um sein Geschäft, sein Sturz wäre ein Sturz ins Bodenlose; Doc ist längst ins Bodenlose gefallen, nicht ein Mörder, ein bloßer Handlanger, ein Mitmacher eben, das Gesetz wird sich, kommt es dahin-

ter, angesichts der anderen fetten Brocken kaum für
diesen gescheiterten Intellektuellen interessieren. Doc arbeitete daher ruhig, gleichgültig, jedesmal, wenn er eine
leere Kiste aus dem Kühlraum nach hinten getragen
hatte, setzte er sich gemütlich auf eine längliche Kiste
neben der rechten Außenwand des Kühlraums oder lehnte sich an diese, seelenruhig, ohne Hast, schon ein Arbeiter geworden, den nur seine Comics interessieren, doch
nicht ohne Boshaftigkeit, nicht ohne Schadenfreude Boss
beobachtend, seinen Arbeitgeber, den Ausbeuter, den
Kapitalisten, Boss, der in Mannheim mit dem linken
Schuh in der Hand im Raum herumhumpelte, dann vorn
rechts stehenblieb, den Schuh über die Bühne warf, wie
absichtslos: »Ich weiß nicht einmal, mit wem sie mich
betrügt«, vor die Füße Docs, der wieder einmal, ermüdet
von der eintönigen Beschäftigung, auf seiner Kiste vor
der rechten Kühlraumwand saß. Alles nicht absichtslos,
nicht einfallsmäßig, impressionistisch, sondern mit ge-
heimer dramaturgischer Absicht, denn wenn Boss später
den rechten Schuh rechts auf der Bühne auszieht, muß er
am Schluß des ersten Akts die Schuhe wieder einsam-
meln: Spielmöglichkeiten werden geschaffen, die einen
Charakter zeichnen. Dann tritt Cop auf. Sein Auftritt
war in Mannheim komödiantisch. Mit der Bemerkung
»Überpünktlich« ging Doc in den Kühlraum, gemächlich, ohne Eile, Boss verlor den Kopf – »Was soll ich um
Himmels willen tun?« –, schoß nach hinten, begann,
sinnlos die leeren Kisten mit Sacktüchern zu bedecken,
als ob er dadurch die bedenkliche Situation retten könnte, ohne zu bemerken, daß der Lift schon angekommen
war, daß Cop den Raum schon betreten hatte, hinkend,
elegant trotz seiner Beinprothese, und Boss belustigt

zuschaute: »Boss?« Der begriff die Situation, forderte Cop kaltblütig zum Sitzen auf, dieser rührte sich nicht. Boss verzog keine Miene; auch als er bemerkte, daß Doc die Tür des Kühlraums offengelassen hatte, als dieser mit einer leeren Kiste, Cop zunickend, zwischen Boss und Cop in den Hintergrund trottete, war Boss nichts anzumerken; kaltblütig schloß er die Tür hinter Doc. Er weiß nur, daß er den Kopf nicht verlieren darf, daß es um sein Geschäft geht, um die Zukunft eines hoffnungsvoll gestarteten Unternehmens, dem seinem Instinkt nach die Polizei unfreundlich, ja geradezu negativ gegenübersteht; und Cop ist ein Polizist, mehr, der Chef der Polizei. Als dieser dann etwas später den Hintergrund inspizierte, wobei er die Tücher von den Kisten riß und die beiden nicht brennenden Neonröhren an- und ausknipste, belauerte Boss ihn aufmerksam, wenn er auch jetzt noch den Gleichgültigen spielte. Im folgenden Verhör, als Cop sich endlich mit den Worten »Es geht um Ihr Geschäft« doch setzte, überlegte Boss jeden Satz sorgfältig, dachte nach, bevor er antwortete, während Cops Entgegnungen schlagartig kamen. Das Resultat: Cop ist im Bilde, im Bilde gewesen, das wird Boss nun klar, irgend jemand muß Boss verraten haben, Boss denkt einen Augenblick an Doc, verwirft den Gedanken, Doc ist zu harmlos. Die Szene enthält mehr Komik, als der Text vermuten läßt, der nicht auf Komik ausgeht: Während Jim etwa die Kiste der Rampe entlang in Richtung Kühlraum rollt, dessen Tür Doc zuvorkommend öffnet, folgt Boss Jim, von dumpfen Ahnungen bewegt, so daß der Eindruck eines Leichenzugs entsteht. Überhaupt ist Boss ein geschlagener Mann. Zeigt der erste Akt Docs Niedergang zum Mitmacher und Aufstieg zum Teilhaber, zeigt er

auch als Gegenbewegung Boss' Entmachtung: seine Begegnung mit Cop ist eine Höllenfahrt, nicht ohne Galgenhumor durchgestanden, der Sturz eines Gewaltigen.
Der Schluß muß denn auch dahin inszeniert werden, daß
Doc, emporgekommen, Boss, heruntergekommen, de-
mütigt. So muß Boss sich seine Schuhe selbst zusammen-
suchen, ich erwähnte es schon, während Doc auf der
Couch liegenbleibt, Cops Kundenliste lesend. In diesem
Augenblick, kann ich mir denken, faßt Boss wohl auch
den Entschluß, sich an Doc zu rächen und Ann umzu-
bringen. Doch welcher Autor kennt die Personen, die er
hervorbringt, schon so genau, daß er zu sagen wüßte,
was sich nun *wirklich* in einem bestimmten Moment im
Denken einer bestimmten Person ereignet?

Ann

Der Mitmacher ist unter anderem eine Liebesgeschichte.
Eine bedenkliche und eine leichtsinnige, eine junge Frau
sollte sich immerhin nicht von einem Wildfremden fünf
Stockwerke unter die Erde fahren lassen. Daß sie zusätz-
liches Pech hat, daß sie sich ausgerechnet mit dem Ange-
stellten jenes Mannes einläßt, mit dem sie sich vorher
eingelassen hat, kommt zwar hinzu, wäre aber nicht
unbedingt nötig gewesen. Doch das Schicksal, an sich
boshaft, liebt solche Streiche, sein Geschmack ist die
Kolportage, nicht die Belletristik, damit ist zu rechnen;
leider rechnet Ann nicht damit. Sie schläft mit Doc,
vielleicht aus einem Bedürfnis heraus, weil Boss wohl

doch zu sehr an seine Pumpe denkt, vielleicht aus bloßer
Laune. Vielleicht, um sich vor sich selbst an Boss zu
rächen, als ob eine Rache, derart im geheimen vollzogen,
noch eine Rache wäre; und einige Monate später hat sie
sich denn auch prompt in Doc verliebt, ihr endgültiges
Pech, sind doch die Bedingungen unerbittlich, die mit
der Liebe ins Spiel kommen. Das gilt nicht nur für die
Liebe zwischen Doc und Ann, das gilt für jede Liebe, für
die windigste und für die erhabenste, mit großen Unterschieden freilich. Jede Kultur ist durch ihre Liebesgeschichten charakterisiert: Die Gestalten der antiken Tragödie sind nicht mythisch, um sie irgendeinem Weltprinzip zu unterstellen, dem apollinischen und dem dionysi-
schen etwa, oder um Gesellschaftskritik zu betreiben; es
sind durch die mythische Fiktion ›Menschen an sich‹, die
gegeneinander antreten, wie Gladiatoren, Mann gegen
Frau, Vater gegen Sohn, Mutter gegen Tochter, Sohn
gegen Mutter usw., Auseinandersetzungen innerhalb kö-
niglicher Sippen, gerade deshalb dem Gesellschaftlichen
entrückt. Innerhalb dieser Arena werden die Akteure
aufeinandergehetzt. Liebe, Eifersucht, Haß, Rache sind
die Motivationen ihres Handelns, ihrer unwahrscheinlichen Verbrechen; und wenn sich die Götter einmischen,
tun sie dies aus den gleichen Gründen: Die Götter sind
unsterbliche Menschen, nicht mehr. Aber auch die Liebesgeschichte zwischen Odysseus und Penelope ist nur in
einem sehr vagen Sinn das Hohelied der Treue, man wird
den Verdacht nicht los, Penelope sei vor allem aus Vorsicht treu, für den Fall, ihr Gatte könne doch noch
heimkehren; nicht unberechtigt, denn die Art, wie dieser
Heimgekehrte mit den Freiern verfährt, läßt ahnen, wie
er, hätte Penelope einem Freier nachgegeben, mit ihr

verfahren wäre. Die Tausendundeine Nächte endlich, um noch einen anderen Fall in einer freilich anderen Kultur zu erwähnen, die Liebesnächte, die Scheherezade mit dem König Schahriar zubrachte, bevor er sie endgültig als Gemahlin akzeptierte, stellen zusammen keine Liebesgeschichte dar, sondern den verzweifelten Kampf der schönen Wesirstochter, dem Scharfrichter zu entgehen. Sie entkam ihm schließlich, nicht weil der König sie liebte, sondern weil er sich an ihre beträchtliche Fähigkeit, Geschichten zu erzählen, gewöhnt hatte, wie wir uns an das Fernsehen gewöhnt haben, wer möchte es noch missen, obgleich dessen Fähigkeiten im Vergleich zu denen Scheherezades gering sind, man braucht nur die Programme der beiden zu vergleichen.

Demgegenüber sind unsere Liebesgeschichten ungleich komplizierter: ihre Wurzel liegt in dem geheimnisvollen Satz, daß Gott die Liebe sei, wie wir als Kinder in der Sonntagsschule sangen, ahnungslos, was wir da behaupteten, höchstens vom Pfeifen der Burgdorf–Thun-Bahn etwas irritiert, wenn sie sich dem unbewachten Bahnübergang in der Nähe der Sonntagsschule entgegenbewegte. Gottes Liebe war etwas Staunenswertes, wie die Liebe eines Vaters zu seinen Kindern, über jeden Verdacht erhaben. Da hatte er in seiner Liebe die Welt erschaffen und den Menschen, aber der Mensch fiel von Gott ab und wurde böse; und als Gott in seiner unerschöpflichen Liebe noch seinen Sohn schickte, den die Menschen kreuzigten, sagte Gott nicht etwa: »Zuviel ist zuviel!« und schleuderte die Erde samt ihren Kreaturen in die Sonne, im Gegenteil, er verzieh den Menschen um der Liebe seines Sohnes willen, der die Menschen so unendlich geliebt hatte. Aber einmal nützten weder unser

gläubiger Gesang noch das warnende Blinken und Läuten
der Signalanlage, noch das verzweifelte Pfeifen der Loko-
motive etwas. Die Burgdorf–Thun-Bahn überfuhr, während es aus den offenen Fenstern fröhlich herüberscholl:
»Gott ist die Liebe, drum sag ich's noch einmal, Gott ist
die Liebe, er liebt auch mich«, das Auto des Blaukreuz-
Inspektors. Als wir Sonntagsschüler hinzukamen, war
von dem Blaukreuz-Inspektor, der, wie so oft, zu uns ins
Pfarrhaus zum Sonntagsessen kommen wollte, nur noch
der stattliche weiße Bart einigermaßen übrig. Von da an
blieb mir ein leichtes Grausen vor dem liebesseligen
Liede zurück, schien mir doch, Gott selbst sei irgendwie
mit zermalmt worden: Daß die Ungeheuerlichkeit jenes
Sonntagmorgens nicht im Unglück, sondern in der Unerbittlichkeit lag, die im Liede versteckt ist, heimtückisch
genug, ging mir erst später auf. Läßt doch die Behauptung, Gott sei die Liebe, keinen anderen Schluß als jenen
zu, daß dieser Liebe Gottes wegen die Welt eine Hölle
sei: Denn einmal angenommen, es gebe einen Gott, und
des weiteren, er sei die Liebe oder die Liebe sei eine
seiner Eigenschaften, so kann diese Eigenschaft nur absolut sein. Damit ist die Liebe aber auch der Grund der
Schöpfung; eine absolute Liebe ohne Gegenstand außerhalb dessen, der da liebt, hebt sich auf, sie fiele als
Selbstliebe in sich zusammen, ins Nichts, worauf aber die
bange Frage nicht zu vermeiden ist, warum die Welt als
der Grund und der Gegenstand der Liebe Gottes von ihm
derart unvollkommen geschaffen wurde – ich brauche
nicht ins Detail zu gehen. Es liegt nahe, den Grund für
diesen wenig erfreulichen Sachverhalt in der Liebe selbst
zu sehen: Gottes absolute Liebe schuf zwangsläufig eine
unvollkommene Welt, denn wäre die Welt vollkommen,

könnte Gott sie nicht lieben, er könnte diese Welt nur
eine Ewigkeit lang bewundern. Ein vollkommener
Schöpfer, der einer vollkommenen Schöpfung gegen-
übersitzt, hebt sich auf, es ist, als hätte sich Gott, um
einen Gegenstand seiner Liebe zu finden, verdoppelt, ein
narzißtischer Vorgang, der mit der absoluten Liebe
nichts zu tun hat, die er doch ist. Je unvollkommener
dagegen der Gegenstand der Liebe ist, desto unerbittlicher muß die Liebe sein, um überhaupt noch lieben zu
können, sie muß der Vollkommenheit zustreben. Ist der
geliebte Gegenstand gar der allerunvollkommenste, schä-
bigste, eben die Welt, wie sie ist, muß die Liebe von einer
Vollkommenheit sein, die nur der absoluten Liebe zuge-
mutet werden kann: Gott als diese Liebe schuf daher
notgedrungen nicht die beste, sondern die schlechteste
aller möglichen Welten. Daß unter solchen Voraussetzungen für das Geschöpf in einer solchen Welt, glaubt es
schon an einen Gott, dieser etwas Fürchterliches, ja unter
Umständen etwas Perverses werden kann, ein Monstrum
an Unerbittlichkeit, ist begreiflicher, als es die Theologie
zugeben will. Für sie hat Gott den Menschen aus Liebe
frei geschaffen, zwischen dem Guten und Bösen zu wählen, ohne zu bedenken, wie zweifelhaft heute solche
Begriffe wie Gut und Böse und gar Freiheit geworden
sind. In Wirklichkeit sind hinter der Gottesfurcht wohl
nicht nur Schuldgefühle versteckt, nicht nur Furcht vor
der berechtigten Strafe für die eigene Unvollkommen-
heit; offenbar spielt noch ein geheimes Mißtrauen mit.
Wenn Gott die Welt erschaffen haben könnte, um sie zu
lieben, könnte er sie gleichzeitig auch erschaffen haben,
um sie zu hassen. Der Grund der Schöpfung läge dann in
der Lust, sie wieder zu zerstören, die schöpferische Lust

riefe die zerstörerische Lust hervor, Gottes Liebe schlösse beides in sich ein: Erschaffung und Vernichtung des Erschaffenen. Dieser dunkle Verdacht, der auf Gott fällt, seine Liebe sei in Wirklichkeit Liebe und Haß zugleich, Schöpfung und Vernichtung, lauert vielleicht auch hinter dem christlichen Glauben; hinter seinem Paradox, daß die Menschen dadurch erlöst wurden, daß sie Gott kreuzigten, hinter dieser ungeheuerlichen Vorstellung, daß Gott sich kreuzigen ließ, mag unbewußt eine Rache liegen, die zugleich eine Sühne wäre: Gottes Urschuld, die Welt unvollkommen erschaffen zu haben, durch die menschliche Urschuld aufzuheben, Gott getötet zu haben. Gott und Mensch wären dann gleich schuldig und so von ihrem Haß erlöst, sie könnten sich lieben, nur daß der Urhaß Gottes, die Lust, seine Schöpfung wieder zu zerstören, als ein unendliches Prinzip durch eine endliche Handlung nicht völlig aufzuheben ist; darum die seltsame Vorstellung von einem Jüngsten Gericht trotz der Versöhnung und von einer neuen Schöpfung danach, die sich der Mensch diesmal vollkommen erhofft: mit einem dann schuldlosen Menschen und einem schuldlosen Gott. Die Gleichsetzung Gottes mit der Liebe ist daher von einer ans Absurde grenzenden Unbedingtheit, mehr läßt sich darüber nicht sagen, das ›Credo quia absurdum‹ ist kein Beweis des Glaubens, sondern sein unerbittliches Zurückgestoßensein ins Subjektive, Unbeweisbare.

Das sind nun freilich Überlegungen, die uns scheinbar eine Unendlichkeit weit von der jungen Frau weggetrieben haben, die sich vorerst hilflos in der Behausung umsieht, in die sie leichtfertig geraten ist, ja wir suchen geradezu verzweifelt nach einer Beziehung zwischen der so überaus komplizierten und doppeldeutigen Liebe Gottes zu seinem Geschöpf und den beiden dubiosen Individuen, die sich da in einem unterirdischen Lagerhaus nahe dem Fluß bisweilen auf der schäbigen Couch wälzen. Hier eine Beziehung zu vermuten, scheint grotesk. Während wir von Gott und Menschen nicht wissen, wer wen hervorgebracht hat, Gott den Menschen oder der Mensch Gott, was deren Beziehung, diese höchst rätselhafte Liebe, ins Metaphysische, Spekulative, in die subjektive Welt des Glaubens rückt, handelt es sich bei Ann und Doc um eine handfeste, banale Liebe, um gelegentlichen Beischlaf mit etwas Vivaldi-Musik; das eine mit dem anderen in Beziehung zu setzen scheint gar blasphemisch. Aber die Liebe spielt sich nicht zwischen Begriffen, sondern zwischen Personen ab; weshalb es dramaturgisch gleichgültig ist, ob der eine, der liebt, ein Gott ist oder ein Mensch, oder ob der eine den anderen, von dem er geliebt wird, ebenfalls liebt, oder ob es den Geliebten oder die Geliebte überhaupt gibt usw., ist doch eine der schönsten Liebesgeschichten jene, die sich zwischen Don Quijote und Dulcinea abspielt. Daß Dulcinea eine Saumagd in Toboso ist, bleibt nebensächlich, sie mag sein, was sie ist, ja sie brauchte nicht einmal zu existieren, entscheidend ist, zu was sie durch die Liebe Don Quijotes in dessen Einbildung wird: zu seiner ritterlichen Dame, der zu Ehren er all die ungeheuren Abenteuer seines Lebens besteht, mögen sie außerhalb seiner Phantasie noch so lächerlich sein. Damit wird aber deutlich, warum es so schwer ist, über die Liebe zu reden: sie ist eine Position im Sein, das Bejahen des Seins, vorerst, weil das Sein nur im Augenblick sein kann, im Nu, der sofort wieder vergeht, das Bejahen dieses Augenblicks, dieses Nu, sein Transponieren in die Unendlichkeit, denn alle

Lust will Ewigkeit ... Indem Don Quijote, dieser größte aller Idealisten, die Saumagd in Toboso in ein ewiges Prinzip verwandelt, versetzt er sie in die Unendlichkeit, seine Liebe wird unanfechtbar. *Don Juan* dagegen, Don Quijotes dramaturgischer Antipode, ist ein Realist: was ihn ärgert, ist die Vergänglichkeit der Lust, er vermag den Gegenstand seiner Liebe nicht ins Unendliche zu transponieren und einen Schemen zu lieben, er liebt nur den Augenblick und den Weg, der zu diesem Augenblick führt, er ist nicht der Verführer, wie ihn die Tradition sieht, sondern der Schöpfer, der seine Schöpfung bis zum Augenblick ihrer Schöpfung liebt und sie dann einer neuen Schöpfung zuliebe fallenläßt. Ist Don Quijote religiös gesehen ein Gleichnis des gläubigen Menschen, so Don Juan eine kühne, ja dämonische Übertragung Gottes ins Menschliche; wie Don Juan muß auch Gott auf Ewigkeit immer neue vergängliche Welten schaffen.

Was uns vor diesen zwei extremen Möglichkeiten der Liebe rettet, vor der Don Quijotes, die sie ins Ideale entrückt, und der Don Juans, die sie zerstört, ins nur Sexuelle verwandelt, in die Welt der auswechselbaren Schöße und Schweife, ist die Liebe vom Einzelnen zum Einzelnen, die nicht abstrahierbare Liebe. Nicht daß diese Liebe einfacher zu fassen wäre – gerade sie ist unfaßbar, ist sie doch eine immer anders geartete Beziehung, je nach den Einzelnen bestimmt, die sich durch ihre Liebe ineinander verstrickt haben. Über diese Liebe kann freilich von keinem anderen geredet werden als von dem, der liebt, somit weder theologisch noch philosophisch, weil jeder andere Standpunkt als der des Liebenden die Liebe exemplarisch setzt, literarisch, wenn man will, und sie nicht mehr vom Einzelnen her bestimmt, an den sie doch gekettet ist, weil sie sich zwischen Menschen abspielt und daher nicht verallgemeinert werden kann. Und wenn gar die Liebe als etwas rein Psychologisches behandelt wird, als Trieb oder als dumpfe Sehnsucht zurück in den Mutterschoß, ins Embryonale, ins Gefühl des Geliebtseins, löst sich die Liebe ins Nichts auf, wird zu einem Schatten, verkrümelt sich zu einem bloßen Gedankending, von dem es gleichgültig ist, wie man es nennt. Wenn aber von der Liebe nur der Liebende zu reden fähig ist, redet er am besten gar nicht von ihr – schweigt doch ein echter Liebhaber über seine Geliebte –, denn falls er doch von ihr redet, muß er sich seine Liebe noch, oder schon, einreden, wird er erst lieben oder hat schon geliebt. Die Liebe schweigt; daß sie freilich ein Gesprächsthema darstellt, ist eine andere Angelegenheit. Man redet so viel von ihr, auch wenn man nicht viel mehr als den Beischlaf darunter versteht, um ihr Schweigen zu übertönen, um sie gleichsam aus der Welt zu schwatzen, aber auch um sie aus der Welt zu schreiben, zu philosophieren oder zu theologisieren, ja zu politisieren – wir sind alle Brüder –, kommt doch niemand recht zurande mit ihr; und was wir im Leben nicht lösen, versuchen wir wenigstens mit einem Begriff zu lösen, mit jenem der Liebe, in den wir unendliche Gebote, Komplexe, Tabus, Sublimationen und Neurosen verpackt haben. Die Liebe ist wie kaum je ein anderes Substantiv zu einer metaphysischen Größe geworden. Daß aber dieses pompöse Wort ein Schweigen zudeckt, etwas Sprachloses, davon zeugt nicht nur die Liebe eines jeden von uns, darauf deuten auch die Liebesgeschichten, die dieses Schweigen dokumentieren: Nicht mehr wie die Liebe sich durchsetzt ist ihr Inhalt, sondern wie eine Liebe verlorengeht, bis nur noch die Schwermut übrigbleibt, nicht mehr lieben zu können, die beiden, die sich einst geliebt haben, fallen ins Unbegreifliche zurück, in die Tiefe des kaum mehr Wahrnehmbaren, ins Fiktive endlich. Die Liebe wird zum hoffnungslosen Versuch, sich selbst zu entkommen, sich in einem anderen zu sehen. So hat denn jede Liebesgeschichte, auch die erhabenste, auch die gewöhnlichste, auch die groteskeste, auch die jämmerlichste, etwas Grandioses und Banales zugleich und ist um so trauriger, je banaler sie endet, auch wenn jedermann aufatmet, daß der gute Mann oder die gute Frau oder das gute Mädchen aus ihrer unglücklichen Liebe davongekommen sind: auch wenn die Liebe unglücklich war, war sie eben doch eine Liebe. Der Umstand, daß jede Liebe eine Prüfung vor sich selbst ist, wechselseitig, bei der die Beteiligten durchfallen oder, wenn sie nicht durchfallen, die sie doch nur mit Mühe bestehen, mit Glanz nur die Heiligen, ist nun einmal das Genierlichste und das Beste, was sich vom Menschen sagen läßt: daß der Mensch die Liebe überhaupt wagt, ist sein paradoxer Ruhm. Untersteht aber die Liebe nur sich selbst, so hat ein jeder mit sich selbst auszumachen, wie er vor seiner Liebe bestanden hat, es ist seine Liebe, die ihn richtet oder freispricht, ohne daß von außen, von einem Objektiven her, darüber ein Urteil zu fällen wäre, objektiv ist nur der Grad der Schwierigkeit abzuschätzen, die einer auf sich nimmt, sobald er sich mit der Liebe einläßt; bei etwas klarem Verstand könnte es einem schwindlig werden dabei.

Ist dies so, dann haben Doc und Ann – oder Ann und Doc, wie man will – mit ihrer Liebe auf der armseligen Couch, fünf Stockwerke unter der Erde, keine Chance. Daß sie sich lieben, verlangt zwar die dramatische Kon-

vention, wenn nicht gar Konfektion, stellt aber das wohl
Teuflischste dar, was ihnen zustoßen konnte und dann
auch zustößt. Die Liebe verlangt nämlich von den beiden, was gerade ihnen unmöglich ist: keine Furcht zu
haben, gerade das nicht zu haben, was der geheime
Grund ihrer Mitmacherei ist, was die beiden ausmacht.
Denn beide sind Mitmacher. Doch im Gegensatz zu Doc
will Ann nicht wissen, bei was sie mitmacht, aus Furcht
vor der Wahrheit. Sie weiß, daß Boss »ein großes Tier«
ist, sie weiß es, seit die fatale Kitty sie mit Boss allein ließ,
aber sie hält es für besser, nichts Näheres von ihm zu
wissen. Sie läßt sich von ihm aushalten; wie sie sich mit
Boss treiben läßt, läßt sie sich später mit Doc treiben, mit
Doc, den sie liebt, ohne die Kraft zu haben, sich von
Boss zu lösen. Ihre Furcht ist zu groß. Immer ihre
Furcht. So verschweigt sie Doc die Wahrheit, sie deutet
sie nur an und wird daran zugrunde gehen. Das Gleiche
tut ihr gegenüber Doc und wird sie deshalb einmal
verleugnen. Auch er sagt ihr statt der Wahrheit nur
Andeutungen in Form von Allgemeinheiten. Auch aus
Furcht. Aus Furcht, sie zu verlieren, wenn sie die Wahr-
heit wüßte; und aus Furcht, ihn zu verlieren, gibt sie sich
zufrieden, wenn er ihr nur Allgemeinheiten, nicht die
Wahrheit sagt; und auch er gibt sich mit ihren Andeutungen zufrieden. Als ob die Wahrheit der Feind, nicht der
Prüfstein der Liebe wäre. Das gilt für beide. Auf diese
Furcht vor der Wahrheit hin ist die Liebesszene zu
inszenieren, von dieser Furcht her bezieht die Szene ihre
Gänge, ihre Pausen, ihren Rhythmus, die Betonung der
Sätze. Ann verschweigt Doc den Boss, deutet ihn nur an,
weil eine angedeutete Wahrheit erträglicher ist als eine
wirkliche. Und wenn sie sagt, es sei nicht unanständig,

Industriediamanten herzustellen, antwortet Doc nicht, er stelle keine Industriediamanten her, sondern löse Leichen auf; er antwortet nur großartig: »Alles ist heute unanständig.« Dieses Ausweichen ins Allgemeine führte zur irrigen Meinung, ich arbeite im *Mitmacher* besonders viel mit Sentenzen; träfe dies zu, dann mit billigen. Was Ann und Doc gemeinsam haben: beide versuchen, sich von ihrem Mitmachen in ein anständiges Leben hinüberzuretten, indem sie weiter mitmachen: Doc, indem er, Teilhaber geworden, noch ein Jahr mitmachen will, um die Zukunft zu sichern; Ann, indem sie, wie Boss später erzählt, sich von ihrem kleinen Rembrandt doch nicht trennen kann. Dialektisch in bezug auf das ›Mitmachen‹: aus etwas Freiwilligem, aus einer Laune beider, wird ein Zwang, eliminierte Freiheit, plötzlich stellen sich Notwendigkeiten ein, die ›an sich‹ noch keine Notwendigkeiten sind, es aber durch die Umstände werden. Die Kausalität eines Stücks stellt sich allmählich ein. Menschen werden in eine Handlung verwickelt. Auf einmal können sie nicht anders. Alles hätte zwar anders gehen können, gewiß, doch indem es geschah, wurde es zum Faktum, zum Schicksal, das nachträglich sichtbar wird, auf den Plan tritt, sich einrichtet. Es setzt sich aus Fakten zusammen, deren jedes aus vielen Möglichkeiten entstanden ist, manchmal zwangsläufig, manchmal zufällig, meist zufällig. Was wir Kausalität im menschlichen Leben, in menschlicher Geschichte nennen oder Gesetzmäßigkeit, ist ein oberflächliches und reichlich bequemes Ordnungsprinzip, nicht mehr; die Tatsachen, die uns nicht passen, all die verpaßten Chancen zum Besseren, die Liebe eben als die Möglichkeit, auszubrechen, ins Freie zu gelangen, wischen wir unter den Teppich, den wir, jämmerlich genug, als Sklaven unserer selbst, in mühevoller Arbeit geknüpft haben.

Anns Monologe

Sie kommt aus dem Kühlraum, von ihrem Ende her inszeniert, als Tote. Sie lehnt sich gegen den rechten Türpfosten des Kühlraums, in der rechten Hand den weißen Pelzmantel. Es ist, als ob sie sich allmählich vom Tode her an das Geschehene erinnere, an ihre Vergangenheit, an die Zeit, da sie noch ein Fotomodell war, nicht ein berühmtes, an ihre erste Begegnung mit Boss, an Kittys Verrat usw. Nur der offene Kühlraum ist beleuchtet (in Mannheim auch der Rost). Mit den Worten »Als er wieder einmal nach der Westküste geflogen war, ging ich in Tommey's Bar« kommt sie nach vorn, den Pelzmantel nachlässig am Boden nachschleppend. In Mannheim trat sie dabei auf den beleuchteten Rost, während sich die Tür des Kühlraums gespensterhaft von selbst schloß. Nun war sie ganz in der Gegenwart, nicht mehr in der Erinnerung; mit »Ich trug damals diesen Pelzmantel« zog sie sich den Pelzmantel an. Die Bühne wurde schlagartig hell, das heißt beleuchtet wie im ersten Akt. Doc lag auf der Couch, Ann beobachtend: episches Theater, denn die folgende Szene Ann–Doc bis zum zweiten Monolog Anns spielt sich zeitlich *vor* der Szene Doc–Boss–Cop im ersten Akt ab, zeitlich liegt sie zwischen der Autofahrtszene und dem Rest des ersten Akts. Die erste Szene Ann–Doc gehört somit wie die Autoszene zur Exposition des Stücks.

Im zweiten Monolog Anns ist es im weiteren wichtig, dem Publikum klarzumachen, daß zwischen Anns erstem und zweitem Monolog Zeit vergangen ist, vier Monate. Dem Publikum muß bewußt werden, daß in diesem Stück mit der Zeit gespielt, daß die Zeit als Spielelement eingesetzt wird. In Mannheim wurde es dunkel, der Rost leuchtete auf, Ann trat darauf, zog den Pelzmantel aus, sprach den ersten Teil des zweiten Monologs als Mitteilung ans Publikum. Bei »Jetzt ist es Juli« wurde die Bühne wieder sichtbar, doch brannte nur die Lampe über der Couch, während sich der Kühlraum wieder öffnete. Beleuchtung für eine makabre Liebesszene. Ann ließ den Pelzmantel hinter die Couch fallen, stellte den Plattenspieler an, sprach zur Vivaldi-Musik, bis Doc in der Tür des Kühlraums erschien. Die folgende Szene gehört nicht mehr zur Exposition der Handlung, sondern zur Entwicklung, sie ist das Resultat der ersten Begegnung Ann–Doc, aber auch jenes der Szene Doc–Boss–Cop im ersten Akt – erst jetzt verläuft das Stück chronologisch. Die unwillkürliche Liebeserklärung Anns, welche die ebenso unwillkürliche Liebeserklärung Docs erzwingt, ist einer der verzweifeltsten Momente des Stücks. Die beiden reißen einander in die Arme, fallen übereinander her, sie sind in diesem Augenblick außer sich; was eigentlich auf dem Boden zwischen der leeren Kiste und dem Kühlraum geschieht, bleibt der Phantasie des Zuschauers überlassen. Das Geschehen ist obszön, bedenkt man den Ort, wo es sich abspielt; dieses Hinein- und Herausrollen aus dem Kühlraum, die Rhythmisierung der Sätze, welche Sätze zusammengehören, wo eine Pause ist usw., alle diese Möglichkeiten sind vom Regisseur herauszuarbeiten, sind von den persönlichen Eigenschaften der Schauspieler abhängig, es wäre Unsinn, hier Markierungen zu setzen.

Entscheidend: Ann und Doc wollen die Freiheit, wollen nicht mehr mitmachen, und auf einmal, nach ihrer Raserei, nach ihrem Herumwälzen und Lieben, folgt die große Ernüchterung, der Überfall der Angst aus dem Hinterhalt; in Mannheim blieb Doc auf der Kiste vor dem Kühlraum mit dem Rücken zum Publikum sitzen, Ann setzte sich weit von ihm entfernt auf die Couch, sie weiß von der Hoffnungslosigkeit ihrer Liebe, er auch, dennoch will er nicht aufgeben, will er seine Liebe verwirklichen, doch flüchtet er sich wieder in die Allgemeinheiten, auf die Frage: »In ein schmutziges Geschäft?« antwortet er schon: »Es gibt nur schmutzige Geschäfte«, usw., und so gehen sie auseinander, traurig, hoffnungslos, in Furcht befangen, von ihr umkreist, Hoffnung spielend, weil ihnen, nichts hoffend, nichts anderes übrigbleibt: sie spielen einander bewußt Hoffnung vor. Wo die Wahrheit tötet, muß man lügen.

Bill

Instinktiv werden viele Szenen nach dem Vorbild schon vorhandener Szenen geschrieben. Die Konstellation Doc–Bill ist nach der Szene Hamlets mit seinem Vater gebildet, genauer, es spiegelt sich in ihr das Verhältnis Hamlets zu seinem Vater wider, unbewußt, wer denkt gleich an Hamlet, wenn er schreibt, ein Umstand, der mir erst bei der Regie, nicht beim Schreiben, und zu meiner

Verwunderung deutlich geworden ist. Bill ist überzeugt, sein Vater sei tot, er findet ihn zwar nicht als Geist, der Hölle entstiegen, sondern fünf Stockwerke unter der Erde, *in* der Hölle sozusagen. Wie Hamlet will Bill seinen Vater rächen, wie Hamlet haßt er seine Mutter, wenn er auch diese Motive anfänglich versteckt; erst seinem Vater gegenüber gibt er sie zu, im Monolog verstellt er sich noch, behauptet, rein geistig bestimmt zu sein, daneben unideologisch, wenn auch sein Ziel, durchaus grandios, jenes der Ideologen ist: die Veränderung der Gesellschaft. Bill erscheint als der, welcher nicht mitmacht. Vorerst. Er ist die ›fiktive‹ Gestalt im Stück, die unwahrscheinlichste. In einer Welt, in der alles mitmacht, denken wir uns den reichsten Mann des Landes nicht als Verfechter eines extremen ›Anarchismus‹, den er auch noch praktizieren will; wir stellen uns einen Axel Springer vor, bestenfalls, lieber noch einen Onassis oder einen Howard Hughes. Bill verstößt gegen ein Klischee, darum fällt es schwer, ihn ernst zu nehmen und auch seine Weltanschauung. Sie stammt nicht aus dem neunzehnten Jahrhundert, aus dem letzten romantischen Totalsystem, aus dem Marxismus, wie heute allgemein noch üblich, sondern ist, was sie nicht ›gültiger‹ macht, aus moderneren biologischen, ja kosmologischen Theorien gefolgert. Sie entstammt der Welt seines Vaters. Bill überträgt dessen wissenschaftliche Erkenntnisse ziemlich unbedenklich aufs Politische. Doc erforschte das Leben. Nach den heutigen Hypothesen konnten nur ganz und gar phantastische Zufälle zur Bildung einer Uratmosphäre führen, aus der sich – wieder aus Zufällen heraus – die ersten größeren Molekülverbände entwickelten, die sich aufs neue aufgrund von Zufällen im Urozean zu der ersten Urzelle zusammenfügten, mehr noch, auch die chemische Zusammensetzung dieser Urzelle ist die Folge von Zufällen, das heißt, die erste lebende Urzelle hätte auch anders zusammengesetzt sein können, als sie sich dann zufälligerweise zusammensetzte, ja eine neuere Konzeption hält den Zustand des gegenwärtigen Weltraums selbst und damit der Lebensbedingungen infolge der Galaxien, Sterne und Planeten, die sich in ihm vorfinden, für derart unwahrscheinlich, für einen derart exzeptionellen Zufall, für eine derart singuläre Ausnahme, daß er nur eintreten könne, wenn wir uns neben unserem unwahrscheinlichen, unmöglichen Weltraum, der nur darum möglich ist, weil wir zur Verwunderung der Kosmologen gegen jede Wahrscheinlichkeit dennoch existieren, noch unendlich andere wahrscheinlichere Welträume denken, die freilich allesamt nicht fähig wären, Milchstraße, Gaswolken, Sonnen, Planeten und schließlich Leben hervorzubringen, all diese unendlichen endlichen, aber wahrscheinlicheren Weltalle um unser unwahrscheinliches endliches Weltall herum würden entweder sinnlos ins Nichts verpuffen oder stürzten ins Nichts, bevor sie die zufällige Produktion von Leben erzeugenden Ansammlungen von Materie überhaupt aufzunehmen imstande wären, eine geradezu schwindelerregende Vergeudung nutzloser Welträume – angesichts solcher ans Absurde grenzenden Hypothesen ist Bills Annahme, die Menschheit sei bloß durch permanente Katastrophen, durch künstlich erzeugte bösartige Zufälle als Ganzes zur Vernunft zu bringen, doch offensichtlich hanebüchen vernünftig, sie liegt uns geradezu vor Augen. Wir brauchen uns nichts vorzumachen. Der Mensch wurde mühsam genug, von den letzten Exemplaren halbverhungerter Tyrannosaurier verfolgt (vor sechzig Millionen Jahren ungefähr), aus Spitzhörnchen und Koboldmaki oder anderen Halbäffchen als Anlage herausgebacken. Als unscheinbares Pelztierchen trat er seine Entwicklung an. Sie führte ihn vom zähnefletschenden Proconsul, dem noch echten Menschenaffen, der (vor etwa fünfzehn Millionen Jahren) in den Bäumen herumkletterte, zum schon aufrecht gehenden Prähominiden, über die Steppe stampfend, einen Knüppel in der Hand, einen rohen Fetzen Fleisch im Sinn (vor zehn Millionen Jahren ungefähr), die Vor-Schimpansen in die Urwälder zurückjagend, so daß die armen Kerle Affen bleiben mußten. Als Vormensch heckte er die Benutzung des Feuers aus (es ist kaum eine Million Jahre seitdem vergangen), als Urmensch stierte er schon fromm den Mond an, und als Homo sapiens mauserte er sich durch das miserable Klima der Eiszeit, prügelte sich mit Mammuts, Säbeltigern und mit seinesgleichen herum, was später, als die Mammuts und Säbeltiger gefressen waren, seine Lieblingsbeschäftigung werden sollte. Künstlerisch, als Höhlenbewohner, malte er expressionistisch, über seine musikalischen und literarischen Bestrebungen wissen wir nichts, über seine Kochkunst einiges. Das sind die mutmaßlichen Fakten. Doch nach all diesen Mühen und Plagen, nach all diesen unermeßlichen Herkulesarbeiten – wenn wir dabei noch zehntausend lumpige Jahre überspringen, in denen die ersten Städte und die ersten Staaten entstanden, später Weltreiche gegründet wurden und zerfielen, Kulturen und Zivilisationen sich ausbreiteten und wie schillernde Seifenblasen zerplatzten – sieht sich der gleiche Mensch, der eben noch im Mondboden herumgestochert hat, zu seiner Verwunderung wieder der Natur als seinem

Hauptfeind gegenüber, kaum daß er schon glaubte, sie sich untertan gemacht zu haben, sie, die ihn abenteuerlich genug aus einem heillosen Zufall heraus, sei es aus Laune oder sei es aus Unachtsamkeit, in den Kochtopf der Evolution geworfen hatte: Zeit dazu besaß die Natur ja, unendlich mehr, als dem Menschen jetzt zur Verfügung steht, um sich aus der miesen Lage zu befreien, in die ihn die Natur und seine Gedankenlosigkeit brachten. Die Situation grenzt ans Kriminelle, die Schuldfrage wird noch untersucht, der Verkehrsunfall ist zu gigantisch. Sicher kommt der Evolution eine gewisse Schuld zu, allzu sorglose Fahrweise, ein allzu beschleunigtes Tempo am Ende, sicher, andererseits gehorchte die Natur dem Geschöpf, dem Vormenschen eben, den sie hervorbrachte, sonst wäre sie nicht in Schwung geraten, sie entwickelte sich seinen Genen, seinen vertrackten Anlagen, seinen Aggressionen gemäß, die sich noch steigerten, seit sich das unglückselige Wirbeltier entschloß, ein Mensch zu werden. Im Ganzen steckt ein ungeheurer Widerspruch. Spätestens dem Homo primigenius hätte es aufdämmern müssen, mit wem er sich da einließ: Die Natur, die sich so unerschöpflich gab, daß der Mensch sie gedankenlos ausnutzte und im Gefühl, der Herr aller Dinge zu sein, vor nichts zurückschreckte, vor keinem Luxus, vor keinem Unsinn, vor keiner Verschwendung, vor keiner Verschmutzung, ist weder menschenfreundlich noch menschenfeindlich, sie ist menschengleichgültig; um so natürlicher, daß sie sich auf einmal auch als knauserig herausstellte. Zu seiner Verblüffung, zugegeben, hatte sich doch der Mensch in ihrem Schoße so wohlig gefühlt, daß er sich hemmungslos paarte, stolz auf seine Vermehrung, ahnungslos, daß er dabei mit einer Geschwindigkeit in die Exponentialkurve sauste, die nicht einmal die Pille zu bremsen vermag. Wir möchten es am liebsten nicht wahrhaben, was wir da zusammengezeugt haben. War der Mensch während Jahrhunderttausenden ein überaus seltenes Exemplar, gleichsam eine bibliophile Rarität, betrug die Weltbevölkerung, wollen wir den Statistiken glauben, als Aischylos und Sophokles ihre Tragödien schrieben, noch nicht hundert Millionen, um 1700 nach Christi erst fünfhundert Millionen, erreicht sie heute bald vier Milliarden und wird demnächst die Acht-Milliarden-Grenze erreichen: eine Massenauflage von Comic strips. Daß die Natur vor einem so unmäßigen Naturtrieb die Waffen streckt, ist kein Wunder. Sie kapituliert mit Vorliebe vor sich selbst, und sie hält sich am Leben, indem sie wie Saturn ihre eigenen Kinder frißt. So kann auf diese Bevölkerungsexplosion nur der Hunger folgen, den es zwar auch vorher gab, den nun aber die Unzahl der Menschen vervielfacht, und nicht nur der Hunger, auch Epidemien lauern, die vorher zwar auch grassierten, die nun aber trotz der modernen Medizin stattfinden, mit Viren, die sich gleichsam selbst erfinden, ja sogar die Naturkatastrophen werden schrecklicher, weil ihre möglichen Opfer zunehmen, ohne daß der Hunger, die Epidemien, die Naturkatastrophen dem Anwachsen der Menschheit ins Gigantische Einhalt gebieten können. Vorerst wenigstens. Denn schon beginnen die Meere zu verfaulen, die Lüfte zu stinken, beginnt die Energie auszubleiben. So drastisch wird nun die Lage, daß es um den Menschen bald noch schlechter steht, als es um den Neandertaler stand, in einer Zeit, als selbst die Mammuts vor Kälte im Nordlicht schlotterten. Rückt gar eine neue Eiszeit näher, wie einige Klimatologen befürchten, steht es um unsere Chance ohnehin schlimm, rein biologisch gibt uns, wie ich lese, ein brasilianischer Biologe gerade oder kaum noch fünfzig Generationen. Vielleicht irrt er. Vermutlich sind es weniger. Der Bursche ist verdammt optimistisch.

Bill dagegen, auch ein Optimist, *hofft* nur, denn ein Programm, einen Plan hat er nicht: Nach einem verzweifelten Herumbalgen um einen besseren Platz an der Sonne über der inzwischen auf fünfzig Milliarden angeschwollenen Menschheit, die beinahe Kopf an Kopf steht, nach Auseinandersetzungen, die das Weiterleben der Menschen überhaupt in Frage stellen, angenommen, die Menschen oder einige Prozente von ihnen entkommen dem allgemeinen Gemetzel, setzt (wie Bill hofft), weil es dann diesen besseren Platz an der Sonne nicht mehr gibt, ein verzweifelter Kampf der Überlebenden ums Überleben ein. Neue Herkulesarbeiten unvorstellbarer Art sind nötig, eine verwüstete, radioaktive Erde ist zu heilen. Millionenheere rücken aus (hofft Bill), nur um zu leben, nur um nicht zu verhungern, um die Sahara, die Gobi, alle Wüsten und Wüsteneien fruchtbar, selbst die Arktis, die Antarktis gar, bewohnbar zu machen, künstliche Seen herzustellen, Flüsse umzulenken usw. (hofft Bill), weil dem Menschen ja doch nichts bleibt als unser Planet, der in einem unvorstellbar lebensfeindlichen Weltraum um eine relativ stabile, mittelmäßige Sonne kreist, um einen Gelben Zwerg. Diese vielleicht nahe Zeit (2276) mag rückblickend unsere Zeit (1976) als ein finsteres Mittelalter erblicken, nicht bloß unserer Ideologien, unserer sinnlosen Kriege, unserer hilflosen Politik wegen, sondern auch unserer mangelhaft entwickelten Technik halber, der wir nicht gewachsen sind, die, sinnlos luxurierend und nicht gesteuert, im Begriff ist, die Erde leerzuplündern, ihre Ölmeere auszusaufen und ihre Kohle- und Uranvorräte leerzufressen. Der Verbrennungsmotor unserer Zeit (hofft Bill) wird dieser Zeit (die sich Bill erhofft) so barbarisch vorkommen wie unserer Zeit die Scheiterhaufen, auf denen einst Hexen verbrannt wurden – dieser fingierten Zeit, die durch die Not vernünftig geworden ist, vernünftig geworden sein sollte. Doch ich teile Bills Hoffnung, daß eine solche Zeit überhaupt einmal kommt, da ich diese Zeilen korrigiere, nur mit Mühe, sah ich doch den ›Exorzisten‹, spürte ich doch den Hauch einer Ahnung, daß sich alles anders abspielen könne, als sich das der gute Bill erhofft, daß sich die ganze Evolution wieder zurückspult, vom Homo sapiens zum Homo primigenius, zum Protanthropus, zu den Prähominiden, zum Proconsul endlich; ohne übertriebene Hoffnung freilich, das Spitzhörnchen und den Koboldmaki je wieder zu erreichen, um das Abenteuer der menschlichen Evolution wieder von vorn beginnen zu dürfen. Ich befürchte, die Natur – hat sie sich einmal von der Verschmutzung gereinigt, die das Experiment Mensch hinterließ – könnte versucht sein, ihr Endziel, die Vernunft – falls diese überhaupt ihr Endziel ist und nicht ihr Nebenprodukt –, auf einem anderen Wege als über den Primaten wieder und vielleicht glücklicher zu verwirklichen – auch das eine vage Hoffnung. Die Sonne wird, sich selber anheizend, inzwischen gemeingefährlich geworden sein.

Bill und die Hoffnung

Bill, der gegen alles kämpft, gegen jedes politische System, gegen jede Ideologie, gegen jede Gesellschaftsordnung, der eine einzige wahnwitzige Methode, den Amoklauf, für sinnvoll hält, klammert sich an eines: an die Hoffnung nämlich, daß seine Raserei nicht sinnlos sei. Nun ist die Hoffnung etwas Schönes, die Frage ist nur, auf was sie sich stützt: fußt sie auf der Natur, so steht sie auf schwachen Füßen, das sollte Bill eigentlich wissen, die Natur ist allzu launisch, allzu leichtsinnig, allzu gleichgültig und, im ganzen gesehen, allzu experimentierfreudig. Hofft einer darüber hinaus gar noch auf den Zufall, weil aus Zufall Leben und mit dem Leben der Mensch und mit dem Menschen die Vernunft entstand, wird die Hoffnung zur Lotterie; ebenso muß Bill, der an die Natur und an die Vernunft glaubt, befürchten, die menschliche Unvernunft, die dem Menschen nun einmal beigemischt ist, als etwas Ungebändigtes, Zerstörerisches, mache die Hoffnung auf die menschliche Vernunft zunichte. Das Los kann so oder so fallen, mehr noch: Die Chancen der Vernunft sind gering, fast nicht erwähnenswert. Die Hoffnung aber, die sich auf die Vernunft allein stützt, auf ein logisches System zum Beispiel, versucht, sich wie Münchhausen am eigenen Schopf aus dem Zweifel zu ziehen, aus der Befürchtung, es genüge bei weitem nicht, daß ein System logisch stimme, um die Hoffnung aufkommen zu lassen, es werde sich auch durchsetzen. Eine Vernunft ohne den Menschen gibt es nicht, der nun leider wieder seiner Vernunft und seiner Unvernunft, seinem Bewußtsein und Unbewußten, seinen Illusionen und seinen Instinkten unterstellt ist, seiner Natur eben, in die er zurücksinkt wie in einen Sumpf, den bösartigen Gesetzen der Evolution und den blinden des Zufalls ausgeliefert. Wie sich die Hoffnung auch dreht, ob vernünftig oder abenteuerlich, ob dogmatisch oder irrwitzig motiviert, sie wird nie zur Gewißheit, nie zwangsläufig, der letzte entscheidende Schritt in die Wirklichkeit ist immer in Frage gestellt, und ist er erfolgt, ist die Dauer des Erreichten ungewiß, auch verliert das Verwirklichte den Glanz, die Anziehungskraft, die es als das Erhoffte hatte: auf die Hoffnung folgt die Ernüchterung. Die Hoffnung muß Hoffnung bleiben, um eine echte Hoffnung sein zu können; das allein macht ihre Dialektik aus. Die Hoffnung schiebt ihre Utopien vor sich her, redet sich mit ihnen Mut zu, feuert sich mit ihnen an, verbrennt in diesem Feuer, das sie entfacht, ihre Opfer. Erreicht einerseits die Hoffnung nie die Wirklichkeit, weil sich das Erhoffte mit dem Erreichten nie völlig zu decken vermag, ja weil sich das Erhoffte schließlich gegen das Erreichte wendet, um wieder Hoffnung, wieder Utopie werden zu können, gibt es andererseits Stufen der Hoffnung, von der unmöglichen zur relativ möglichen Erfüllung des Erhofften. Steht es so mit der Hoffnung, dann ist zu fragen, warum ich gerade Bill als Beispiel eines Menschen wählte, der aus bloßer Hoffnung heraus handelt und auf eine so illusorische Weise, als wollte einer versuchen, mit dem ständigen Abfeuern einer Pistole den Ablauf des Planetensystems zu ändern, was wissenschaftlich gesehen in unendlichen Jahren vielleicht gelingen mag, doch nicht zu Lebzeiten des Pistolenschützen, auch nicht zu Lebzeiten der Menschheit, ja nicht einmal zu Lebzeiten des Planetensystems, erst in einer fingierten unendlichen Zeit.

Nicht nur Bills Anarchismus erstaunt, seine Begründung ist noch erstaunlicher. Sein Anarchismus lebt wie der Kommunismus von einer naiven Utopie, die im Gegensatz zu seiner scharfsinnigen Analyse der Gegenwart steht. Naiv ist die Utopie einer klassenlosen Gesellschaft und gar noch einer gewaltlosen. Diese Utopie wird denn auch nur dogmatisch erhofft, etwa so wie die Christen auf eine zukünftige neue Welt nach dem Jüngsten Gericht hoffen. Daher wird von denen, die für eine klassenlose Gesellschaft kämpfen, darunter *unbewußt* eine Gesellschaftsordnung verstanden, die sich auf zwei Klassen reduziert hat, aufs ›Volk‹ und auf jene, die es im Namen des ›Volkes‹ regieren, auf eine gläubige Menge, die das Volk repräsentiert, und auf eine Priesterkaste, die auf eine mystische Weise allein den Willen des Volkes kennt und durchführt. Ob Bill diese Gesellschaftsordnung will, wissen wir nicht, er ist, spricht er seinen Monolog, auch nicht in der Verfassung und in der Laune, sein Programm zu präzisieren. Doch sollte es uns zu denken geben, daß er sich als Wissenschaftler fühlt und als Wissenschaftler alles Bestehende ablehnt, auch alle die bisherigen Versuche, die Welt zu ändern, daß er sich von seiner verzweifelten Methode nur eine Welt erhofft, die endlich zur Vernunft gekommen ist, eine vernünftigere Welt, eine Welt offenbar, die auf die Wissenschaft gegründet ist. Darin liegt sein Widerspruch. Denn eine Welt, die sich auf die Wissenschaft gründet, hätte nicht unbedingt etwas mit Vernunft zu tun, sondern möglicherweise mit Wahnsinn. Schon Platon – im Versuch, eine ›wissenschaftliche‹ Welt zu entwerfen – entwarf im ›Staat‹ eine schreckliche Welt. Das gleiche gilt für Huxley, Wells und Orwell, wenn diese ihre ›vernünftigen‹ Zukunftswelten auch nicht als Vorbild, wie Platon, sondern als Warnung aus der Gegenwart heraus entwickelten. Auch die heutigen Science-fiction-Schreiber, von denen die wichtigen ernst zu nehmen sind, setzen im Gegensatz zu den Marxisten keine naive Utopie an die Stelle der Zukunft, sondern mögliche Modelle aufgrund der Evolution. Nur selten sind sie erfreulich. Sie gehen davon aus, daß der Mensch so ist, wie er wurde, und nicht davon, wie der Mensch sein müßte, wäre er nicht so, wie er ist; daß diese grausame Welt nur noch durch einen Computer bewältigt werden kann – durch eine außermenschliche, nicht mehr emotionale Vernunft, durch die reine Vernunft eben, die alles, was nicht vernünftig ist, eliminiert, und sei es, daß auf bloßes Übergewicht hin die automatisch durchgeführte Hinrichtung erfolgt –, stellt noch die humanste wissenschaftliche Lösung dar. Es könnte ja auch sein, daß diesem Computer, der das Weltall als Ganzes überblickt, das Leben vernünftigerweise nicht einleuchtet – auch dieser Gedanke wird von der heutigen Science fiction schon durchgespielt: Wie in früheren Zeiten die Wissenschaft mit dem Glauben in Konflikt geriet, kommt sie heute mit der Hoffnung nicht mehr zurecht.

Marxismus als Gegensatz zu Bill

Daß der Marxismus alle angeht, muß zugegeben werden. Seine Schwierigkeiten liegen nur darin, daß er Glauben und Hoffnung verlangt. Wir müssen glauben können, was er sich erhofft, und insofern ist er wieder etwas Subjektives, als er über das Institutionelle, Gesetzgeberische hinausgeht. Wäre er nur entworfen, um den Menschen vor den Menschen zu schützen, könnte ich seine rigorosen Gesetze akzeptieren, erwiesen sie sich als notwendig, und in vielen Fällen erweisen sie sich auch als notwendig; doch wenn er sich zur Behauptung versteigt, eine Gesellschaft sei herstellbar, in der der Mensch vor dem Menschen nicht mehr geschützt werden muß, wird er utopisch: er wird zur *Philosophie.* Den Glauben, den er fordert, vermag ihm die *Wissenschaft* nicht zu geben. Zwar wendet sich die Wissenschaft auch gegen den Kapitalismus, sie sieht durchaus ein, daß er eine veraltete wirtschaftliche Ordnung ist, aber dem Marxismus mißtraut sie aus prinzipiellen Gründen. Ihre Einwände scheinen auf der Hand zu liegen. Der Marxismus geht heute offenbar vom Allgemeinen aus, er denkt progressiv; die Wissenschaft denkt offenbar regressiv; sie geht von der Wirkung aus und sucht die Ursache; ihre Methode scheint induktiv, jene des Marxismus deduktiv zu sein. Gegensatz scheint nur in der Methode zu liegen, nur in der logischen Taktik. Wäre dem aber so, bestünde kein grundlegender Unterschied zwischen Wissenschaft und Marxismus, ja der Marxismus, der vom Allgemeinen ausgeht, wäre über die Wissenschaft zu stellen, die bloß vom Besonderen auszugehen vermag: dies trifft tatsächlich auf Karl Marx noch zu. Innerhalb des damaligen positivistischen wissenschaftlichen Weltbildes war seine Philosophie eine Wissenschaft und als solche eine Überwindung der Wissenschaft durch die Philosophie; doch im Bestreben, für seine Philosophie, die auf eine Veränderung der Welt hinzielte, die wissenschaftlichen Ausgangspunkte zu schaffen, definierte er den Menschen zu einseitig, zwar im Sinne der damaligen Wissenschaft, aber auch in ihrer Fragwürdigkeit. Diese Fragwürdigkeit vermochte die Wissenschaft in der Folge zu überwinden. Marx ging von einer spekulativen Analyse aus, der Marxismus geriet, sich an diese Analyse klammernd, in die Spekulation, der Marxismus-Leninismus schließlich verfing sich in der reinen Deduktion seiner selbst, er wurde zum reinen Begriffssystem und, korrumpiert durch die Macht, zur Sophistik. Damit wurde die Kluft zwischen der Wissenschaft und dem Marxismus wieder grundsätzlich: Das Allgemeine, das die Wissenschaft folgert, ist nicht mit dem Allgemeinen vergleichbar, das der Marxismus setzt: Das Allgemeine, wie es in der Wissenschaft erscheint, sind Theorien und Hypothesen; das Allgemeine, wie es im Marxismus erscheint, insofern wir seinen Theoretikern noch einen guten Glauben zubilligen können und nicht Opportunismus, ist eine Konzeption. Dies aber müssen wir jeder Philosophie, mehr noch, auch jeder Religion zubilligen.

Damit wäre nicht nur die Schwierigkeit, welche die Wissenschaftler heute mit der marxistischen Ideologie haben, sondern auch jene erklärt, die das Individuum mit ihr hat. Während das wissenschaftlich Allgemeine sich am Besonderen zu bewähren hat, muß sich dem ideologischen Allgemeinen gegenüber das Besondere bewähren: Von der Ideologie aus stellt der Einzelne einen Störfaktor dar, für den Einzelnen wird die Ideologie zur Schimäre. Das heißt nun alles nicht, daß die Wissenschaft ohne Konzeptionen auskäme. In einem gewissen Sinn ist über die Theorien und Hypothesen hinaus auch die Konzeption ihr Ziel, die Konzeption einer Kosmologie zum

Beispiel, aber als Konzeption, als Entwurf, als Arbeitshypothese, nicht als ›Wahrheit‹. Der Irrtum der Ideologie hingegen besteht darin, daß sie sich nicht als Konzeption begreift, die sie doch ist, als welche sie sich immer
wieder vor der Beobachtung bewähren sollte, als eine
Konzeption, die fallengelassen oder verändert werden
müßte, wenn sie sich nicht mehr bewährt. Statt dessen
versteht sich die Ideologie als ein Dogma, dem die Beobachtungen angepaßt werden müssen. Oft verzweifelt genug. Denn im Gegensatz zur Wissenschaft hält die Ideologie ihre Konzeption für ein Axiom, das so einleuchtend
ist, daß es nicht mehr bewiesen werden muß, ihre zwin-
gende Logik ist jene des Zirkelschlusses, ihre verführeri-
sche Schönheit hat vieles mit der abstrakten Klarheit der
Mathematik gemeinsam, aber sie kommt aus ihrer Axio-
matik nicht mehr heraus, sie verrennt sich in ihr wie ein
Minotaurus in einem gläsernen Labyrinth, sie wird zur
Ästhetik der Macht. Damit verfällt sie dem Kultischen.
In allen seinen Aspekten. Auch sprachlich. Würde ein
Politiker etwa erklären, es gebe kein Proletariat, sondern
nur eine Partei, die vorgebe, im Namen des Proletariats
zu handeln, wobei nicht die Partei an sich, sondern nur
ein Ausschuß, noch strenger genommen, ein Komitee des
Ausschusses, exakt, ein Gremium dieses Komitees des
Ausschusses, noch exakter, eigentlich ein Sekretariat die-
ses Gremiums, ja, möglicherweise nur ein Sekretär dieses
Sekretariats handle, so daß es, strenggenommen, keine
Macht der Partei, sondern statt dessen allein die Macht
einiger weniger gebe, die vorgäben, oder bloß eines
einzigen, der vorgäbe, im Namen der Partei, ja des
Volkes vorzugehen, würde dieser Politiker so etwas erklären und beifügen, auch das Proletariat sei eine bloße

158 *Nachwort · Marxismus*

Arbeitshypothese der Politik, eine Fiktion, die eine an sich willkürliche Klassifizierung der Gesellschaft nach Klassen möglich mache, um mit dieser willkürlichen Klassifizierung eine weitere Arbeitshypothese aufzustellen, die vom Klassenkampf nämlich, der dazu diene, eine dritte Arbeitshypothese zu unterstützen, jene, daß irgendwann einmal, nicht heute, nicht morgen, aber irgendwann, am Sankt-Nimmerleins-Tag vielleicht, die klassenlose Gesellschaft verwirklicht werden könne, falls dies überhaupt möglich wäre, weil eine klassenlose Gesellschaft ohnehin einen Widerspruch in sich selber darstelle, einen metaphysischen gesellschaftlichen Urbrei, und würde er vorschlagen, es sei deshalb vielleicht klüger, auf Arbeitshypothesen zu verzichten und statt dessen lieber praktische Ziele zu verfolgen, zum Beispiel die Verbesserung der Institutionen und der Gesetze; würde ein Politiker so zu Proletariern sprechen, das heißt zu Menschen, die glauben, Proletarier zu sein, oder die es sein möchten, weil sie es nicht sind, diese Zuhörer würden ihn zum Teufel jagen; seine Rede wäre nicht politisch, sondern sprach- und damit begriffskritisch.

Damit aber stoßen wir auf den grundlegenden Unterschied zwischen der Wissenschaft und dem Marxismus: Er ist mehr erkenntnistheoretisch als logisch begründet, denn strenggenommen werden auch die wissenschaftlichen Theorien der Hauptsache nach nicht induktiv, sondern deduktiv gewonnen. Zwar gibt es auch in der Geschichte der Wissenschaft eindeutig induktive Ergebnisse, etwa die Entdeckung des Planeten Neptun oder die Voraussage, es müsse gewisse inneratomare Partikeln geben, die dann auch nachgewiesen wurden, aber die meisten naturwissenschaftlichen Konzeptionen, etwa die

Relativitätstheorie oder die verschiedenen Atommodelle oder die Modelle von komplizierten Riesenmolekülen, sind schöpferische Einfälle, Neuinterpretationen von Beobachtungen, die vorher anders gedeutet worden waren oder nicht erklärt werden konnten. Ebenso steht es mit der Geschichtsschreibung. Mit der marxistischen zum Beispiel. Daß die Weltgeschichte eine Geschichte der Klassenkämpfe sei, ist ein grandioser Einfall von Karl Marx, den er nicht aus Tatsachen folgerte, sondern mit Tatsachen zu unterstützen suchte. Die Weltgeschichte als eine Geschichte der Klassenkämpfe ist seine Konzeption, die marxistische Konzeption, gegen die ich nichts einwende, solange sie nicht mehr sein will als eine Konzeption, denn die Weltgeschichte ist mehr als die Geschichte der Klassenkämpfe, und die menschliche Gesellschaft ist mehr als eine Gesellschaft der Klassen. Aber der klassische Marxist klammert sich an die Ausschließlichkeit seiner Konzeption, er kommt ohne den Glauben nicht aus, der Marxismus sei die ›Wahrheit‹. Der Wissenschaftler dagegen braucht nicht an die Relativitätstheorie zu glauben, er wendet sie an, sie stellt für ihn eine Möglichkeit dar, kosmologische Vorgänge im Zusammenhang zu sehen und zu beschreiben, anschaulich zu machen – auch wenn dies in einer sehr abstrakten, scheinbar unanschaulichen Weise geschieht, mathematisch eben; daß Erscheinungen auftreten können, die einmal die Konzeption in Frage stellen oder sie nur auf bestimmte Phänomene einschränken, liegt im Wesen der Natur und der Wissenschaft, des Beobachtbaren und des Beobachters: Dessen Glaube liegt darin, daß jede seiner Konzeptionen als Konzeption einen Annäherungswert besitze, eine Arbeitshypothese, eine Position innerhalb eines wissenschaftlichen Fortschritts, sei ihr Sinn auch nur der, eine neue Konzeption vorzubereiten. So gering aber der Unterschied zwischen der Naturwissenschaft und einer Ideologie erscheint, so schwerwiegend ist er, wenn man ihn erkenntnistheoretisch nimmt. Wenn der Wissenschaftler einen Glauben im Sinne der Ideologen nicht braucht, als eine Kategorie, die er nicht benötigt, weil seine Antriebskraft die Neugier ist und damit der Zweifel an den vorhandenen Konzeptionen, kommt der Ideologe ohne den Glauben nicht aus: Er will wissen und nicht zweifeln, darum muß er auch an sein Wissen glauben, und wenn er diesen Glauben nicht hat, wenn er insgeheim zweifelt, wenn er der Ideologie mißtraut, ja sie als Ideologie durchschaut, wird er sich hüten, sich etwas anmerken zu lassen. Doch gibt es den Ideologen nicht nur in der Politik, er kommt auch in der Religion und in der Wissenschaft vor: dem dogmatischen Politiker entspricht in der Religion der Priester und in der Wissenschaft der Akademiker. Wie der politische Ideologe politische Dogmen verwaltet, so verwalten die beiden anderen religiöse und wissenschaftliche Dogmen. Den persönlichen Machtkampf der Akademiker in den Universitäten, Akademien, Fakultäten und Instituten beiseite gelassen: Was der Papst oder ein Kardinal persönlich glauben, ist ihre Sache, sie können Atheisten oder Skeptiker sein, als Papst oder als Kardinal haben sie offiziell zu glauben, das ist ihr Metier. Das gilt auch für das Mitglied eines Politbüros oder für politische Funktionäre. Sie alle sind Gefangene des Glaubens ihrer Gläubigen, von Millionen und Abermillionen, die von ihrem Glauben entweder ein besseres Jenseits oder ein besseres Diesseits erwarten: deren Glaube verträgt keine Einschränkung, keine Relativierung, er erlaubt nur die Gewißheit, daß er die Wahrheit sei. Angesichts dieser Glaubenskraft, die von der Verzweiflung und der Hoffnung genährt wird, sind die Dämme der Vernunft schwach; ob sich der Pragmatismus, auf den sich die Politiker berufen und mit dem sie sich über Wasser zu halten versuchen, mit der Zeit und nicht nur von Zeit zu Zeit durchzusetzen vermag, ist fraglich genug. So oder so: Die Erkenntnis, daß Ideologien und Dogmen nur Konzeptionen sind, wollen die wenigsten wahrhaben. Ob es sich die Mächtigen untereinander zugeben, ist wie die Frage nach dem persönlichen Glauben des Papstes unbeantwortbar. Ob einer ist, was er vorgibt, ist dem Verlauf der Weltgeschichte gleichgültig, inwiefern sich einer mit seiner Rolle identifiziert, gehört zum Privatgeheimnis der Akteure. Der Ideologe Mao mit dem Pragmatiker Schmidt über Kant diskutierend: ein Gespräch, das von Machiavelli erfunden sein könnte.

Bill und die Ohnmacht

Der Verdacht liegt nahe, daß Bill als Wissenschaftler, der er doch sein will, jede Ideologie durchschaut, sich aber vor der Konsequenz, die er eigentlich ziehen sollte, fürchtet, diese Konsequenz verdrängt und sich in die bloße Hoffnung flüchtet: Seine Mordpläne dienen dann eigentlich nur dazu, seine Hoffnung, an die er als Wissenschaftler nicht glaubt, vor sich selbst zu bestätigen – er will sich beweisen, daß er hofft. Daß er sich diesen

Beweis nur dank seiner Milliarden leisten kann, gibt ihm offenbar nicht zu denken, widerlegen doch seine Milliarden den Beweis, sie machen ihn abstrakt. Aber wie die meisten Terroristen hütet sich Bill, sich persönlich und sozial zu analysieren; wer die Welt analysiert, und dies gleich so radikal, klammert sich mit Vorliebe aus. »Die persönlichen Erlebnisse, die zu meinen Erkenntnissen führten, sind unerheblich!« Ohne diesen sozial exzeptionellen Hintergrund ist Bill nicht zu erklären. Er erscheint als einer, der nicht mitmachen will, aber doch mitmachen muß, weil er Teil einer chaotischen Welt ist, die Gestalten wie ihn heraufbeschwört. Im weiteren ist er einer, der aus intellektueller Redlichkeit an der Möglichkeit einer Veränderung der Gesellschaft vom Allgemeinen her verzweifelt und nun diese Veränderung vom Individuellen her versucht. Doch liegen die Gründe seines radikalen Handelns noch tiefer, unter der Schicht, die gängigen Erklärungen zugänglich ist: in seinem Unbewußten. Verletzt durch den Sturz seines Vaters in den gesellschaftlichen Bodensatz, sucht er seinen Vater an der Gesellschaft zu rächen mit politischen Schlüssen, die er aus den wissenschaftlichen Entdeckungen seines Vaters zog. Ein mehr als verrückter Versuch, eine verrückte Welt wieder ins Gleichgewicht zu rücken. Das Resultat all dieser Widersprüchlichkeiten ist verblüffend: politische Skrupellosigkeit, durch Milliarden möglich gemacht, vereint mit logischem Verstand. Der junge Mann plant sein politisches Handeln ebenso verhaltensblödsinnig wie ein milliardenschwerer Naturforscher ein Experiment, das nur er sich leisten kann, etwa indem er das Finsteraarhorn in die Luft sprengt, um die Genauigkeit seines Seismographen zu prüfen. Geht er jetzt noch auf Präsidentenmorde aus, würde er sich später eine Atombombe beschaffen. Er setzt nicht nur auf die Evolution, er versucht sie zu beschleunigen, wobei er sich doch die Frage stellen sollte, ob eine Welt, die sich ohnehin ändert, durch irgendwelche Methoden überhaupt auf die Dauer in einem gewissen Sinne geändert werden kann, nach einer bestimmten Richtung hin – was offenbar Brecht meint, wenn er vom Dramatiker fordert, er solle die Welt als veränderbar darstellen; denn daß die Welt sich ändert, ist eine Binsenwahrheit. Die Frage ist daher, ob sie sich unbewußt verändert oder ob sie bewußt verändert wird. Offenbar verändert sie sich mehr unbewußt, denn die großen Veränderungen geschahen zuerst geistig, darauf technisch, damit verknüpft wirtschaftlich-gesellschaftlich und erst dann politisch. Eine ärgerliche Tatsache, die selbst ein Marxist nicht zu leugnen vermag, denn wäre dem nicht so, wäre die Welt längst marxistisch. Das Ärgerliche besteht darin, daß der Geist bei seinem Vorgehen zu vergessen scheint, daß gerade er die Welt verändert. Die großen mathematischen Entdeckungen sind nicht in dieser Absicht erfolgt, auch die Elektrizität oder das Atom wurden nicht mit dem Hintergedanken erforscht, die Welt zu verändern, ja nicht einmal der Medizin kam es in den Sinn, eine Bevölkerungsexplosion einzuleiten, was sie in Wirklichkeit tat; und die Spraydosen fabriziert man nicht mit dem Hintergedanken, die Erdatmosphäre zu beeinflussen. Die sich stets verändernde Welt stellt die Politik vor Tatsachen, nicht umgekehrt. Das gilt auch für die Revolutionen, sie sind weniger geplant, als wir glauben. Ein unbewußter Machttrieb spielt immer mit. Dunkelheiten bleiben, blinde Stellen. Es scheint, als sei die Rolle des kontrollierbaren Verstan-

des im ganzen Weltgeschehen nur oberflächlich, zeitlich
begrenzt und wenig in die Tiefe gehend; als seien Mas-
seninstinkte und Massenneurosen viel tätiger, indem sie
das Gesamte unterwühlen, ein Verdacht, der das Vertrauen in jede Politik zu lähmen droht und lähmt, der
aber auch Bills Vorgehen in Frage stellt: ein durchaus
zeitgemäßer Verdacht.

Bills Idee oder ähnliche Ideen hausen in Tausenden
von Köpfen, wenn auch den meisten die finanziellen
Mittel fehlen, über die Bill verfügt. Nur insofern ist Bill
ein Sonderfall. Er kann sich alles leisten dank seines
unermeßlichen Reichtums, im Gegensatz zu den anderen
Köpfen seinesgleichen, die sich wenig leisten können:
relativ bescheidene Waffen für relativ bescheidene Attentate. Während sie sich in Absteigequartieren verstecken,
in fremden Vorstadtwohnungen, ständig ihre Bleibe
wechseln, wohnt Bill luxuriös. Er eilt nach der Unterredung mit seinem Vater, male ich mir aus, in die Sitzung
irgendeines Verwaltungsrates, als reichster Mann des
Landes ist er in jeden Reichtum von einer bestimmten
Größe an verstrickt, und nur solche Summen zählen.
Doch ist der Verdacht einmal ausgesprochen, daß ihn
eigentlich mehr unbewußte Motive bestimmen als be-
wußte, in seinem Fall der Haß gegen eine Gesellschaft,
die seinen Vater fallenließ, so ist weiter zu fragen, ob er
und seinesgleichen nicht vielmehr Objekte innerhalb der
sich ändernden Welt darstellen statt Subjekte außerhalb
dieser Welt, Subjekte, die sie doch sein müßten, sollten
sie überhaupt in der Lage sein, die Welt zu verändern.
Doch nicht nur darum sind Bill und seinesgleichen zur
Wirkungslosigkeit verdammt. An sich sind Attentate
wirkungslos, mögen sie noch so blutig verlaufen, mögen

sie noch so sehr die Welt entsetzen. Sie bleiben Sensationen, und Sensationen werden vergessen. Ihr Sinn existiert nur in den Köpfen der Attentäter: Ihre Handlungen sind kultisch, Gottesdienste einer Religion, die Menschenopfer verlangt, um das mystische Gefühl zu vermitteln, etwas ganz Besonderes zu sein, ein Held nämlich, mögen die Überlegungen, die zu diesen Attentaten führten, noch so vernünftig scheinen. In Wahrheit sind sie irrational. Der Irrtum liegt in der Überschätzung der Möglichkeit, die der Einzelne oder einzelne Gruppen noch haben. Ihr Terror ist ohnmächtig, weil sich die Gesellschaft an ihn gewöhnt hat, weil er ein Teil ihres Alltags geworden ist, nicht *weil* die Gesellschaft sich schuldig fühlt, sondern *um* sich schuldlos zu fühlen. Aus der gesellschaftlichen Korruptheit resultiert die Ohnmacht beider, jene der Terroristen wie Bill und jene der Gesellschaft. Damit stoßen wir auf ein Paradox. Unabhängig davon, ob irgendeine Gesellschaftsordnung Bill akzeptieren oder integrieren würde, bleibt ihre Lage die gleiche. Es spielt keine Rolle, ob irgendeine Gesellschaftsordnung von außen oder ob sie von sich selbst unter Druck gehalten wird. So oder so wird es für sie immer kritischer: weil der Druck wächst. Wie bei einer Sonne vielleicht. Was kommt, liegt im ungewissen. Eine Sonne kann in sich zusammenstürzen oder explodieren. So auch der Staat. Eine stabile Gesellschaftsordnung ist noch nicht gefunden worden. Es sei denn die chaotische.

Bill als Entertainer

Wie der Weltraum als Ganzes arbeitshypothetisch als ein
Nebeneinander verschiedener Welträume konzipiert
werden kann, falls dieses ›Nebeneinander‹ überhaupt
einer Wirklichkeit entspräche (vorstellen kann man sich
das ja nicht), besteht auch unser Planet in einem Nebeneinander der widersprüchlichsten staatlichen und gesellschaftlichen Ordnungen, wobei es nur im Falle eines
Konflikts zweier oder mehrerer Staaten zu Aufregungen
kommt; was im Innern der Staaten vor sich geht, wie
viele Menschen da krepieren, wieviel Tausende, wieviel
Hunderttausende, geht die Weltordnungsbehörde, die
wir mit der UNO geschaffen haben, offiziell nichts an, so
wie es uns nichts angehen kann, wenn andere Welträume
als der unsere, neben, über, unter, hinter, in uns, ins
Nichts zusammenstürzen oder ins Unendliche verpuffen
wie ein grandioses Feuerwerk – aus dem einfachen Grunde, weil wir es nicht zu bemerken vermögen. Daß wir
über unseren Planeten auf dem laufenden seien, ist noch
jetzt ein Wunschtraum, nicht trotz, sondern wegen der
modernen Kommunikationsmittel. Die Fakten, die uns
erreichen, sind schon entstellt, formuliert und damit
stilisiert, bald auf diese, bald auf jene Weltanschauung
hin, fotografiert, gefilmt, ausgelesen und zusammenge-
schnitten. Wer dem Bildmaterial glaubt, das uns täglich
überschwemmt, gleicht einem Zuschauer, der ein Theaterstück oder einen Spielfilm für Wirklichkeit hält statt
im besten Fall für einen Hinweis auf die Wirklichkeit,
auch dieser gemildert durch die Distanz zur Wirklich-

keit; eigentlich sind die Fakten, über die wir verfügen, erst Hypothesen über die Fakten. Bill stellt demgegenüber, wie jeder Terrorist, eine erfreuliche Ablenkung im täglichen undurchsichtigen Existenzkampf gegen Phantome und Gespenster dar, eine übersichtliche Episode in einem unübersichtlichen Geschehen, wir sind geradezu glücklich, da *handelt* einer, auf eigene Faust, wenn auch sinnlos, aber befreiend im Sinnlosen, das uns umfängt, fühlen wir uns doch in Wirklichkeit nicht durch seinesgleichen bedroht, auch wenn wir es nicht zugeben, sondern durch undurchsichtige, nicht einmal benennbare Mächte, durch Beschlüsse irgendwelcher finanzieller, wirtschaftlicher und politischer Machtgremien, irgendwie löst sich alles ins Nebel- und Gespensterhafte auf: Was sinnt Breschnew, was brütet Mao, und wenn sie brüten und sinnen, hat ihr Sinnen und Brüten überhaupt noch Folgen, wird es nicht durch uns unbekannte Faktoren durchkreuzt, ins Gegenteil verkehrt? Inwiefern sind eigentlich noch der Bundesrat oder in Deutschland der Bundeskanzler mit seinem Kabinett, die Parlamente, die Parteien usw. wirklich an der Macht und nicht bloß Geschobene, nicht bloß Fassade, Vordermänner von Hintermännern, die selber wieder Vordermänner von Hintermännern sind; wir atmen auf, wenn sich aus dem Nebel gewisse Gespenster materialisieren, und sei es die Baader-Meinhof-Gruppe oder sei es eben Bill, gegen sie können wir herzhaft Stellung beziehen, diese dürfen wir fürchten, nicht uns, wie wir doch eigentlich sollten: Denn eine Gesellschaft, wie auch ihre Ordnung beschaffen sein mag, wird nicht vom Einzelnen bedroht, sondern von sich selbst. Darum fürchten wir zwar die Einzelnen, von denen wir uns einbilden können, sie bedrohten uns, aber wir bewundern sie auch insgeheim, und damit unterhalten sie uns, sie werden Stars, ob sie wollen oder nicht, genießen die Privilegien von Stars und benehmen sich auch wie Stars. Das Schicksal Bills, nähme es eine andere Wendung, können wir uns denken: Multimillionär läßt einen Präsidenten der Vereinigten Staaten nach dem anderen aus idealistischen Gründen killen. Die Gesellschaft käme auf ihre Kosten, dafür, daß Bill es sich etwas kosten ließ. Zehn Millionen. Jedes Jahr. Die Gesellschaft überschlüge sich vor Bewunderung.

Bills Monolog

Er stellt von der Inszenierung her betrachtet wohl das schwierigste Problem dieses Stückes dar. Er unterscheidet sich von den anderen Monologen dadurch, daß Bill sich nicht dem Publikum vorstellt, sondern eine Rede hält, auf den ersten Augenblick wenigstens scheint es so, dieser Eindruck verführte denn auch den polnischen Regisseur in Zürich, nachdem wir uns entschlossen hatten, die Monologe konsequent ›vom Ende her‹ zu inszenieren, zu dem Einfall, Bill an einem Fleischerhaken aufzuhängen, in einem Plastiksack, auf dem Weg zum monströsen Nekrodialysator, während sein Monolog, von einem Tonband abgespielt, gleich einer Hitlerrede im Zuschauerraum von vorn und hinten, von links und rechts hätte hörbar werden sollen. Als diese Idee nicht zu realisieren war, ließ ich, leider dazu verführt, in den letzten drei Tagen die Regie zu übernehmen, statt das

Stück zurückzuziehen, im Grunde immer noch ratlos, den Schauspieler, der den Bill spielte, aus dem Lift auftreten und den Monolog als Rede direkt ins Publikum halten, und zwar so, daß er, an der Rampe auf und ab gehend, immer einen anderen Zuschauer fixierte. In Mannheim dann fiel mir auf, daß Bills Monolog mit seinen krassen Widersprüchen eigentlich keine Rede ist, sondern die letzten Worte eines Sterbenden darstellt, der sich an seine Idee klammert, die er nicht mehr begründen kann und muß. Es sind wilde Flüche eines Krepierenden, der sein Sterben nicht wahrhaben will: »Ich greife zu, das ist alles.« In Mannheim wurde die Bühne nach dem Abgang Anns dunkel, dann erfaßte der Verfolger Bill. Er lag am Boden, in der Mitte der Bühne, er lag wie tot, Kopfschuß, nackter Oberkörper, Unterkörper und Beine von einer Plastikplane bedeckt, am Unterleib gelähmt. Dann schleppte er sich während des Monologs über die Bühne. Zuerst zum Lift, dessen Schalter er vergeblich zu erreichen suchte. Er fiel zurück. Einen Augenblick lag er wie tot. Dann kroch er über die Bühne zum Raster, rollte auf den Rücken, ließ den Kopf einige Sätze lang über die Rampe hängen, bis er, »nur Amoklaufen hilft weiter«, zurückrollte, um sich dann in den offenen Kühlraum zu schleppen, der sich hinter ihm schloß. Dann Dunkel. Als es wieder hell wurde, grell, die Neonröhre links wieder brannte und die Lampe über Docs Behausung, lag dieser schon auf seiner Couch und las seine Comics. Der Auftritt Bills in Mannheim war eine Inszenierungsidee, gewiß, nicht mehr. Von einem jungen Schauspieler kaltblütig durchgeführt. Daß die Zuschauer nicht reagierten, schob ich zuerst ihnen zu, ich bildete mir ein, daß sie diesen Monolog nicht ernst nehmen wollten: Gegen die

Wirklichkeit, die da aufleuchtete, dachte ich, wende sich das Publikum grundsätzlich. Weil es Theater für Theater halte, wolle es auf dem Theater nur Theater, wolle es keine andere Bedeutung als die, daß jede Handlung nur Theater sei. Kunst habe Kunst zu sein, eine Welt für sich, an die man zwar nicht glaube, die man aber im Gegensatz zur ungenießbaren Wirklichkeit genieße; das Publikum, tröstete ich mich über meinen Mißerfolg und über jenen des Schauspielers, sehe im Theater keinen Denkprozeß über etwas Wirkliches, kein Gleichnis der Wirklichkeit, welches im wirklichen Sinne das Theater erst ausmache. So unordentlich die Welt auch sei, schloß ich weiter, auf der Bühne sähe man sie gern in Ordnung und ihre Probleme lösbar. Doch erst nachträglich, nach mehr als zwei Jahren, wird mir klar, daß ich den Fehler beging, etwas zu schreiben, was nur mir, aber nicht dem Publikum einleuchten konnte und darum nicht einleuchtete. In dieser Hinsicht war meine Inszenierung des Monologs in Zürich richtiger, nur fällt eine politisch aggressive Rede an den Zuschauer aus dem Rahmen, zerstört die Geschlossenheit des Stücks, weil sie nicht mehr ins Stück integriert wird, während der Monolog, wie ich ihn in Mannheim inszenierte, deshalb aus dem Stück fällt, weil ihn niemand begreifen konnte, es fehlte durchaus der Kommentar dazu, das Einbauen in die Fabel, das in den anderen Monologen die Schauspieler vollziehen, zu vollziehen vermögen, weil ihr Monolog die Fabel aufgreift, für den Zuschauer erhellt: Entweder muß deshalb der Monolog Bills umgeschrieben oder von einer anderen Person in einem weiteren Monolog erläutert werden. Diese weitere Person kann nur Jack sein. Auf den unheimlichen Monolog Bills kann nur ein grotesker Monolog Jacks folgen, grotesk deshalb, weil Jack über die ganze Geschichte nur sehr unvollständig informiert ist und gar nicht dazu kommt, sein Schicksal zu begreifen.

Jack

Eine Nebenfigur des Stückes und nicht leicht darzustellen. Jack läßt sich auf etwas ein, das nicht seine Sache ist. Er ist ein Schöngeist, aber gezwungen, sich mit einer unappetitlichen Angelegenheit zu befassen: mit einem Mordauftrag immerhin. Jack ist nicht klein zu zeichnen, ein ›Herr‹ tritt auf, vor allem ist er keine Charge. Doch nicht immer steht, wie in Zürich, einem Regisseur ein Willy Birgel zur Verfügung.

Wenn ich an die wenigen Menschen zurückdenke, die ich mir als Jack vorstellen könnte, so möchte ich sie Jack I–IV nennen. Nicht daß diese vier mit Jack zu vergleichen wären; es ist kein Verleger unter ihnen, und nur einen möchte ich als Schöngeist bezeichnen. Ich dachte auch nicht an sie, als ich Jack schrieb. Was sie verbindet, ist einerseits das Geschäft, andererseits die Kunst, wobei keiner in Schwierigkeiten kam wie Jack und nicht zu solchen Mitteln gegriffen hätte. Ich persönlich kann mich auch gut als Jack vorstellen, so wie ich, denke ich an Richard III., einen Griechischlehrer vor mir sehe, der mir einmal diese Sprache beizubringen suchte.

Ein Komödienschreiber ist im Leben von Schauspielern umgeben, die sich nur durchs Leben spielen und nicht über die Bretter, die dieses bedeuten. Während der

Probenarbeit zu *Frank v.* in München saß die Giehse, die die Ottilie zu spielen hatte, stundenlang in der Halle des Hotels ›Vier Jahreszeiten‹, würdig, unnahbar und beinahe unbeweglich – ich kann sie mir vorstellen – und beobachtete Frauen, ob vielleicht eine von ihnen ihrer Vorstellung von Ottilie Frank entspräche. Eines Abends erzählte sie mir in ihrer Wohnung, hoch über einer schmalen Straße, die dem Hoteltrakt der ›Vier Jahreszeiten‹ entlangführte – sie hatte mir Taubeneier vorgesetzt –, sie habe eine solche Frau gesehen, und zwar im Gespräch mit einem älteren Herrn an einem Nebentisch in der Hotelhalle. Es habe sich offenbar um ein geschäftliches Gespräch gehandelt, der ältere Herr sei immer bleicher geworden und in sich zusammengesunken, aschfahl sei er geworden, aschfahl, während die Frau, eine korpulente Erscheinung, ruhig weitergesprochen habe, das ›Weib‹ habe den Mann mit der größten Sachlichkeit fertiggemacht; das Wichtigste sei jedoch die Handtasche gewesen, auf die sich das ›Weib‹ gestützt habe. Die Giehse beschrieb mir diese Handtasche genau und beschrieb, was sich alles in dieser Handtasche befunden haben könnte, alles was Frauen brauchen, dann Fotos mit den Kindern und natürlich Kopien des Beweismaterials, womit sie den älteren Mann erledigt habe. Die Giehse ruhte denn nicht, bis sie eine solche Handtasche gefunden hatte. Diese war ihr Requisit, das sie brauchte, um die Ottilie zu spielen, und wie sie diese spielte: Von allen Rollen, die sie in meinen Stücken spielte, war sie in dieser Rolle am meisterhaftesten.

Ebenso wie die Giehse halte ich nun Umschau, wenn auch nachträglich, wer in meiner Erinnerung Jack entsprechen könnte: Früher spielte auf der Bühne noch das

Kostüm eine Rolle. Die Reichen traten kostbar gekleidet auf. Heute spielt das Kostüm in dieser Hinsicht keine Rolle mehr. Bill tritt in Blue jeans auf, im Gegensatz zu Jack, den seine Verlage ruiniert haben, dieser ist gepflegt und unauffällig gekleidet.

Jack I lernte ich vor vielen Jahren kennen. Ich hatte vor geladenen Gästen in einem kleinen Schlößchen, das für solche Anlässe zu mieten war und das jemand für mich gemietet hatte, den ersten Akt der Komödie *Der Besuch der alten Dame* vorgelesen, den ich gerade beendet hatte, als er sich mir beim kalten Buffet näherte, sich kurz vorstellte und meinte, eine Milliarde für einen Mord sei viel Geld. Ob sich denn Claire Zachanassian nicht damit ruiniere? Ich antwortete spontan, sie besitze noch zwei weitere Milliarden – ein Satz, den ich später in den dritten Akt einbaute –, worauf er sagte: »Sie, das ist ein geniales Stück.« Viel später sah ich ihn in einer Live-Sendung im Fernsehen: er wirkte kalt, sachlich und gelassen. Die Objektivität, mit der er über sein Leben Auskunft gab, und auch, was er überging, machten mir Eindruck. War Jack I im Besitz eines großen Vermögens und verbunden mit einem großen Konzern, war er nicht nur ein bedeutender Mäzen, sondern auch ein aktiver Künstler, so hatte es Jack II mit Geld an sich zu tun, non olet, darum wohl auch seine Vorliebe für Literatur, besonders für Klassiker, auch die stinken nicht. Ich stellte mir immer vor, daß er sie in Luxusausgaben las, die für ihn persönlich hergestellt wurden, deren Seiten sich wie frisch gedruckte Geldscheine anfühlten. Äußerlich kann ich ihn mir als Ideal-Jack vorstellen. Viele behaupteten auch, er sei mein Modell für *Frank V.* gewesen, aber als ich diesen schrieb, kannte ich Jack II noch nicht, er hätte es jedoch sein können. Fiel er mir durch seine unpersönliche Höflichkeit und durch seine Vorliebe für Hofmannsthal auf, so Jack III durch seine natürliche Grobheit. Er hielt es für selbstverständlich, mit denen nicht höflich sein zu müssen, mit denen er nicht höflich sein mußte. Er saß mir einmal an einem Bankett gegenüber, und neben mir irgend jemand – ich weiß nicht mehr wer –, und Jack III ließ sich über den Tisch hinweg mit diesem in ein geschäftliches Gespräch ein. Ich mußte zuhören, ob ich wollte oder nicht, was Jack III plötzlich bemerkte, worauf er zu mir ruhig sagte: »Dürrenmatt, das geht Sie einen Dreck an!« Nach dem Durchfall des *Mitmachers* kam er, als der Vorhang gefallen war und die Zuschauer noch buhten, wie ein Faun auf die Bühne gestürzt. Er hüpfte vor Vergnügen herum. Er fand das Stück gut und schrieb mir das auch, aber noch besser gefiel ihm der Skandal – wie ihm wohl alle Skandale gefielen. Später einmal war ich mit über fünfzig anderen Gästen in seinem Haus. War das Haus Jacks I trotz der Picassos und Mirós usw. etwas durchaus Bewohntes, Vertrautes und, weitab von der Stadt, von ausgedehnten Ländereien umgeben, wie man es in der Schweiz selten sieht – man spürte, daß hier Künstler gearbeitet hatten, weil sie hier arbeiten konnten –, so wirkte das Haus Jacks III steril und kalt. Viel zuviel Glas, kleine Zimmer um einen überdimensionalen Repräsentationsraum herum, im Rasen steckte ein seltsamer Riesenkopf, offenbar von den Osterinseln, denn auch Jack III war ein Kunstliebhaber. Varlin hat ihn gemalt. Wie den Schauspieler Schröder und mich, jenen nackt. Uns alle hat Varlin auf jenes Bett gezwungen, das so unbeschreiblich war, daß es nur Varlin zu malen vermochte, ein fürchterliches Eisengestell mit einer gräßlichen Matratze, das sich im Atelier des damals schon unheilbar erkrankten Malers befand. Jack III sitzt in Unterhosen auf diesem Bett, die Beine gespreizt, wie ein Mädchen in ›Penthouse‹, ein Buch in der Hand, eine Zigarette im Mund. Es wird ihm ebenfalls, wie ein Jahr später mir, in diesem Atelier, einer staubigen Scheune, zu heiß geworden sein, so daß er sich halb auszog und sich aufs Bett setzte. Seltsamerweise habe ich ihn jedoch anders im Gedächtnis, als Varlin ihn malte: Vielleicht ist seine Verwunderung, sich in einer solchen Lage zu befinden, zu groß, er glotzt äußerst verblüfft. Erst wenn ich mich in sein Gesicht vertiefe, dringt die Rücksichtslosigkeit hervor, die ihn auszeichnet und ihn hindert, ein Menschenkenner zu sein: darum wohl auch seine Reinfälle in dieser Hinsicht. Jack III gleicht dafür der Zeichnung, die Varlin von mir auf seinem Sterbebett anfertigte, das mit grasgrünem Laken bezogen war, so daß er wie auf einer Weide lag. Es wurde seine letzte Zeichnung, und ich mußte daraufschreiben, der Dargestellte sei ich: Vielleicht hatte mich Varlin auf dem Sterbebett mit Jack III verwechselt, vielleicht war es eine seiner versteckten Bosheiten. Jack III hatte ihm die Preise, die er zuletzt für seine Bilder forderte, bezahlt, während ich nicht mehr mithalten konnte. Vielleicht wollte er einfach etwas zeichnen, und Jack III fiel ihm am leichtesten. Jack IV endlich ist mir am liebenswürdigsten in der Erinnerung, wenn auch diese Erinnerung beinahe verblaßt ist. Er war ein schwerer, großer und stiller Mann in einem englisch gestreiften dunklen Anzug. Ich hielt mich damals in einem Spital in der Ostschweiz auf, und er ließ mir ausrichten, ob ich nicht einmal zu ihm zum Mittagessen komme. Ich hatte dem Arzt gegenüber geäußert, der

mich und wohl auch ihn behandelte, ich würde gern die
berühmte private Bildersammlung Jacks ıv sehen, wahrscheinlich die schönste der Schweiz. Ich nahm die Einla-
dung an und fuhr mit einem Taxi hin. Ein Diener führte
mich in ein kleines Wohnzimmer. Auf den ersten Blick
fiel mir nichts Besonderes auf. Ich dachte, seine Bilder
befänden sich in einer Galerie, aber die Bilder im Wohnzimmer waren zu meinem Erstaunen Originale, von denen ich dachte, sie befänden sich in Museen: das Weih-
nachtsbild mit dem fallenden Schnee von Breughel, ein
kleiner Bosch, zwei Lucas Cranach, berühmte Porträts.
Dann kam Jack ıv. Er begrüßte mich überaus freundlich
und lud mich in ein Zimmer, an dessen Wänden Watteaus
und ein Fragonard hingen, wie ich mich zu erinnern
glaube, die Möbel Louis-seize. Das Essen war sehr einfach und entsprach der Diät, die mir mein Arzt vorge-
schrieben hatte. Er erkundigte sich nach meinen Arbeiten. Nach meiner Erinnerung war ich damals mit nutz-
losen dramaturgischen Problemen beschäftigt; ich kann
mich, habe ich Pech, wochenlang mit solchen herum-
schlagen. Er hörte mir schweigend zu. Dann zeigte er mir
weitere Zimmer des Hauses, besonders machte mir ein
kleines Zimmer mit vier oder fünf Goyas Eindruck. In
einem Korridor stand ich vor einem der schönsten
Rubens, die ich je sah, und vor dem Großinquisitor von
El Greco fragte ich ihn, wie er denn dazu komme, solche Bilder überhaupt zu erstehen. Ich wisse zwar, daß er
sehr reich sei, aber auch mit seinen Millionen könne ich
mir nicht vorstellen, wie das überhaupt möglich sei. Er
lachte. »Vom englischen Adel«, sagte er, der wüßte Dis-
kretion zu schätzen. Dann zeigte er mir den Rest seiner
Sammlung: Renoir, Cézanne, Matisse, Picasso usw. Als

ich mich von ihm verabschiedete, sagte er mir, ich könne jederzeit wiederkommen, auch wenn er nicht da sei, und bestand darauf, mich ins Spital zurückfahren zu lassen, obgleich ich, weil ich ja den Weg nun kannte, gern zu Fuß gegangen wäre – mußte ich doch auf Anordnung des Arztes täglich eine Stunde gehen. Ich vermochte ihn nicht umzustimmen. Sein Chauffeur fuhr in einem alten Rolls-Royce vor. Jack IV öffnete die hintere Wagentüre, und eine kleine Treppe ließ sich herunter. Aufrecht betrat ich das Wageninnere. Später wurde mir erzählt, daß Jack IV seinen Rolls-Royce, weil er die Möglichkeit eines Autounfalls fürchte, nur brauche, um vom Chauffeur zum Bahnhof gefahren zu werden, darauf besteige er den Zug, während der Chauffeur den Rolls-Royce in rasendem Tempo zum Bestimmungsort zu fahren habe, um seinen Herrn am Bahnhof der betreffenden Stadt abzuholen. Von einem der drei anderen Jacks dagegen ist eine weitere Autogeschichte im Umlauf: Es ist in der Schweiz nicht üblich, sich einen Fahrer zu halten, vielleicht macht es die Kleinheit des Landes aus, daß der Schweizer selber fährt; er ist mit seinem Wagen verbunden wie ein Bauer einst mit seinem Pferd (als noch solche verwendet wurden und nicht Traktoren). Jeder von der Wichtigkeit und der sozialen Stellung des betreffenden Jacks hätte in Deutschland einen Fahrer angestellt. Nicht so dieser Jack. Und so kam es denn, sei es, weil er von einer Cocktail-Party heimkehrte, oder sei es, weil er sich außerdem allzusehr mit seinen schöngeistigen Passionen beschäftigte, daß er mit seinem kostbaren Wagen in eine Gruppe Fremdarbeiter fuhr, die vielleicht mit Straßenarbeiten beschäftigt waren oder heimkehrten; es gab nicht gerade Tote, aber doch mehr oder weniger schwer Verletzte. Die Karambolierten hatten das Glück ihres Lebens gemacht: Jack überhäufte sie derart mit irdischen Gütern, daß die Richter gerührt den ebenso wohltätigen als auch gesellschaftlich hochstehenden Autoraser, wichtig für das finanzielle Wohl unseres Landes, nur mit einer, freilich großen, Buße belegten, statt daß er seine Strafe absitzen mußte – wohl dem, der sich Wohltaten leisten kann –, so sehr sangen die Geschädigten sein Lob und baten, ihm gnädig zu sein. Nur die Unbeschädigten waren bleich vor Wut: das Glück war an ihnen vorübergesaust. Nun hatten dieser Jack und seine Opfer Glück. Jack im *Mitmacher* hat keines: durchaus zu seiner Verwunderung.

Jacks Auftritt

Ich habe den für das Nachwort der ersten Fassung geschriebenen Monolog in die Fassung 1980 der Komödie hineingenommen. Fehlt mir für den Monolog Jacks die Bühnenerfahrung, so ist zu seinem ›zweiten‹ Auftritt, jenem aus dem Lift, zu bemerken, daß das, was komödiantisch an ihm ist, nicht unterstrichen werden muß, es ergibt sich aus der Mischung von Vornehmheit, Grobheit, Vorsicht und Furcht von selbst. In Zürich, wo wir keinen sichtbaren Lift, sondern nur eine Lifttüre benutzten, spielte Willy Birgel den Jack, den Finger stets am Liftknopf. Drei Tage vor der Uraufführung hatte ich die Szene mit ihm noch neu geprobt, auf der Probenbühne abends, ich besprach mit Birgel die Szene. Er war schwerhörig. Ich war unsicher, ob er mich verstanden hatte, man wußte bei ihm nie recht, woran man war. Dann spielte er uns die Szene vor, der Regieassistentin, mir, anderen Schauspielern. Er spielte sogleich vollendet, ein zweites Mal zu probieren, erklärte er für unnötig, er wisse nun, wie er die Rolle spielen müsse, und ging. Ich sagte: »Wir haben einen großen Schauspieler erlebt.« Es war das letzte Mal, daß ich mit ihm arbeitete, eine seiner letzten Rollen. In Mannheim blieb Jack, unten angekommen, im offenen Lift stehen; als er hörte, daß Doc einmal Angestellter der Chemiewerke gewesen war, fuhr er mit dem Lift wieder hinauf, hielt in halber Höhe an und sprach nun mit Doc von oben herab; nach der Bereitschaft Docs, über das Geschäft zu reden, fuhr er mit dem Lift wieder nach unten, setzte sich auf eine Betonbank, die sich rechts am Bühnenportal befand, öffnete seine Handtasche, nahm ein Papier heraus, Doc setzte sich despektierlich umgekehrt auf einen Stuhl, den er vor den Lift stellte, nahm Jack den Hut aus der Hand und setzte ihn auf Jacks Kopf, verlangte grinsend eine Million und warf sich wieder auf die Couch zu seinen Comics, während sich Jack würdig erhob und mit den Worten: »Werden Sie hübsch bescheiden« den Lift betrat. Mit den Worten: »Die Konkurrenz verlangt fünfzigtausend« fuhr er wieder nach oben, doch auf die Antwort Docs: »Wenn sie morgen noch existiert« hielt Jack den Lift aufs neue an, um ziemlich kleinlaut seine Unterredung mit Doc, von oben sprechend, zu beenden. Mit der Antwort: »Sie wird« stellte Doc den Plattenspieler an, wieder Vivaldi, Sommer, Allegro non molto, der Lift mit Jack entfernte sich endgültig.

Doc und Bill

Doc ist in seine Comics vertieft, die Wissenschaft ist ihm
gleichgültig geworden, wie auch längst alles Geistige,
Vivaldi erinnert ihn an Ann, für die er ins große Geschäft
eingestiegen ist, ein Jahr wird er noch seine Drecksarbeit
machen – da hört er vom Hintergrund her Schritte, Bill
steht vor ihm. Doc erkennt ihn sofort. Sicher, die Szene
Doc–Bill ist nur ein Gespräch, wie eigentlich alle Szenen
in diesem Stück, doch vergessen viele Regisseure, daß
gerade Gespräche Handlungen sind. Was geschieht nicht
alles, was wird nicht alles an Emotionen unterdrückt. Bill
hat genau gewußt, zu wem und warum er zu wem ging,
doch hat er nicht gewußt, daß dieser Teilhaber eines
Killersyndikats sein Vater ist, sowenig er wußte, daß sein
Vater noch lebt. Mit Entsetzen entdeckt er in diesem
erbärmlichen Raum, was geworden ist aus seinem Vater,
den er verehrte, den er liebte, der für ihn ein großer
Wissenschaftler gewesen war, dem die Welt wesentliche
Erkenntnisse über die Entstehung des Lebens verdankte;
nun sieht er einen Comics lesenden alten Mann vor sich,
wie Bill weiß, damit beschäftigt, Leichen aufzulösen. Bill
versteckt seine Erschütterung, Doc seine Verlegenheit
durch Zynismus. Beide spielen sich Gleichgültigkeit vor.
Sie tun, als sei alles selbstverständlich. Zu allem Überfluß
ist noch das ominöse Rauschen hörbar. Bill betritt den
Kühlraum, scheinbar gelassen, amüsiert, nur vom Ge-
schäftlichen her interessiert, routinemäßig: »Perfekte Arbeit« – »Ich bin kein Stümper« – »Rentiert sich so was?«
– »Es geht mir passabel«. Wie nebensächlich erkundigt

sich der Vater, was sein Sohn treibe. Soziologie, Mode, früher sei er, der Vater, Biologe gewesen, keine Wissenschaft für Männer mehr. Doc versucht, seinen Sohn von sich zu stoßen, wieder in die Oberwelt zu schicken, in die andere Welt. Er will ihn nicht bei sich. Er will ihn nie mehr sehen, nie wieder etwas mit ihm zu tun haben. Die Sache ist Doc klar: Der reichste Mann des Landes, dessen Ermordung Jack fordert, hat Bill hergeschickt, um die Ermordung Jacks auszuhandeln, aus Zufall kam er unbemerkt herunter, die Sicherheitsmaßnahmen sind gelokkert, seit Cop, der Chef der Polizei, beim Unternehmen mitmacht. Von seiten des Staats ist nichts mehr zu fürchten. Doc kann es sich vorstellen, das einst geheime Unternehmen wird nun wohl beinahe schon offiziell geführt, es floriert in den letzten Tagen wie noch nie. Da erfährt Doc das Unglaubliche. Bill, sein Sohn, ist der reichste Mann des Landes geworden, seine Mutter hurte sich von einem guten Bett ins nächstbessere, heiratete den alten Nick und knallte in dessen Privatjet gegen eine Felswand, samt dem alten Knacker. Doc empfindet das Ganze als einen ungeheuerlichen Witz, um so mehr, wenn er an sein eigenes Schicksal denkt. Doch wird ihm nun klar, daß es um das Leben seines Sohnes geht. Er handelt kurzentschlossen. Politisch ist Bill ein Narr – seine Sache, Doc fällt es nicht ein, mit ihm darüber zu diskutieren. Es geht um Wichtigeres, sein Sohn soll zwei Millionen zahlen und sich davonmachen. Bill denkt nicht daran. Er bietet zehn Millionen jedes Jahr für die Ermordung des jeweiligen Staatspräsidenten, ein an sich phantastischer Dauerauftrag, das Unternehmen und mit ihm der mit zwanzig Prozent beteiligte Doc könnten das Geschäft der Geschäfte machen. Doc stutzt. Das Leben

seines Sohnes steht auf dem Spiel. Für Doc ist die Angelegenheit zu riskant. Er macht sich keine Illusionen.
Auch Cop weiß vom Geschäftsvorschlag, Bill ist schließlich auf dessen Empfehlung hin gekommen. Doch Doc
ist entschlossen, Schluß zu machen. Er läßt den Lift
herunterkommen: »Bill, noch einmal: zwei Millionen für
Jacks Ermordung, und Adieu.« Bill wartet ruhig, bis der
Lift unten angekommen ist und Doc die Tür geöffnet hat.
Dann grinst er: »Ich bin der reichste Mann des Landes.
Ihr seid auf mich und ich bin auf euch angewiesen, sonst
schwimmt euch das große Geschäft und mir die Politik
davon.« Doc erkennt, daß er nicht mehr zurückkann. Er
errät den Zusammenhang. Sein Sohn ist ein Rebell geworden, um seinen Vater zu rächen. Daß diese Rache
vom Vater aus gesehen sinnlos ist, weil sich der Vater
gerächt hat wie ein betrogener Ehemann, der sich rächt,
indem er sich entmannt, hält den Sohn nicht ab. Die
Anspielung auf die Hamlet-Situation wird hier fragwürdig. Doc kann man nicht mit Hamlets Vater vergleichen.
Dieser aus der Hölle entstiegene Geist will sich rächen, er
will seinen ehebrecherischen Bruder und sein Weib mit
Hilfe seines Sohnes zu sich in die Hölle ziehen. Daß
Hamlet zögert, liegt in seinem Intellekt, er will wissen,
ob der Geist, der ihm da erscheint, ein Teufel sei oder
sein Vater; Bills Intellekt dagegen wälzt seines Vaters
Schuld auf die Gesellschaftsordnung, er ist nur insofern
ein Hamlet, als er sich absolut rächen will und seine wie
Hamlets Rache im Grotesken endet, indem schuldig und
unschuldig Gerichtete, Rächer und Gerächte in die Hölle
sausen: sein Tod wird seinen Vater vollends entwürdigen
und ihn zwingen, endgültig, für immer mitzumachen.
    Das Gespräch Doc–Bill ist ohne Sentimentalität zu

spielen, nüchtern, sachlich, hart. Pausen, einfache Gänge. Die einstige Größe Docs schimmert auf, wie Doc ja überhaupt ohne diese Ausstrahlung nicht zu spielen ist. Es sollte Augenblicke geben, wo die geistige Überlegenheit dieses Menschen durch den Zerfall hindurch sichtbar wird, gespenstisch aufleuchtend, sein Charme, sein Humor. Nur so wird auch die Liebe Anns zu ihm erklärlich. Bill dagegen ist nur scheinbar zynisch, eine schwierige Rolle, nicht zu jünglingshaft, man sollte ihm glauben, daß er trotz seiner Jugend einen großen Konzern zu führen weiß, rücksichtslos, überlegen, wie man eben Weltkonzerne zu führen hat. Ein nonchalanter Intellektueller, der sich alles zutraut, furchtlos, doch trotz seiner Intelligenz ahnungslos in sein Verderben rennend, das ihn von einer Seite trifft, an die niemand denkt. Daß jedoch kein wahres Gespräch in Gang kommt, keine Auseinandersetzung Vater–Sohn, wie andere Szenen dieser Art, die Literatur ist voll davon, liegt an der Situation. Sie ist keine klassische. Vater und Sohn haben ausgespielt, besser, haben sich ausgespielt. Der eine löst Leichen auf, der andere will nicht mitmachen, macht jedoch unbewußt mit innerhalb einer unheilvollen Konstellation, die Vater und Sohn zum Mitmachen zwingt, obgleich die beiden getrennt erscheinen, in Positionen, zwischen denen ein anderes als ein geschäftliches Gespräch Unsinn ist, überflüssig, Zeitvergeudung. Wenn dennoch Ansätze vorhanden sind, wie Funksprüche zwischen zwei irgendwo im Weltraum in verschiedene Richtungen ins Nirgendwohin treibenden Kosmonauten, so bei Doc aus Furcht um das Leben seines Sohnes, das vielleicht noch zu retten wäre, und bei Bill aus einer gewissen Anhänglichkeit, aus blassen zärtlichen Erinne-

rungen an einen längst versunkenen Vater, aus einer
verständlichen Scheu, er könnte sich verraten, hinter dem
absoluten Anspruch auf Terror könnte sich eine hilflose
Liebe verstecken, die hilfloseste Liebe, die Liebe zwischen Vater und Sohn.

Boss

Der einfachste Charakter des Stücks. Aus einer chaotischen Welt resultierend. Tritt zuerst auf als Geschäftsmann in gewissen Schwierigkeiten, die er mit Hilfe Docs
bewältigt. Doc amüsiert ihn eigentlich nur. Für Boss ist
Doc ein harmloser Intellektueller, insofern harmlos, als
Doc nichts von Geschäften zu verstehen scheint, nicht
geschäftlich denkt, und für Boss alle, die nicht geschäftlich denken, harmlos sind. Gerade darum ist Doc für
Boss brauchbar. Seine Harmlosigkeit bedingt seine
Brauchbarkeit. Für Boss ist Doc ein Spinner, ohne Zweifel, er nimmt sich nicht einmal die Mühe, dessen Vergangenheit nachzuforschen. Doc wird irgendein versoffener
Physiker sein, denkt Boss. Das genügt ihm. Er bezahlt
schäbig. Daß Doc mit seiner Geliebten schläft, nimmt er
ihm nicht übel, warum auch, das Geschäftsleben hat ihn
körperlich ruiniert. Er macht sich keine Illusionen mehr.
Er ist fast froh, daß ihm ein anderer das Liebesleben
abnimmt, warum auch nicht. Es belustigt ihn, daß beide
die Unwissenden sind, Ann und Doc. Boss' Gesundheit
ist angeschlagen, das weiß er, nicht aber seine Geschäfts-
moral, die ist durchaus solide. Als Selfmademan ist er ein

guter Bürger und guter Familienvater. Ein Patriot, stolz
darauf, daß er den Krieg mitgemacht hat. Cops Eingreifen empört ihn als Mann der Ordnung, als Steuerzahler.
Daß die Polizei gleich so massiv in sein Geschäft einsteigt, findet er mit Recht unmoralisch. Die Beförderung
Docs zum Teilhaber bringt ihn in Wut. Auch das ist
verständlich. Boss ist ein Gangster, das gibt er zu, doch
gerade deshalb ist er am Funktionieren der Gesellschaftsordnung interessiert, in der er wirkt. Die Polizei, der
Staatsanwalt usw. haben ihre Funktionen zu erfüllen.
Daß der Justizapparat gegen ihn arbeitet, ist für Boss in
Ordnung. Selbstverständlich lassen sich untergeordnete
Organe oder auch manchmal ein übergeordnetes Organ
durch Bestechungsgelder außer Betrieb setzen oder in
bestimmte Richtungen lenken. Daß jedoch ein Polizeichef ihn geschäftlich entmachtet, wirft das Weltbild von
Boss über den Haufen. Er versteht im Grunde die Welt
nicht mehr. Wie jeder Machtmensch kämpft er rücksichtslos, wenn auch nicht ohne Galgenhumor. Daß Boss
Ann aus taktischen Gründen umgebracht hat, ist keine
Phrase. Denn da die Weltordnung an sich in Frage gestellt ist, gibt es kein Pardon. Es gilt, Docs schwache
Stelle zu treffen. Boss trifft sie. Der Treffer belustigt und
ärgert ihn zugleich.

Der Vorwurf, den Boss den Intellektuellen macht, ist
für einen bürgerlichen Machtmenschen typisch. Für Boss
ist die Welt eine Realität, ›von der man lebt‹. Die ›reale‹
Welt von einer ideal gedachten Welt her zu beurteilen,
empfindet Boss als unanständig. Am unanständigsten das
schlechte Gewissen, das für ihn purer Luxus ist. Es
macht den Intellektuellen für den Machtkampf ungeeignet, der nun einmal geführt werden muß, um oben zu

bleiben. Boss' instinktiver Angriff gegen die Intellektuellen ist aus seiner Sicht, vom Standpunkt eines Gangsters aus, verständlich, und offenbar nicht nur aus seiner Sicht. Sonst hätte das Publikum nicht in beiden Aufführungen beim Ausspruch applaudiert: »Wann hätte je ein Intellektueller die Welt durchschaut! Was seine Brauchbarkeit ausmacht!« Nicht nur Boss, auch das Publikum scheint etwas gegen die Intellektuellen zu haben. Ich gebe zu, daß ich den Beifall nicht für mich, sondern gegen mich empfunden habe. So wird es vielen Intellektuellen gegangen sein. Doch in einem hatte ich mich getäuscht: Es gibt Intellektuelle mit schlechtem Gewissen, wie unter anderem mich, und Intellektuelle ohne schlechtes Gewissen. Von einem solchen ohne schlechtes Gewissen wurde ich zurechtgewiesen. Der Einwand richtete sich merkwürdigerweise gegen Boss' Vorwurf an die Intellektuellen: »Sie nehmen die Welt gleich zweimal in Anspruch: so, wie sie ist, und so, wie sie sein sollte. Von der Welt, wie sie ist, leben sie, von der Welt, wie sie sein sollte, nehmen sie die Maßstäbe, die Welt zu verurteilen, von der sie leben.« Hier machte mein Kritiker einen Punkt, während in Wahrheit kein Punkt steht, sondern ein Komma – denn es folgt der Nachsatz, der nicht beachtet wurde –: »und indem sie sich schuldig fühlen, sprechen sie sich frei, ich kenne den Schwindel: Das Pack ist für den Machtkampf ungeeignet.« Es ist zuzugeben, daß Boss gegen die Intellektuellen doch eigentlich sonderbar argumentiert. Er hält ihnen ihr schlechtes Gewissen vor und behauptet, sie würden sich dadurch freisprechen. Wer jedoch ein schlechtes Gewissen hat, spricht sich anständigerweise nicht frei. Er fühlt sich anständigerweise für den Machtkampf ungeeignet. Boss besitzt offensichtlich kein schlechtes Gewissen, oder wenn er eins besitzt, will er es sich nicht leisten, oder darf es sich nicht leisten, ahnt man, um für den Machtkampf fähig zu sein, den er führen muß. Er ist wunderlicherweise in der gleichen Lage wie jene Intellektuellen, die kein schlechtes Gewissen haben. Ich wundere mich auch: Entweder brauchen sie keins zu haben, dann sind sie unfehlbar, was wiederum auf das gleiche herauskommt, als wären sie fehlbar, aber hätten überhaupt kein Gewissen; oder diese Intellektuellen wollen oder dürfen sich, vermute ich, kein schlechtes Gewissen leisten, um für ihre Machtkämpfe geeignet zu sein. Nicht daß es mit mir besser stünde, aber mir fehlt die Phantasielosigkeit, mich für unschuldig zu halten, so oder so, ein Mitmacher an dieser Welt bin ich ohnehin, und so verteidige ich mich denn auch gegen Boss' Vorwurf, ich spräche mich mit meinem schlechten Gewissen frei.

Ich weigere mich, mein Denken, mein Schreiben nach einem logischen System zu richten, das mich von meiner Existenz her, als Mitmacher, freisprechen könnte; und wenn irgendein Kritiker einmal schrieb, ich hätte Brecht nicht zu Ende gedacht, so denke ich, daß dies nicht meine Aufgabe ist, weil ich nicht von Brecht herkomme, und wenn es meine Aufgabe darstellte, wäre sie unmöglich, es wäre töricht, sie mir gestellt zu haben, denn das Zu-Ende-Denken setzt ein Ende des Denkens voraus, ein Ankommen bei der Wahrheit, als sei die Wahrheit eine Endstation, in die das Denken nur hereindampfen müsse. Daß etwas so zu Ende gedacht werden könne, endgültig nämlich, ist der Zopf einer systematischen Philosophie, den nur noch Ästheten zu tragen wagen, wie ein berühmter Regisseur zeitweise den Mozartzopf. Zugegeben,

Brecht scheint den Maßstab einer Ideologie an seine
Werke gelegt zu haben, wie sich manche einbilden – ich
persönlich billige Brecht mehr Ironie zu. Die Forderung,
ihn endgültig zu Ende zu denken, gleichsam in Sicherheit
zu bringen, ins Sakrosankte, käme dann der Forderung
gleich, seine Ideologie zu Ende zu denken, zu vollenden,
heiligzusprechen. Offenbar ist sie zu angeschlagen, zu
korrumpiert, zu ausgewalzt, um neue Dogmen zu lie-
fern. Wahrscheinlich erwartet man neue Erleuchtungen,
sollte sie zu Ende gedacht, für alle Zeiten eine Religion
werden. Ich zweifle. Ein System zu Ende zu denken,
statt es kritisch gegen sich selbst werden zu lassen, entspricht der romantischen Sehnsucht nach einem endgültigen System, z. B. nach einer neuen roten Kirche, nach
einem neuen roten Papst, vermute ich doch, daß nach
dem Zusammenbruch der Ideologien im Zweiten Welt-
krieg die Sehnsucht nach ihnen wieder übermächtig wird:
als politische Nostalgie. Nur bin ich nicht so sicher, ob
jener Kritiker gerade das mit der Aufforderung meinte,
ich solle Brecht zu Ende denken, wahrscheinlich meinte
er bloß das, was heutige Kritik meint: nichts Genaues
eigentlich, mehr oder weniger glänzend formulierte Gedankenlosigkeit, Gefühle, mit einer logischen Fassade
kaschiert. Aber möglicherweise bin ich im Unrecht.
Möglicherweise ist jener Kritiker nur auf mich hereingefallen, auf meinen Ausspruch in den *Physikern* nämlich,
eine Geschichte sei dann zu Ende gedacht, wenn sie ihre
schlimmstmögliche Wendung genommen habe; womit wir
wieder auf den alten Gegensatz zwischen einem logischen
System und der Existenz stoßen: läßt sich doch ein
solches wirklich annähernd zu Ende denken. Jener Kritiker hatte doch nicht so unrecht, dann nämlich, wenn man

auf die Paradoxien des logischen Systems stößt, auf seine Widersprüchlichkeiten, die der Mathematik zum Beispiel, der christlichen Dogmatik oder des Marxismus: wenn wir ihre Unstimmigkeiten bloßlegen, stoßen wir an ihre Grenzen. Wenn ich nun die Geschichten, die ich erfinde, etwa mit einem Schachspiel vergleiche, mit einem sehr fabulösen Schach natürlich, sind auch hier viele Endspiele möglich, nicht unendlich viele wahrscheinlich, nur unwahrscheinlich viele – ich bin kein Mathematiker. Ich strebe mit meinem Endspiel das schlimmstmögliche Ende an, das Schachmatt, während andere nur das Patt suchen. Das schlimmstmögliche Ende zeigt daher nur die Denkrichtung meiner Schriftstellerei an, sagt aber nichts über meine Existenz aus, über mein Dasein, über meine Schuld oder Nichtschuld. Meine Schriftstellerei vermag nichts unmittelbar über das Existentielle auszusagen, nur mittelbar, nur verschlüsselt; auch dann, wenn ich dieses mein Leben unmittelbar darzustellen versuchte, wäre dieses mein Bekenntnis nichts Existentielles, sondern bloß Literatur. Literatur bleibt einem logischen System verhaftet, und sei es bloß dem der Begriffe, der Sprache, nicht jedoch das Leben, die Existenz, über sie lassen sich nur Gleichnisse sagen, in Bildern und Zeichen, die an sich wieder logisch sind, wie eine physikalische oder biologische Theorie oder Hypothesen oder im weitesten, vagesten Sinne eben wie Geschichten leichtsinniger Schriftsteller.

Trotzdem trifft mich der Vorwurf von Boss, ich würde meine Mitschuld am ganzen Schlamassel, in dem wir stecken, bloß zugeben, um mich davon freizusprechen. Er trifft zu, weil sich diese Verdächtigung durch nichts widerlegen läßt. Wie jede Verdächtigung. Auch nicht

durch meine Versicherung, es sei nicht so. Wer ein Stück
schreibt, schießt sich selber ab. Und wenn der Irgendje-
mand, der mich angriff, hofft, Boss habe mich gemeint
und nicht meine Kritiker, die mich in der Luft verrissen
haben, so kann ich nur sagen, der alte Gauner hat alle
gemeint, uns Intellektuelle, ob wir nun ein gutes Gewissen haben oder nicht. Er traut uns allen zu, was er von
uns vermutet. Das sei zu seiner Ehre gesagt, zu Boss'
Ehre. Was jedoch dessen Meinung über die Intellektuellen betrifft, so geht sie auch bei Doc auf – durchaus zur
Ehre Docs –, fühlt er sich doch am Tode Anns persönlich
schuldig. Daß er sie verleugnet, ist nicht unbedingt Feigheit, er muß nun an seinen Sohn denken, denn wenn Boss
auch – was Doc nicht ahnt – weiß, daß Ann Docs
Geliebte war, so weiß er doch nicht, daß Bill Docs Sohn
ist: deshalb tritt Doc seinen Anteil am Geschäft an Boss
ab. Seine Entgegnung auf die Frage, warum er denn den
Präsidenten ermorden lassen wolle, seine Entgegnung,
seine Zusammenarbeit mit dem Unternehmen müsse einen Sinn bekommen, ist nicht dahin zu deuten, daß Doc
nun mit Bills Weltanschauung einverstanden sei, wie ein
anderer Kritiker mit einer gewissen Erleichterung meinte, in der Hoffnung, nun doch noch den Schimmer eines
Sinnes entdeckt zu haben. Der Kritiker irrt leider. Es
geht Doc nur darum, alles zu versuchen, um wenigstens
Bill zu retten. Wie wir wissen: vergeblich. Doc ist mit
seinem Mitmachen in einen Teufelskreis geraten, aus dem
es kein Entkommen mehr gibt. Für ihn nicht und nicht
für Bill.

Boss' Monolog

Da mit ihm der zweite Teil eingeleitet wird, gestaltete ich
ihn anders als die drei vorangehenden Monologe, klassi-
scher. Daß der Zuschauer Abwechslungen liebt, ist ein
dramaturgischer Hinweis für die Regie dieses Monologs:
Wenn der Vorhang aufgeht, steht Boss allein auf der
Bühne, wie zu einer Beerdigung. Todernst. Eine rote
Rose und den Hut in der Hand. Der Lift kommt. Sam
bringt den Überseekoffer. Er stellt ihn vorn vor den
Raster neben den Souffleurkasten, entfernt sich mit dem
Lift. Boss setzt den Hut auf. Er betrachtet den Überseekoffer scheu, setzt sich plötzlich ungeniert darauf. Er
beginnt zu sprechen. Als er auf sein Leben zu sprechen
kommt, geht er nach rechts bis zum Lift. Er kehrt
zurück. Bei »belanglos, daß ich mit siebzehn in Tommey's Bar Fettgesicht Einauge niederschoß« wischt er
sich mit dem Kavalierstuch verstohlen eine Träne aus den
Augen; schließlich ist er sentimental. Er stellt den rechten
Fuß auf den Überseekoffer. Er wendet sich zum Publikum, kniet nieder, zeigt die Fotografie seiner Familie,
steckt die Brieftasche wieder ein, nachdem er auch noch
auf den süßen Fratz Loretta hingewiesen hat. Er seufzt
tief »zwanzig«. Eine Ahnung von ungemeiner Jugend
durchzuckt ihn: schmerzhaft, glücklich. Gleichzeitig
spürt er die Pumpe. Er wendet sich dem Überseekoffer
zu, seine Stimme wird bewegt, tragisch. Er legt andächtig
die Rose auf den Überseekoffer. Ann hat ihn nie verstanden. Er wird gerührt. Er geht nach links. Er setzt sich auf
die Kiste rechts vom Kühlraum, sicher glaubte Ann

noch, er habe Kitty beseitigt, Kitty, die doch längst an
der Westküste ein Bordell führt, ein groteskes Mißverständnis, komisch. Er spricht voller Trauer diese Worte
in den Hut hinein, wie in eine Urne, doch dann erinnert
er sich an Doc. Er springt auf. Er stülpt voll Wut den
Hut über die Rose. Er geht nach hinten. Er hätte beiden
verziehen, doch da tauchte Cop auf, Cop, den er schon
irgendwo getroffen hatte, Cop, auf den er nie kommt;
wie ein Denker stützt er sich auf eine leere aufrecht-
stehende Kiste im Hintergrund. Er mußte handeln, das
war klar: Ann war Docs schwache Stelle, Ann, deren
Leiche nun im Überseekoffer liegt. Er legt sich auf die
Couch, beginnt über die Intellektuellen nachzudenken.
Er reckt sich wohlig: Diese Intellektuellen, sie bilden sich
ein, sogar bei der Erschaffung der Welt dabeigewesen zu
sein, doch nun wird er es Doc zeigen; der ganze Monolog
groß gespielt, Richard III. angenähert usw. Doc kommt.
Die Szene braucht keinen Kommentar. Im Überseekoffer
ist die Leiche Anns, Doc weiß es nicht. Er erwartet seine
Geliebte, bereitet ihre Ankunft vor, hört sich Boss' Sorgen an, fühlt sich als der Stärkere, schleppt den Überseekoffer aus Gefälligkeit in den Kühlraum. Boss ißt. Es
wird immer verschiedene Möglichkeiten geben, diese
Szene zu spielen. Wie auch immer, es ist vom Charakter
Boss' auszugehen. Einerseits stellt die Szene einen Rache-
akt an Doc dar, andererseits Boss' Wut darüber, daß er
gezwungen war, Ann aus taktischen Gründen zu töten;
dann wieder die Ausübung dieser Taktik: sie besteht
darin, Doc einen Schock zu versetzen. In Mannheim saß
Boss mit dem Rücken zum Kühlraum an dem von Doc
liebevoll gedeckten Tisch. Eine Kiste, ein weißes Leinen-
tuch darüber, Gläser, Teller, Besteck, Speisen usw. Boss

sprach eigentlich nicht mit dem unsichtbaren Doc, sondern zu sich selbst. Er streute wie gedankenverloren die Perlzwiebeln herum. Er starrte zur Decke. Er ließ die Perlzwiebeln achtlos aus dem Glas laufen. Er rieb seine Hände mechanisch an den Oberschenkeln auf und ab. Er starrte zur Decke, zur Couch, nur das ständige »Doc« betonte er, fast zärtlich. Er spielte die Szene beinahe introvertiert, ganz aus der Erinnerung heraus, um dann plötzlich, als Doc auftauchte, hellwach zu werden, brutal, eine Bestie, um wie ein Triumphator abzugehen (in den Tod, ahnungslos, daß er sein eigenes Todesurteil unterschrieben hat, als er Doc seinen Anteil am Unternehmen abknöpfte).

Cop

Dialektisch ist Cop der Nicht-Mitmacher, genauer, der ›Nicht-mehr-Mitmacher‹, die Gegenfigur zu Doc, und nicht nur zu Doc, sondern zu allen. Kompositorisch ist Cop mit Boss verbunden: Die eigentliche Geschichte stellt einen Zweikampf zwischen Cop und Boss dar, nichts anderes; eine Konstellation, bei der Doc eine untergeordnete Rolle spielt. Das mag befremden. Der Hauptdarsteller erweist sich als Nebendarsteller, seine dramaturgische Position wird zweitrangig, kann vielleicht als die Position des Mitmachers nur zweitrangig sein. In der Konstellation Cop–Boss schlägt das dubiose Geschäft, bei dem Doc mitmacht und das er möglich machte, den grotesken Weg ins Absurde ein, gegen das

Legale hin. Es wird polizeilich toleriert, ja gefördert, doch ist dieses Tolerieren nur vordergründig, hinter ihm steht ein umfassendes Akzeptieren: das Geschäft, bei dem Doc mitmacht, wird von der Gesellschaft akzeptiert, in der er lebt, von der er lebt und die nun von ihm lebt. Das Geschäft ist gesellschaftsfähig geworden, mehr: gesellschaftsfördernd. Damit erst wird Doc ein Nebendarsteller. Wie wir alle. Nur als Gegendarsteller Docs ist Cop der eigentliche Hauptdarsteller, einer am Rande freilich, jener, der gegen die Gesellschaft lebt, obgleich er in ihrem Namen auftritt, in ihrem Namen handelt und verhandelt. Cop als Vertreter des Gesetzes, den die Gesellschaft braucht, um ihre Gesetzlosigkeit zu tarnen. Cops Beziehung zu Boss: Er ist von ihm zum Krüppel geschossen worden. Seine Tragik: daß sich Boss nie mehr an Cop erinnert, ja nicht einmal ahnt, daß er von Cop ein Leben lang verfolgt, beobachtet wurde, daß Boss nie das Wesentliche aufdämmert, daß es nämlich zu einer Auseinandersetzung kommen mußte; aber Sam erschießt Boss vorher, was die Geschichte betrifft durchaus unkünstlerisch, unklassisch. Cop hat sich zwar auf seine Weise gerächt, doch ist das Objekt seiner Rache nie dahintergekommen, daß Cop sich an ihm rächen wollte; Boss konnte in Cop nie etwas anderes erblicken als einen über die anständige Toleranzgrenze hinaus bestechlichen Beamten. Cop steht mit seiner Tat im Leeren (in diesen dialektischen Konfigurationen wird die klassische Form des Stücks als scheinbar entlarvt: Schiller hätte alles auf die Auseinandersetzung Boss–Cop angelegt). Cops Komik: Cop sucht sein Recht. Endlich im Besitz aller Trümpfe, nützen ihm diese Trümpfe nichts. Die Welt ist korrupt: Die Welt akzeptiert Boss, die Bosse, doch nur, insofern sie sich für sie lohnen, sonst muß sie einschreiten, nicht im Namen der Gerechtigkeit, sondern im Namen der Ökonomie. Nicht von ungefähr muß Cop Boss absetzen und dessen Unternehmen neu organisieren; die dreckigen Geschäfte, die getan werden müssen, erledigt am besten und am billigsten ein Beamter, Cop als Polizeichef. Allgemeiner: Die Ungerechtigkeit akzeptiert die Ungerechtigkeit. Nicht die Gerechtigkeit richtet die Welt, die Welt richtet die Gerechtigkeit. Die Welt richtet sich ein, statt sich richten zu lassen. Cop überspielt Boss, wird aber von denen überspielt, die noch ungerechter sind als Boss. Alles mündet in die Korruption aller, ins Chaos, und zwar aufgrund der scheinbaren Ordnungen, scheinbar, weil das Gesetz der Korruption, daß eine Hand die andere wäscht, kein Recht ergibt, sondern nur eine Einrichtung, bei der man sich eben einrichtet.

In dieser Groteske wird jede Tragik unmöglich. Sicher, Cop geht in den Tod. Freiwillig. Doch was ihn vom tragischen Helden unterscheidet, ist die Sinnlosigkeit seines Endes. Er dient mit seinem Tod nicht der Allgemeinheit, kann ihr nicht dienen, weil es kein positives Allgemeines gibt und weil der tragische Held ohne dieses Positive nicht auskommt, von dem er den Sinn seines Handelns bezieht. Grotesk ausgedrückt, spiegelbildlich: Da das Allgemeine in diesem Stück als das Korrupte, Negative erscheint, kann Cop diesem negativen Allgemeinen bloß dienen, indem er als Störfaktor verschwindet, stirbt. Dieser Tod ist das eigentlich Sinnlose. Cop macht sich nichts vor, nach seinem Tod läuft das große Geschäft erst recht an; was er vermasselte, war nur ein einzelnes Geschäft. Der Sinn seines Handelns liegt nur noch im Unzugänglichen, im ganz und gar Verschlosse-

nen, liegt nur noch dort, wo Cop sich selbst zu achten
vermag, bei ihm, allein dort, weil er nur noch dort mit
sich selbst übereinstimmt: der Sinn liegt nur noch im
Subjektiven. Sein Untergang ist asozial, weil er niemandem
dient, rein individuell, ein persönlicher Fall und, wie
jedes nur Persönliche, skandalös. Nur von seinem Tode
her, von seiner Vereinzelung her hat für ihn sein Leben
noch einen Sinn, für ihn allein: indem er es hergibt. Wer
stirbt, macht nicht mehr mit. Ein Satz, von der Vereinzelung her zu verstehen, vom Apolitischen, vom Antiideo-
logischen her, möglicherweise, versteckt, vom Religiösen
oder von einer beinahe höhnischen Irrationalität her,
Genaueres ist nicht auszumachen, von etwas her, das nur
Aussage vom Subjektiven sein kann, bloß eine Aussage
des Einzelnen ist. Der Einzelne ist in dieser grotesken
Situation kein tragischer Held mehr, kann keiner mehr
sein, doch, insofern er vom Allgemeinen her nicht verständlich ist, auch kein rein komischer Held mehr, denn
wenn etwas den komischen und den tragischen Helden
verbindet, so ihr Scheitern und die Verständlichkeit ihres
Scheiterns. Was sie unterscheidet, ist nur, *woran* sie
scheitern: der tragische Held an der Welt, der komische
an seinem Charakter.

Nur insofern halte ich vom Komischen mehr, als ich
den Don Quijote höher als den Oedipus einschätze: An
den Göttern zugrunde gehen oder am Schicksal ist ehren-
haft, wenn auch unvermeidlich; daran zugrunde zu gehen, daß die Welt der eigenen Vorstellung nicht entspricht, vor dieser ewig komischen Lage, in der der
Mensch steckt, habe ich den größeren Respekt. Auf Cop
bezogen: daß er etwas mit dem Ritter von der traurigen
Gestalt gemeinsam hat, sei nicht geleugnet. Wie Bill, der

ja auch kein tragischer Held ist. Bills und Cops Narrheit besteht darin, daß sie für sich vom Subjektiven her eine Gerechtigkeit suchen, die doch nur die Sache der Allgemeinheit sein kann. Wenn Bill auch vorgibt, im Namen der Menschheit zu handeln, so muß er es doch wie Cop als Einzelner tun. Der eine ist wie der andere isoliert, nur er selbst, auf sich selbst geworfen, in sich selbst gestürzt wie die allzuschweren Sterne. Anders gesagt: Wird das Allgemeine ungerecht, negativ, dann wird der Einzelne geboren, wird sich der Einzelne als Einzelner bewußt. Insofern sie nun vom Subjektiven her attackieren, werden die beiden mit Don Quijote vergleichbar, versucht doch dieser ebenfalls vom Subjektiven her, aus seinem Glauben an die alten Rittergeschichten heraus, eine Welt zu erobern, die es nie gegeben hat, die Welt Dulcineas. Was Cop jedoch von Don Quijote unterscheidet, was ihn als komischen Helden fragwürdig macht, ist Cops Unverständlichkeit vom Allgemeinen her. Weder Don Quijote noch Bill sind vom Allgemeinen her unverständlich, weder der Narr noch der Rebell, beide sind noch als Einzelne Typen, sie sind Charaktere. Deshalb ist sogar Bills Gerechtigkeit noch verständlich, nicht aber jene Cops. Die Gerechtigkeit, die sich Bill denkt, ist abstrakt: Bill ist ein Ideologe, auch wenn er keiner sein will, was seine Komik ausmacht; und seine Gerechtigkeit ist von einer wissenschaftlichen Hypothese abgeleitet, was seine Verrücktheit charakterisiert. Diese Ableitung ist eine absurde Idee. Im ›Sprung‹ von der Wissenschaft zur Politik konstruiert Bill eine Ideologie aus unvereinbaren Gegensätzen und schließt so von seinen wissenschaftlichen Erkenntnissen auf ein auch jenseits der Wissenschaft gültiges Prinzip. Ob dieses Prinzip stimmt oder nicht, spielt keine Rolle, kann keine Rolle spielen, weil es sich auf einen ›Sprung‹ gründet, auf einen Glauben also, und der Glaube glaubt zu wissen. Auch der Ideologe glaubt zu wissen, und Don Quijote ebenfalls. Er glaubt zu wissen, daß er mit einem Riesen kämpft und nicht mit einer Windmühle.

Cop dagegen handelt anders. Sein Leben besteht aus einer zähen Auseinandersetzung mit Boss, ursprünglich aus einem triebhaft geführten Kampf, aus Rachegelüsten vielleicht. Er handelte völlig naiv, stelle ich mir vor, wie ein Cop eben, wie ein braver Bulle, unzimperlich, auch wieder gutmütig, harte Schnäpse liebend, nur ein Ziel vor Augen, stur, unbeirrbar: Boss unschädlich zu machen. Die Gerechtigkeit als eine ›höhere Idee‹, als ein Weltprinzip zum Beispiel, war ihm gleichgültig, er kannte sie nicht einmal. Die Erkenntnis, daß sein Kampf mit Boss mißbraucht wurde, traf ihn unvorbereitet. Sein Begriff von der Gerechtigkeit war simpel, aber er wurde widerlegt. Was er nun dumpf zu suchen beginnt, ist eine ›erbärmliche‹ Gerechtigkeit, eine Gerechtigkeit, die an die Stelle seiner naiven Vorstellung von der Gerechtigkeit tritt, falls er überhaupt eine hatte, und die darum zu einer Gerechtigkeit wird, zu einer Gerechtigkeit, die noch möglich ist, zu Cops ›subjektiver Gerechtigkeit‹. Durch die Unmöglichkeit, sich an Boss zu rächen, seine primitive Gerechtigkeit zu vollziehen, kommt Cop zum Denken, durchaus seinetwegen, wie Woyzeck etwa. Das Resultat ist dementsprechend: Die Gerechtigkeit, die er sich zusammensinniert, ist nicht mehr als ein blutiger Witz, für den er generös mit seinem Leben zahlt: sein Tod ist die Pointe. Die Frage: Wozu? ist unvermeidbar, wenn auch bei diesem Kauz nicht ohne weiteres zu beantworten. Ein Raum, so tief unter der Erde, schließt jede Öffentlichkeit aus. Dem anwesenden Doc imponieren zu wollen ist sinnlos. Cop beachtet Doc denn auch nur am Rande. Das Gespräch, das er mit ihm führt, ist keine Auseinandersetzung, dazu müßte Doc sich stellen; doch gehört es zum Wesen dieses Mitmachers, daß er sich nie stellt, auch nicht Cop gegenüber, dem Mörder seines Sohnes, Cop gegenüber, der alles über Doc weiß, vor dem ein Verschweigen sinnlos ist. Aber Doc schweigt. Er wagt nicht, zu Bill zu stehen. Cop aber, der Bill getötet hat, bekennt sich zu ihm. So gesehen ist der letzte Akt ein Requiem auf Bill: die Trauer Cops, der sich verändert, ohne die Welt verändern zu können, über Bill, der die Welt verändern wollte und dabei scheiterte, und der jetzt in seinem Scheitern eins wird mit all denen, die gegen diese Welt rebellieren. Es gibt keinen fürchterlicheren Glauben als den, im Recht zu sein: die Erkenntnis Cops. Bill hat diesen Glauben, der Junge auf dem Dach der Methodistenkirche hatte ihn, Cop hatte ihn. Nun hat er ihn verloren. Doc dagegen, der Mitmacher, ist außerhalb dieser dialektischen Konstellation, er ist nur noch der Mitgetriebene, will nur noch überleben, ein Versuch, der eins wird mit Mitmachen. Doc, nun der Reichste, ist gleichzeitig der Ärmste, nach Ann, nach Bill verrät er auch sich noch, er will nicht mehr er selbst sein, er wird zum Gegenteil des Einzelnen, zu irgendeinem, zu einem Kopf, den man eben braucht. »Mach schön weiter, mein Junge«, grinst Sam am Schluß. Cops Gespräch mit Doc ist daher ein Selbstgespräch, wie alle Gespräche dort unten, wenn sie sich nicht gerade um das Geschäft drehen. Gewiß, was Cop sagt, bleibt nicht ohne Wirkung auf diesen Erfinder eines künstlichen Virus, auf den untergetauchten und nun endgültig verkommenen Wissenschaftler, wenn Cop auch diese Wirkung nicht beabsichtigt hat, höchstens daß ihm Doc wie ein fremdartiges Wesen vorkommt, dem er mehr aus einem Rest beruflicher Routine einige Fragen stellt, neugierig, wie es denn reagiere. Heftig genug: Doc kommt auf einmal in Rage, ohnmächtig, sinnlos, eigentlich bloß über sich selbst, gestellt von einem, der ihn durchschaut hat, ihn, Doc, der nicht durchschaut werden will, vielleicht aus einer letzten Scham heraus. So schleudert Doc denn Cop den Whisky ins Gesicht: »Da, Lumpenhund!« Ein Zitat, gewiß, aus dem *Nächtlichen Gespräch mit einem verachteten Menschen*, doch Cop ist kein Henker, sicher nicht jener Docs, eher der Bills. Der Henker im *Nächtlichen Gespräch* handelte auf einen Auftrag hin, Cop handelt freiwillig. Als Gestalt ist Cop aus dem Henker des alten Einakters hervorgewachsen, zugegeben auch, daß ich in Gestalten denke, daß ich eine aus der anderen entwickle, deshalb das Zitat – als Positionsangabe. Wie dem Henker geht es Cop um die Würde des Menschen, um sein ›Sterbenkönnen‹, nur belehrt er hier nicht sein Opfer, sondern er demonstriert es an sich selbst durch seinen eigenen Tod. Cop handelt subjektiv. Was er vollzieht, vollzieht er für sich, denn sein Unterfangen, ein Riesengeschäft auf Kosten seines Lebens hochgehen zu lassen, obwohl er weiß, daß nach dem vereitelten Riesengeschäft erst die ganz riesigen Geschäfte herangeschwommen kommen, dieser selbstmörderische Unfug beweist nichts als seine Subjektivität. Cop ist der absolute Einzelne. Zu ihm führt kein Zugang. Die vom Allgemeinen her gesehene Sinnlosigkeit seines Tuns ist sein Geheimnis, gegen außen das Ärgernis. Wobei einzuwenden wäre, daß auch

Cops ›Würde‹, für die er stirbt, diese ›Achtung vor sich
selbst‹, etwas durchaus Metaphysisches sei, ein Begriff,
den man sich ebenfalls nur in einem ›Sprung‹ aneignen
könne, daß demnach eine Existenz ohne ›Ideologie‹ nicht
zu denken sei, und wäre sie bloß die Ideologie, irgendeinen uns unbekannten Sinn dieser Existenz anzunehmen;
oder daß, wer Existenz setzt, damit auch einen Sinn der
Existenz setzen müsse, will er nicht im Unsinnigen aufgehen wie Salz in der Suppe. Dieser Einwand scheint
nachzuweisen, daß ein Leben ohne Ideologie nicht möglich sei. Doch der Einwand täuscht. Er beweist nur, daß
es unmöglich ist, ein Gedankensystem ohne Ideologie zu
errichten, und sei es auch ein System der Existenz, die
damit ja wieder zum Begriff und zu etwas Logischem,
also Außerexistentiellem werden muß, soll sich mit ihr
ein System aufbauen lassen. Womit der Einwand nur
wieder beweist, daß sich jedes Denken in sich selber
verbeißt, sich wie eine Katze, die einmal ihren Schwanz
geschnappt hat, im Kreise dreht. Denn die Existenz,
wollen wir sie personifizieren, existiert nicht nur ohne
Begriff ihrer selbst, auch ohne Sinn, ihre Stärke liegt
gerade darin, daß sie nicht nach einem Sinn zu fragen
braucht und scheinbar sinnlos handelt. Vielleicht ist
Cops Ausspruch, man müsse sich schließlich doch noch
irgendwo achten können, sonst wäre die Situation allzu
unwürdig und, offen gesagt, zu komisch, in dieser Richtung zu verstehen. Wenn die Situation hoffnungslos und
damit sinnlos geworden ist, kann ihr nur etwas entgegen-
gesetzt werden, das seinen Sinn nicht außer sich, sondern
in sich hat, eine Gegenbewegung, die den einzigen Sinn
darin trägt, daß sich in ihr der Einzelne manifestiert:
seine Würde eben, die bewirkt, daß sich der Einzelne zu

achten vermag. Cops Selbstachtung im ›Positiven‹ entspricht Docs Scham im ›Negativen‹, die ihn dazu verleitet, Cop Whisky ins Gesicht zu schleudern. Nur in diesem Augenblick, im jämmerlichen, gibt es zwischen den beiden eine Auseinandersetzung, aber Cop wischt den Whisky nicht einmal ab, er ist durch nichts mehr zu provozieren, durch nichts mehr zu beleidigen, er ist ganz er selbst geworden und nichts außerdem. Doch hat es mit dieser Würde etwas Sonderbares, mit dieser Gegenbewegung, in der sich der Einzelne manifestiert: es läßt sich durch nichts beweisen, daß sie stattgefunden hat. Eine Gegenbewegung, die ihren Sinn nur in sich trägt, weist gegen außen, objektiv, auf nichts hin, aus ihr läßt sich nichts schließen, ebensowenig wie sich aus der Selbstverbrennung des Peregrinus Proteus die Unsterblichkeit der Seele beweisen läßt, wie jener meinte. Es ist die Tragik und zugleich die Komik Cops, daß er mit nichts beweisen kann, auch mit seinem gelassenen Sterben nicht, daß er nicht der Nihilist ist, für den Doc ihn hält, für den viele ihn halten, der Lumpenhund eben. Cop vermag sich nur ironisch verständlich zu machen und kann nur ironisch verstanden werden, nur von dem, der seine Ironie versteht: Die Ironie stellt das einzige Verständigungsmittel zwischen den Absolut-Einzelnen dar.

Ästhetisch gesehen ist die Ironie eine schwierige Kategorie, weil sie die Ästhetik überspielt und damit auch das Komische und das Tragische. Nach der Ansicht Kierkegaards ist Sokrates ein ironischer Held. Offenbar ist Cop auch einer, bleibt doch seine Glaubwürdigkeit, wie die des Sokrates, dem Allgemeinen gegenüber fragwürdig, ja unglaubwürdig: Ebensowenig wie Sokrates glaubwürdig beweisen kann, daß er nichts weiß – er muß schließlich etwas wissen, sein Nichtwissen nämlich –, ebensowenig vermag Cop irgend jemanden davon zu überzeugen, daß er als einziger in einer Welt, die ohne Gerechtigkeit auszukommen glaubt, die Gerechtigkeit suchte. Cops Gerechtigkeit leuchtet nur ihm selber ein. Doch das ist nicht das Wesentliche. Das Gemeinsame liegt in beider Tod. Er ist von beiden erzwungen: durch Sokrates' maßlose Forderungen an seine Richter, durch Cops Wahnwitz, eine Weltsekunde lang dem fatalen Abschnurren der Geschäfte Einhalt zu gebieten, ein sicher grandioses Unterfangen, das jedoch nur ihm nützt, dem Einzelnen, nicht aber uns, es sei denn, es leuchte ironischerweise gerade in solchen Momenten die menschliche Freiheit auf.

Denn die Freiheit ist ein ironischer Begriff. Im Ungefähren ist er nur in der Politik etwas Objektives: als die Freiheit, das zu tun, was einem notwendig erscheint, mit der Einschränkung, daß diese Notwendigkeit dem Allgemeinen nicht schade, womit dieser Freiheit der Zwang gegenübersteht, das tun zu müssen, was einem nicht notwendig erscheint, wobei diesem Nichtnotwendigen ebenfalls nachgesagt wird, es nütze dem Allgemeinen. Die *politische Freiheit* ist ein Regulativ zwischen verschiedenen Notwendigkeiten, zwischen jener des Individuums und jener des Staates, weshalb es sinnvoll ist, sich für die politischen Freiheiten einzusetzen. Für die *philosophische Freiheit* zu kämpfen ist hingegen sinnlos. Denn mit der philosophischen Freiheit ist nicht die Gedankenfreiheit gemeint, die zur politischen Freiheit gehört, aber auch nicht die Willensfreiheit oder die Freiheit der Wahl, auf die sich viele Philosophen zurückziehen, sondern der Gegensatz zur philosophischen Notwendigkeit, zur

Determination, zum Zwang, zu jeder Wirkung auch eine vorhergehende Ursache zu denken. Die philosophische Freiheit ist die Legende, daß es etwas gäbe, das ohne Grund sei. Man kann sich darunter Gott vorstellen. Oder eine Welt, in der alles zufällig, ohne Grund geschehe, wobei das Kausale sich nachträglich rein statistisch einstelle, als statistisches Phänomen also, nach dem Gesetz der großen Zahl. Doch sind sowohl dieser Gott als auch diese Welt des Zufalls logische Taschenspielereien, der erste Grund ist ebenso eine logische Konstruktion wie das Unendliche, ebenso ein Hilfsbegriff wie der Zufall. Die Determination einmal gesetzt, gibt es keine Indetermination, und die Philosophie muß determinieren, will sie sich nicht endgültig mit der Wissenschaft überwerfen, die auch dort, wo sie vom Zufall ausgeht, immer wieder auf Notwendigkeiten stößt, die dieser Zufall setzt. Die Freiheit ist nur als ironischer Begriff zu retten, als ein subjektiver Begriff, als ein Begriff, den sich das Subjekt selber setzt.

Angenommen, Don Quijote wäre ein ironischer Held, so würde dieser Don Quijote zwar ebenfalls gegen eine Windmühle und gegen eine Schafherde anrennen, aber er würde wissen, daß diese Windmühle eine Windmühle ist und kein Riese und die Schafherde eine Schafherde und nicht ein Ritterheer; seine Ironie bestünde darin, daß er so täte, als hielte er die Windmühle für einen Riesen und die Schafherde für ein Ritterheer. Diese seine Ironie wäre eins mit einer Freiheit, die dem komischen Don Quijote fehlt, ist doch dieser, indem er die Literatur seiner Zeit wörtlich nimmt, gibt er etwas auf Ehre, zu seinem närrischen Treiben gezwungen; während der ironische Don Quijote, welcher die Literatur seiner Zeit durchschaut,

sie in voller Freiheit ad absurdum führt, einen Menschen
spielend, der diese Literatur wirklich ernst nimmt, und
weil keine Riesen und Ritterheere mehr zu finden sind,
Windmühlen und Schafherden dafür ausgibt, weshalb
wir sagen können, daß der ironische Don Quijote Cer-
vantes ist, der den komischen Don Quijote spielt, statt
ihn zu schreiben. Und angenommen, Ajas wäre ein ironischer Held, so würde er zwar wie der tragische Ajas, von
Agamemnon um die Rüstung des Achill betrogen, ebenfalls die Schafherden der Griechen niedermetzeln und
zwei Schafböcke foltern, verkündend, es handle sich um
Agamemnon und Odysseus, doch im Gegensatz zum
tragischen Helden würde er es nicht im Wahnsinn tun,
sondern im gespielten Wahnsinn, aus einer ebenso gran-
diosen wie makabren Ironie heraus: macht doch der
gespielte Wahnsinn ihn nicht nur unangreifbar, was
ebenfalls der echte täte, sondern auch frei. Was unab-
sichtlich war, ist nun Absicht: Eine niedergemetzelte
Schafherde schädigt eine Invasionsarmee, die auf Pro-
viant und Nachschub angewiesen ist, bösartiger als hundert niedergemetzelte Griechen (mehr hätte auch Ajas
nicht geschafft), und der übersteigerte Ehrbegriff der
Griechen wurde durch die Folterung der beiden Böcke
härter beleidigt, als es eine persönliche Beleidigung Agamemnon und Odysseus gegenüber getan hätte, um so
härter, als einem Wahnsinnigen gegenüber kein Ein-
spruch möglich war. Aber auch der Selbstmord des Ajas
wäre dann Ironie, eine Ironie im kühnsten Sinne freilich:
In einer Welt, die des Achill Waffen dem Listigsten,
Odysseus, vermacht und nicht dem Tapfersten, Ajas, in
dieser Zeitwende bleibt, nach dem Tode Hektors und
Achills, dem letzten der klassischen Helden nur noch der

Selbstmord übrig: Er wäre ein tragischer Held (der er in Wirklichkeit ist), weil er sich in dieser Spätwelt lächerlich gemacht hat; er wäre ein ironischer Held (wie wir ihn fingieren), weil die Welt lächerlich geworden ist. Sein Selbstmord ist dann der blutig-ironische Ausdruck dafür, daß er nur noch einen ihm ebenbürtigen Gegner hat: sich selbst. Darin ist er Sokrates nicht unähnlich. Dieser wußte durch den Spruch des Orakels zu Delphi, daß keiner der Menschen weiser sei als er, der doch nichts wußte. Von diesem schrecklichen Moment des Wissens an, vom Augenblick an, wo er das Urteil des Gottes vernahm, vermochte Sokrates – so wie der fingierte ›ironische‹ Ajas nur noch uneigentlich zu handeln weiß – nur noch uneigentlich zu reden, nicht mehr eigentlich, nur noch indirekt, nicht mehr direkt, er konnte nur noch so reden wie Hamlet, nachdem er vom Geist seines Vaters dessen Ermordung erfahren hatte: von da an war nichts mehr ernst, weder dem Sokrates noch dem Ajas unserer Geschichte. Ihre Position hat sich verändert, zum Ironischen eben, ohne daß nach außen eine Veränderung festzustellen wäre: ihr Bewußtsein ist anders geworden. Weder der ironische Don Quijote noch der ironische Ajas müßten neu geschrieben werden, die Aufgabe, sie ins Ironische umzuschreiben, wäre unsinnig, weil es genügt, den komischen Don Quijote und den tragischen Ajas ironisch zu lesen. Demnach gibt es zwei Literaturen, eine ›wirkliche‹ und eine ›ironische‹, das heißt, daß jedes Buch gleichsam zweimal existiert, in zwei wortwörtlich identischen Texten verschiedenen Inhalts, eines direkt und eines indirekt gemeinten, daß, alle Bücher als eine Bibliothek betrachtet, demnach zwei Bibliotheken vorhanden sind. Das Komische liegt darin, daß die meisten Bücher in der falschen Bibliothek gelesen werden, besonders die philosophischen; doch auch die meisten Theaterstücke. Sie werden gleichsam auf falschen Bühnen falsch aufgeführt und falsch verstanden.

Cop darstellerisch

Wir erleben ihn in drei Stadien. Im ersten Akt versteckt er sich, erscheint korrupt, übertrifft an Zynismus bei weitem Boss, ist der Überlegene; dann folgt im fünften Akt sein Monolog, der Ausbruch seiner Verzweiflung, das letzte Aufbäumen gegen sein lächerliches Geschick; dann erst wird er ruhig, ironisch, heiter, frei, wenn auch nur frei zum Sterben, bäumt sich noch einmal in all seiner Wildheit auf, doch ohne Verzweiflung, vielmehr in einem tollen Humor, in der Makame, gegen Fliegen und Ratten kämpfend, um dann endgültig still zu werden, noch eine Zigarre rauchend, sie löschend, bevor er mit Jim und Sam in den Kühlraum geht.

Cop, auf mein Schaffen bezogen

Anklänge, wie erwähnt, an den Henker im *Nächtlichen Gespräch*, an Romulus, der Odoaker auffordert: »Herrsche nun du. Es werden einige Jahre sein, die die Weltgeschichte vergessen wird, weil sie unheldische Jahre sein

werden – aber sie werden zu den glücklichsten Jahren
dieser wirren Erde zählen«, an Bodo von Übelohe-
Zabernsee [*Die Ehe des Herrn Mississippi*], dann wieder,
in der Makame, stilistisch an Akki in *Ein Engel kommt
nach Babylon* anknüpfend, wild, höhnisch, gespenstisch,
learhaft. Bezogen auf meine späteren Arbeiten: ein Titus
Andronicus. Die Gestalten, mit denen ich mich beschäftigte, von der Wildheit her bestimmt, kehren hier wieder.
Sie sind meine Träume, in denen immer wieder ein Motiv
auftaucht, unerbittlich, ein einziges bloß, die Möglichkeit, an die ich glaube, an die ich mich anklammere, die
Möglichkeit, ganz ein Einzelner zu werden, die Möglichkeit der Freiheit.

Cop politisch

Eine Gestalt, die nicht die Politik negiert, sondern aus
dem möglichen Scheitern jeder Politik hervorgeht, aus
einer Möglichkeit, mit der immer gerechnet werden muß.
Die Politik ist für das Individuum da, nicht für das
Allgemeine, welches das Individuum negiert. Da die
Politik nur im Allgemeinen denkt, nur das Allgemeine zu
planen vermag, ist dieses Allgemeine nicht absolut, nicht
im Sinne einer absoluten Gerechtigkeit zu erstreben, die
eine Utopie bleiben müßte und, wollte man sie verwirklichen, ja wäre sie zu verwirklichen, sich als unmenschlich
erwiese; zu erstreben ist von der Politik das Gerade-
noch-Mögliche, das demokratisch Erspielbare, eine redu-
zierte Gerechtigkeit, eine menschliche, eine weitest-

gehend individuell differenzierende Gerechtigkeit, das Humane schlechthin. Die Politik befindet sich in einem Dilemma. Da ihre Ziele im Abstrakten liegen – ob in der absoluten Gerechtigkeit oder in der absoluten Freiheit, ist schließlich gleichgültig –, verfehlt sie ihre Ziele im Konkreten, sie schießt immer daneben, entweder zu kurz oder über das Ziel hinaus. Aus ihrer Unzulänglichkeit kommt sie nur heraus, wenn sie sich begnügt, eine Abmachung zu sein, die dem Einzelnen sein Spielfeld absteckt und ihm die Regeln ihres Abkommens aufnötigt, ihn im übrigen in Ruhe läßt, in der ›gerade noch möglichen Freiheit‹, um sie von der Freiheit jener abzusetzen, die mit ihrer Definition, die Politik sei die Kunst des Möglichen, stets die Kunst des Bequemen und Rentablen meinen und nie das Schmerzliche.

Denn wenn die politischen Bedingungen ins Schiefe geraten und alles ins Rutschen kommt: dem Abstrakten zu, auf einen vagen totalen Staat oder auf eine ebenso vage totale Gerechtigkeit zu, unaufhaltsam, wie bei einem Bergrutsch zeitlich nicht genau bestimmbar; wenn also eine politische Katastrophe eintritt, so daß die meisten fatalistisch drauflosleben, in der Hoffnung, es werde schon besser; wenn so der Boden unsicher, schwankend, trügerisch wird, wenn die Institutionen unwirksam, die Gesetze unanwendbar werden – dann kann diese gerade noch mögliche Freiheit, die einem noch bleibt, so unbarmherzig werden wie die Freiheit, die Cop noch besitzt, fünf Stockwerke unter der Erde, von Fliegen belästigt, von Ratten umpfiffen, wie die windige Freiheit, eine Kugel zu bekommen, als extremste Möglichkeit freilich der ›ironischen‹ Freiheit, aber auch als ihr stärkster Ausdruck: daß einer seinen Tod, der doch den

äußersten Zwang darstellt, als den Schritt zur Freiheit,
zur Befreiung hin begreift und sich damit als wahrhaft
freier Mensch beweist. Die Freiheit hätte die Tragik
überwunden. Von hier aus, von diesem äußersten Ausdruck der Freiheit her wäre der Selbstmord neu zu
durchdenken, als eine Freiheit, die dem Menschen als
Recht nicht zu nehmen ist, aber auch als eine Waffe. Sein
Gegenargument darf nicht die Pflicht sein. Es gibt keine
Pflicht, in entwürdigenden politischen Umständen zu
leben, keine Pflicht zum Heldentum, zum Martyrium.
Es gibt darüber hinaus, durch nichts mehr zu fordern,
nur noch eine weitere, noch größere, noch erstaunlichere
Freiheit, jene, die es möglich macht, das Leben auch
unter schändlichsten Bedingungen zu ertragen, in Kon-
zentrationslagern, hinter Gefängnismauern. Sind jedoch
die politischen Umstände humaner, so äußert sich die
individuelle Freiheit undramatischer, ja unmerklich, als
Freiheit etwa, sich zurückzuziehen, als Freiheit des
Schweigens, des Untertauchens, des Nicht-mehr-Mitma-
chens. Allgemein: Wer verliert, gewinnt seine Freiheit.
Ob er das erkennt, ist freilich ein anderer Aspekt, ein
schmerzlicher; so mancher ergreift seine Chance nicht,
rappelt sich immer wieder auf, durchaus blödsinnig, wo
doch kein Aufrappeln, kein Weiterkämpfen mehr nützt,
sondern nur noch ein sich Zurückziehen auf die eigene
Angelegenheit, auf die letzte subjektive Freiheit, die auch
unter so zahmen politischen Bedingungen möglich ist,
wie sie noch bei uns herrschen, wenn auch nur noch im
Grotesken, Abseitigen. Denn die subjektive Freiheit als
Politikum scheint in einer Gesellschaft, in der alles erlaubt ist, nicht nur unnötig, sondern auch nicht mehr
möglich, die dialektische Bedingung, die sie herbeiführt,

scheint nicht vorhanden zu sein. Doch wie die totalen Gesellschaftssysteme, nach denen der Mensch in der Not greift, trachtet auch die Wohlstandsgesellschaft – als eine totale Gesellschaftsordnung, auf die der Mensch in seiner Evolution kam – danach, das Individuum einzuebnen, sie verwandelt es in einen Verbraucher. Ihre Kraft liegt darin, daß sie alle korrumpiert hat. Was auch die Krise charakterisiert: Ihre Mitmacher sind in die Krise gekommen, der Aufstand der korrumpierten Linken gegen die korrumpierte Rechte beginnt; die korrumpierte Politik stellt die Politik in Frage, und nicht nur die Politik, auch jede Nichtpolitik als Protest gegen die korrumpierte Politik: In diesem Bereich der absoluten Mitmacherei wird die letztmögliche Freiheit in Cop zur Komödie, wie die letztmögliche Gerechtigkeit in Bill zur Komödie wird. Ihre Taten sind gleich sinnlos, von der Gerechtigkeit und von der Freiheit her, vom ›objektiven‹ Denken Bills und vom ›subjektiven‹ Cops her, vom Erklärbaren und vom Unerklärbaren her. Und doch sind sie anders. Bill wird durch seinen Tod tragisch, wie jeder, der am Unmöglichen scheitert, aber auch rührend, weil dieses Unmögliche so offensichtlich unmöglich war. Cop wird durch seinen Tod unheimlich, weil er unbegreiflich wird: So zwangsläufig sein Tod auch sein mag, die korrupte Welt macht ihn zu etwas Freiwilligem (wie ja auch der Tod des Sokrates im korrupten Athen freiwillig war), durch die Freiwilligkeit scheidet er aber aus dem Tragischen und aus dem Komischen; aus dem Tragischen, weil es Notwendigkeit voraussetzt, aus dem Komischen, weil es vor der Notwendigkeit haltmacht, somit vor dem Tod als Faktum. Ob aber Cops Handeln im Sokratischen oder im Religiösen seinen Grund hat, kann nicht unterschieden

werden. Denn das Ironische und das Religiöse schweigen, um sich als Ironie oder als Religiosität zu erhalten.

Ich bin skeptisch jedem Bekenntnis gegenüber, denn
das subjektive Denken bewahrt sich gegen das objektive
Denken einen Stolz – oder eine Scham –, so daß es auf
Fragen nicht eingeht, auf die nur subjektiv zu antworten
ist. Mit Recht. Stellt doch das subjektive Denken zuerst
sich selbst in Frage. Es ist dem Zweifel schutzlos ausgeliefert. Das immanente Mißtrauen sich selbst gegenüber
hindert es, sich zu offenbaren, aus dem Versteck zu
kommen. Das objektive Denken besitzt die Gewißheit
des logisch Abgesicherten oder des dogmatisch Bejahten,
es liebt das Bekenntnis. Doch liegt im Zwiespalt zwischen Subjektivem und Objektivem, zwischen dem Denken vom Individuum und vom Allgemeinen her, in diesem Mangel an Übereinstimmung der verschieden ge-
färbten Denkweisen, in diesem winzigen Graben, über
den kein Sprung möglich ist, die Freiheit des Unabwäg-
baren: in einem Gran Zweifel. Was stolz als politische
oder religiöse Einsicht daherschwimmt, in diesem breiten
Strom von geglaubtem, konstruiertem und so nützlichem
Allgemeinen, aber auch so gewaltig Verkündetem, von
dem sich die meisten irgendwohin treiben lassen, vertrau-
ensvoll eingetaucht in politische oder kirchliche Systeme,
getragen von einer ordentlichen offiziellen reaktionären
oder von einer ebenso ordentlichen, der offiziellen entge-
gengesetzten progressiven, einleuchtenden und abgesicherten Weltanschauung, all dies erweckt nur das Mißtrauen dessen, der auf eigene Faust zu denken wagt, sei es
noch so unvollkommen, methodisch stümperhaft, von
Irrtümern verblendet, mit logischen Schnitzern behaftet
wie ein Straßenköter mit Flöhen. Er versucht, der allge-

meinen Drift zu entkommen, die alles mit sich schwemmt: Indem er sich entzieht, indem er auf seiner subjektiven Freiheit besteht, auf einer Freiheit, die er nur subjektiv zu begründen vermag, mit seinem ganzen Wesen, mit seiner Erbmasse, biologisch, mit seiner bourgeoisen oder proletarischen Herkunft, soziologisch gesprochen, indem dieser Einzelne frech an seiner Freiheit festhält, zäh und eigenwillig, vollzieht er einen politischen, den für ihn einzig möglichen Akt: er wird der Politik gegenüber ein Einzelgänger, ein Außenseiter, ein Kauz. Er geht in den Widerstand. Gegen links und gegen rechts, gegen vorne und gegen hinten, gegen oben und gegen unten. Er zieht sich dorthin zurück, wo alles subjektiv Denkende haust: in die wirkliche Opposition. Nur von diesem Aspekt her gesehen ist auch Cop eine politische Gestalt: ein Rebell. Nicht aus dem Engagement für ein politisches Programm, für eine Doktrin oder ein Dogma, sondern aus dem Engagement für sich selbst, für seine eigene Freiheit. Jede Gesellschaft, je mehr sie gezwungen sein wird, durch die wirtschaftlichen und damit politischen Umstände, die sich ihr stellen, totalitär zu werden, wird in Zukunft, wie anderswo schon heute, danach beurteilt werden, wie sie ihre Einzelgänger, Außenseiter und Käuze zu tolerieren vermag, ob sie diese interniert, isoliert – oder akzeptiert, wenn auch zähneknirschend, als die letzten und ersten Zugvögel einer doch noch möglichen Freiheit.

Cops Monolog

Er unterscheidet sich von den anderen Monologen. Er
besteht aus einer Aktion. Das unterstrichen wir in Mannheim dadurch, daß wir die erste Passage des Monologs
vor der Wand spielen ließen, sie fiel unmittelbar auf die
letzten Worte von Boss: »Wenn ich mich nur erinnern
könnte, wo ich Cop schon getroffen habe – ich komme
nie darauf.« Gleichzeitig mit der niederfallenden Wand
ertönte Cops Stimme, noch aus dem Dunkeln: »Boss
hatte recht, er kam nie darauf.« Cop betrat die Vor-
bühne von links, erstürmte sie geradezu, humpelte wild
den von unten erleuchteten Raster entlang, erst jetzt
wurde die Prothese seiner linken Hand sichtbar, der
Haken. Die Wand hob sich dann wieder bei den Worten:
»Wir machten von dieser Begegnung an beide Karriere«,
Cop humpelte jetzt von vorn in die Szene hinein, nur
eine Neonröhre brannte und das helle Rechteck des
offenen Kühlraums war erleuchtet, eine ungeheuerliche
Zerstörung hob an, zuerst fegte Cop mit dem Haken die
Flaschen von der Betonbank links des Liftschachts, riß
mit der Rechten das Tischtuch von der Kiste, Teller,
Gläser, Bestecke, Speisen fegten über die Bühne, all die
Reste des Festmahls, das zum Totenmahl wurde, den
Stuhl schmetterte Cop auf den Rost, brach mit dem
Haken den Pfosten entzwei, an dem die Plane über der
Couch befestigt war, die Plane klatschte gegen die Wand
des Liftschachts, Cop raste nach hinten, warf die Kisten
durcheinander, brach krachend durch die Bretterwand
hinter der Couch, die Zerstörung war allgemein, ein

Zersplittern, Bersten, Klirren, Cop kam auf die Couch zu liegen, reckte seinen Haken mit den höhnischen Worten: »Allein für den Kriegsinvalidenfonds stiftete er zwei Millionen« drohend gegen die Decke, als wolle er die ganze Welt verfluchen, kam dann auf der Couch zum Stehen, schwankte hin und her, sprang von der Couch, verlor das Gleichgewicht, überschlug sich, während der ganzen Aktion die Sätze auf die akrobatischen Bewegungen abgestimmt, um dann still zu enden, plötzlich starr, nüchtern, als der Lift mit Doc herunterkam. Cop achtete nicht darauf, er verschwand entschlossen im Kühlraum, stur, unaufhaltsam, wo nun, unsichtbar, nur hörbar, eine neue, noch ungeheuerlichere Zertrümmerung begann.

Cops Makame

Kompositorisch entspricht sie der Freß-Szene von Boss im vierten Akt. Sie entstammt einer Anregung Michael Hampes, der mir in Mannheim wie beiläufig sagte, es sei eigentlich schade, daß der Zuschauer von der Korruptionsaffäre, die den kommunalen Hintergrund des fünften Akts bilde, nichts Näheres erfahre. Nun stellt eine Erzählung auf der Bühne das Problem dar, eine epische Form in eine dramatische zu verwandeln. Es zu lösen, stehen dem Dramatiker verschiedene längst erprobte Kunstgriffe zur Verfügung, meist wird eine Erzählung in eine Konversation aufgelöst, eine Technik, die jedoch nicht dem dramatischen Stil entspricht, der den *Mitmacher* bestimmt, ist er doch auf das Verschweigen hin angelegt. Folgerichtig wäre die Erzählung der großen Korruption in Cops Monolog unterzubringen, er deutet sie dort ja auch schon an, es entspräche jedenfalls am besten der dramatischen Konstellation. Einen Grund Cops, Doc die Korruptionsgeschichte ausführlich zu erzählen und sie nicht, wie in Zürich, mit einigen wenigen trockenen Sätzen mitzuteilen, gibt es innerhalb der Handlung strenggenommen nicht, es sei denn, die ganze Geschichte werde aus Hohn, Übermut, Betrunkenheit berichtet, aus der ungeheuren Vitalität Cops heraus: Doch auch dieser Grund ist unzureichend, auch wenn er mich verführte, Michael Hampes Anregung nachzugeben, stellt doch die Neugier des Publikums, was denn eigentlich geschehen sei, jeden Autor vor die Notwendigkeit, diesem Umstand mehr oder weniger Rechnung zu tragen, trotz der Komposition, die ihm vorschwebt. Nun ist aber die Makame ein ausgefallenes, durchaus nicht selbstverständliches Stilmittel. Ursprünglich eine arabische Reimprosa, bekannt durch ›Die Makamen des Hariri‹, übersetzt von Rückert, ist sie auch im Arabischen vermutlich eine komödiantische Möglichkeit, den Reim zu benutzen, die ich schon in *Ein Engel kommt nach Babylon* anwandte. Daß ich von dieser epischen Technik aufs neue Gebrauch machte, hatte verschiedene Ursachen. Ich befand mich mitten in den Proben, der Darsteller des Cop brauchte den Text, ich den Regieeinfall, ein Abend stand mir zur Verfügung, zwei Stunden, dann mußte der Text abgeliefert werden. Ich überlegte vom Schauspielerischen, von der Szene her. Die Erzählung durfte nicht aus der Szene fallen, sie mußte ein Teil des Spiels bleiben, ein sehr wilder freilich. Sie durfte daher nicht dem Publikum, sondern mußte Doc vorgetragen werden, als Theater im Theater, als eine schauspielerisch-artistische Szene: Zuerst dachte ich an ein Chanson, verwarf es, es schien mir zu künstlich, zu aufgesetzt, nicht ins Spiel integrierbar, außerdem stand mir kein Komponist zur Verfügung. Daß ich darauf gleichsam mechanisch, in Zeitnot, aus einem plötzlichen Einfall heraus, zu einer mir einst vertrauten, doch nun schon fast vergessenen Kunstform griff, zur Makame eben, war nur natürlich. Oft läßt einem das Theater keine Wahl, es verlangt den augenblicklichen Entschluß.

Daß *Der Mitmacher* erst durch diese Makame zur Komödie wurde, in dem Sinne nämlich, wie ich die Komödie verstehe und immer verstanden habe, war mir damals nicht bewußt, ich witterte bloß eine komödiantische Möglichkeit: Erst durch die Makame aber ist der komödiantische Hintergrund gegeben, die Welt der totalen Korruption, erst durch die Makame wird dieser Hintergrund auf dem Theater Wirklichkeit: durch Sprache. Werden in den Monologen durch die Sprache die Gestalten Wirklichkeit, werden es in der Makame die politischen Verhältnisse: sie kommen zur Sprache. Nicht als Zufälligkeit, als Lokalkolorit etwa, sondern als die Bedingung des Stücks: Wäre diese Bedingung nicht, wäre das Stück keine Komödie. Doch setzt diese Kunstform im Gegensatz zur Tragödie ihren Hintergrund selbst, sie setzt sich selbst, sie schafft durch den Einfall, der total ist, ihre Vorbedingung, die Weltverwandlung. Die Tragödie erscheint dagegen vor einem gegebenen Hintergrund, vor dem der Götter oder des Schicksals. Indem die Komödie diesen ihren Hintergrund erfindet, ist sie Theater und nichts als Theater, ihre Wahrheit liegt in der Spannung ihrer erfundenen Welt zur vorhandenen Welt, in diesem Fall im Verhältnis der totalen Korruption zur teilweisen Korruption, im Verhältnis vom Imaginären zum Realen, vom Absoluten zum Relativen. Denn daß die Welt in mancher Hinsicht korrupt ist, ist eine Wahrheit, die nicht erst durch Watergate ans Licht gekommen ist, doch ist es das Vorrecht der Komödie, die Welt als ein einziges Watergate darzustellen, einen ihrer Aspekte zu verabsolutieren. Durch diese Übertreibung wird die Welt komisch; übertreibt dagegen die Tragödie, wird sie unglaubwürdig und damit nicht mehr tragisch, während die Komödie das Unglaubwürdige erträgt, ja geradezu voraussetzt. Nun ist die Korruption an sich geeignet, das Komische zu bedingen, nicht umsonst entspringt ihr eine der größten Komödien: Gogols ›Revisor‹. Der Korruption kommt etwas Zwielichtiges zu. Man ist unwillkürlich versucht, ihr jene Rolle im Politischen zuzuschreiben, welche die Ironie im Geistigen spielt: Die Korruption setzt die politischen Systeme ebenso außer Kurs wie die Ironie die ästhetischen und moralischen Kategorien. Wird durch die Korruption die Demokratie unwirksam, wird die Diktatur durch sie erträglicher, sie entschärft jedes System und wird daher mehr oder weniger als etwas Selbstverständliches geduldet. Stillschweigend. Wird gegen sie vorgegangen, ist dieses Vorgehen meist ein Scheinvorwand, sowohl die Politik als auch die Wirtschaft leben mehr mit der Korruption als gegen sie. So sehr ist alles korrumpiert, bewußt und unbewußt, daß sich die Frage stellt, ob die Korruption überhaupt ein politisches Problem sei und nicht vielmehr die notwendige Grundierung, die dem bunten menschlichen Gemälde zugrunde liegt – womit eigentlich nur ein Narr nicht rechnet. Wie die Ironie die logischen Untersuchungen der Philosophie stört, weil sie doch ernst genommen werden wollen, stört das Phänomen der Korruption die Politik: sie verlangt, wie die Philosophie, ernst genommen zu werden. Die Korruption wird in eine andere Sphäre geschoben, gleichsam in eine andere Welt, so daß sie in der politischen nicht mehr vorhanden ist. Jeder Politiker verlangt, daß seine Ideologie akzeptiert, seine Privatangelegenheiten dagegen in Ruhe gelassen werden. Die Neigung besteht, die Korruption der Privatsphäre zuzuordnen; das amerikanische Verhalten in der jüngsten Vergangenheit, die Korruption als eine öffentliche Angelegenheit zu betrachten, empfinden viele als heuchlerisch, als Zeichen, daß dortzulande das Verhältnis zur Macht gestört sei; auch manchen Demokraten liegt die Herrschaftsform des Kreml näher, ist diese doch die reaktionärere, im Grunde der alten Kabinettspolitik verwandt, mit der sich noch guten Gewissens jene Geheimpolitik treiben ließ, welche die Demokratien nur noch mit schlechtem Gewissen treiben. Doch gerade dieses ambivalente Verhältnis zur Korruption macht aus ihr einen komödiantischen Hintergrund, eine mögliche Bedingung für eine Komödie und eine ihrer Voraussetzungen. Die Bestrebungen der Menschen, ihre Unternehmen und Pläne, ihre Berechnungen und Hoffnungen, werden durch die Korruption durchkreuzt, unberechenbar – das ist das komödiantisch Reizvolle daran. Jeder setzt sich jederzeit selber schachmatt, ohne recht zu begreifen, wie nun dieses Pech wieder zustande gekommen ist.

Darstellerisches

Die Makame ist nicht auf den Reim hin zu sprechen,
sondern wild, betrunken, grinsend, der Reim stellt sich
von selbst ein, kommt aus dem Sinn, und so ist nur aus
dem Sinn heraus zu betonen, das, was Cop in seinem
Hohn wichtig erscheint: »Als ich *erspähte* den Dreh, den
Boss drehte, *schlug* ich mit Gewalt dem Staatsanwalt die
Bude ein, *fegte* ihn vom *Schreibtisch* und von seiner
Sekretärin herunter: *Mensch*, werde munter, *verhafte*
den Hai, *loch ein* seine Bande ...« usw. Dazu die Musik
Vivaldis, von einem Fußtritt Cops ausgelöst, diesmal
nicht der Sommer, sondern der Winter, Largo. Während
der Makame schleppte Cop in Mannheim die zwei Diplomatenkoffer mit Jacks Überresten herbei, stellte sie auf
den Überseekoffer mit Boss' Leiche, vor dem die Leiche
Bills lag, setzte sich obenauf, thronend wie auf einem
Leichenberg, in der Rechten eine Champagnerflasche,
am Haken Anns rotes Abendkleid wie eine Fahne
schwenkend. Dann schoß er von seinem gespenstischen
Thron herunter, jagte Ratten nach, irgendwo im Hintergrund zwischen den Kisten, kam wieder nach vorn,
wurde still, hüllte sich wie frierend in die Plane ein, gegen
den Liftschacht gelehnt – gleichgültig in seiner Kälte,
unbeweglich, als ihm Doc das Glas Whisky entgegen-
schleuderte –, erhob sich, setzte sich auf einen Stuhl in
der Mitte des Vordergrundes, während sich Doc frierend, nun alles wissend und immer noch alles verleug-
nend, ganz links auf eine Bank vor den Kühlraum setzte.
Am Schluß Cops Ende. Still, fast nebenbei, technisch

perfekt von Jim und Sam im Unsichtbaren des Kühlraums vollzogen, nur ein Schuß war zu hören, dann
erschienen die beiden wieder, Sam mit Cops Armband-
uhr, daraufhin brachten Joe und Al immer neue Kisten
herunter, dabei eine Hutschachtel, von Joe wie eine
Kostbarkeit feierlich hereingetragen, die Industrie begann ihr großes Geschäft. Was sich mit Bills Leiche
ereignete und mit Doc, seinem Vater, ließ sich nur erraten, so sehr türmten sich Kisten und Koffer mit den
Leichen im Vordergund auf, Sam legte sich Bills Kleider
sorgsam über den Arm, Jim betrachtete eine Krawatte,
hob den schon zusammengeschlagenen Doc noch einmal
am Kragen auf, schlug wieder zu usw. usw. Der Lift fuhr
nach oben. Jemand kroch im Hintergrund herum. Offenbar Doc. Dunkel.

Nachwort zum
Nachwort

Wozu das alles, muß ich mich nun doch fragen, wozu die unmäßige Länge dieses Nachworts, das den Leser mehr, als ihm höflicherweise zuzumuten ist, herumwirbelt und strapaziert, wozu der mühsame Unfug, daß einer nachträglich, nach einer Niederlage, noch wochenlange kostspielige, komplizierte und sinnlose Auseinandersetzungen mit einem Gegner führt, der ihm nicht einmal nachstellt, weil der, welcher die Niederlage erlitten hatte, als der Unterlegene doch allen gleichgültig geworden ist, so daß die Rückzugsgefechte mit ihren Täuschungsmanövern nur noch in der Phantasie des Autors bestehen. Was als Kommentar gedacht war, als Ergänzung einer Partitur, als Hinweis für Schauspieler, hat sich selbständig gemacht. Nicht das Stück scheint mehr wichtig zu sein, sondern dessen Hintergrund, von dem aus das Stück möglich wurde: das Denken des Autors. Damit aber wird das Unterfangen offensichtlich noch unsinniger: als ob ein Stück einen Kommentar brauche, als ob das Denken des Stückeschreibers und seine Stücke verschiedene Dinge seien, die den Autor vor die Aufgabe stellen, die beiden in Einklang zu bringen. In Wahrheit bezweifle ich, daß meine Interpretation des *Mitmachers* überhaupt die authentische ist, der Verdacht steigt in mir hoch, das Nachwort sei vielmehr etwas anderes: nicht ein Denken über den *Mitmacher,* sondern ein Denken vom *Mitmacher* her, kein Nachwort, sondern eine Fortsetzung.

Diesem Verdacht einmal nachgegangen, käme heraus,
daß der bloßgelegte Hintergrund, der das Stück angeb-
lich möglich gemacht hat, in Wirklichkeit erst nachträglich entstanden, durch das Stück und die Umstände
seiner Aufführungen erst möglich gemacht worden wäre.
Nicht brächte eine Philosophie ein Stück, sondern ein
Stück eine Philosophie hervor. Es ist nicht zu leugnen,
dieser Verdacht befremdet; die Philosophie, die da aus
einem so ungewohnten Schoß herausgekrochen ist, schie-
ne denn zu Recht auch mit allen Merkmalen einer denke-
rischen Mißgeburt behaftet. Sie wäre subjektiv, gar widersprüchlich, während doch von jeder Doktorarbeit
gefordert wird, daß sie, wenn nicht an sich, so doch
wenigstens in sich stimme und sich nicht dauernd wider-
spreche. Daß ein Philosoph ein Stück schreibt, um seine
Philosophie verständlicher zu machen, mag einleuchten,
aber daß ein Stück geschrieben wird, um daraus eine
Philosophie zu spinnen und dann noch eine, die niemand
dem nützt als dem, der das Stück auf dem Gewissen hat,
ist nun doch allzu närrisch: Daß ein Komödienschreiber
dieses Abenteuer unternimmt, mag es verzeihlicher,
wenn auch nicht verständlicher machen. Denn eine Narrheit kann man immerhin verzeihen, ohne sie zu verstehen; wäre sie zu verstehen, wäre sie ja keine Narrheit.

Im übrigen gilt von meinem Nachwort, was Kierkegaard zwar nicht in einem Nachwort, aber in seiner
›Unwissenschaftlichen Nachschrift‹ schrieb: »Man hat
das Menschsein abgeschafft, und jeder Spekulant verwechselt sich selbst mit der Menschheit, wodurch er
zugleich etwas unendlich Großes und Garnichts wird; er
verwechselt sich in der Distraktion mit der Menschheit,
gleichwie die Oppositionspresse ›wir‹ sagt und die See-

leute: ›Hol mich der Teufel‹. Wenn man aber lange geflucht hat, dann kehrt man zuletzt zu der direkten Aussage zurück, weil alles Fluchen sich selbst aufhebt; und wenn man gelernt hat, daß jeder Schuljunge ›wir‹ sagen kann, dann lernt man, daß es doch ein bißchen mehr bedeutet, *einer* zu sein; und wenn man sieht, daß jeder Kellerwirt das Spiel spielen kann, die Menschheit zu sein, so sieht man zuletzt ein, daß es mehr ist, ein einfacher Mensch recht und schlecht zu sein, als auf diese Weise ein Gesellschaftsspiel zu spielen. Und noch eins: Wenn ein Kellerwirt so etwas tut, so meint jeder, das sei lächerlich, und doch ist es ebenso lächerlich, wenn der größte Mensch es tut; und so kann man wohl in diesem Punkt über ihn lachen und trotzdem, wie es gebührt, vor seinen Gaben, Kenntnissen und so weiter Hochachtung haben.« Nun meint Kierkegaard mit diesem ›größten Menschen‹ nicht ohne Ironie Hegel, andere mögen Marx damit meinen, ich ziehe vor allen den Hut, die sich für die ganze Menschheit halten, obgleich ich mich mit den Kellerwirten auf eine Stufe setze: Was diese ihren dubiosen Gästen offenbar vorspielen als Nachäffung des Spiels, das die Philosophen in ihren Hörsälen betreiben: das Spiel eben, die Menschheit zu sein – dieses fragwürdige ›Gesellschaftsspiel‹ führen wir Komödienschreiber auf jenen Brettern auf, die die Welt bedeuten sollen. Doch was Kierkegaard als komisch empfindet, hat auch seine tragische Seite, ob Kellerwirt, Komödienschreiber oder größter Mensch, es geht nicht anders, das Spiel, sich für die Menschheit zu halten, ist unumgänglich, im Denken und auf der Bühne, ironischerweise, denn aus seiner Haut kommt keiner heraus: ›Menschheit‹ ist nun einmal etwas Abstraktes, das ein jeder sich denken muß. Es genügt nicht, recht und schlecht ein einfacher Mensch zu sein, ohne daß es freilich möglich wäre, mehr als das zu sein, die Menschheit nämlich. Sowohl das objektive Denken als auch das subjektive Denken ist notwendig, beide sind unumgänglich, beiden sind Grenzen gesetzt.

Diese Grenzen zu erkennen ist ein erkenntnistheoretisches Problem. Daß im allgemeinen das politische Denken in seinem Zwang, von einem System aus denken zu müssen, vom erkenntnistheoretischen Denken nichts wissen will, ist verständlich. Es fragt sich nur, wie lange sich die Politik das noch leisten kann, denn nur in der Erkenntnistheorie finden sich Ansätze, den Gegensatz zwischen dem subjektiven und dem objektiven Denken zu überwinden, nicht indem sie ihn abschafft, sondern indem sie ihn als notwendig anerkennt.

Damit ist aber der innere Zusammenhang dieses Nachworts mit dem Stück noch nicht erklärt, im Gegenteil, es stellt sich sowohl für den Verfasser als auch für den Leser immer dringlicher die Frage, ob dieser seltsame Sprung vom Komödienschreiben ins komödiantische Denken – wie ich meine Denkversuche bezeichnen möchte, um nicht mit einem schlechten Philosophen verwechselt zu werden, sieht man doch einem Komödianten, nicht aber einem Philosophen die Böcke nach, die er laufend schießt –, ob denn nicht dieses seltsame Kunststück, das der Autor da aufführe, doch anders zu erklären sei, als es bis jetzt von ihm begründet worden ist: Wenn ein Trapezkünstler das Trapez verfehlt oder die Hände seines Partners, die ihm entgegenfliegen, so wird er mit einem eleganten zwei- oder dreifachen Salto im Netz zu landen versuchen, falls überhaupt eines unter ihm aufgespannt ist, um so mit einem neuen Kunststück ein verfehltes zu kaschieren.

Vielleicht ist dieses ganze Nachwort auch nur ein Purzelbaum, den ich schlage, um mich aus einer verfehlten Affäre zu ziehen. Denn die Stücke, in die man sich einläßt, sind nun einmal Affären, mehr oder weniger glückliche Liebesgeschichten mit Stoffen. Die Schwierigkeiten, Liebesgeschichten zu schreiben, sind so bekannt, daß sie fast immer unterdrückt werden. Wir haben es in diesen Geschichten – heute wenigstens noch – meist mit zwei Partnern zu tun, und nicht nur deren Verhältnis zueinander wechselt ständig, auch die Partner ändern sich, aus dem einfachen Grunde, weil sich die Affäre in der Zeit abspielt: der Verliebte verhält sich anders zur Geliebten als der Bräutigam zur Braut und der Ehemann zu seiner Frau, der Geschiedene anders zur Geschiedenen usw. Doch gerade diese Veränderbarkeit der Beziehungen und der Partner selbst wird der Geschichte zuliebe oft unterdrückt, und ebenso verhält es sich mit dem Verhältnis, das ein Schriftsteller mit einem Stoff eingegangen ist: auch in dieser Beziehung wird viel geschwindelt. In Wirklichkeit verhält sich der Schriftsteller anders zum Stoff, wenn er sich mit ihm vorerst nur in Gedanken beschäftigt, als wenn er ihn schreibt, und er verhält sich noch einmal anders zu ihm, wenn er ihn vom Schreibtisch auf die Bühne transponiert, und wieder ist das Verhältnis ein anderes, wenn dieser Stoff als Stück einmal aufgeführt ist. Auch hier kommt es manchmal zur Scheidung. Doch wie die Geliebte im Verlauf der Affäre, die sich ja in der Zeit abspielen muß, auch an sich eine andere ist als die Braut oder die Gattin oder die Geschiedene, so ist auch ein Stoff etwas anderes als Idee oder als eben geschriebenes Stück oder als Theateraufführung oder als ein Stück, das dem Autor, nachdem es auf der Bühne

durchgefallen war, zum Komplex wurde, oder als ein
Stück endlich, aus dessen Bannkreis der Autor getreten
ist, von dem er sich gehäutet hat, indem er es noch einmal
durchdachte, nicht um es vor der Welt, sondern um es
vor sich selbst zu bewältigen.

Anders ausgedrückt: Das Ich wird eine Fiktion, entrückt man es der Zeit. Das Ich, das ein Stück schrieb, und
das Ich, das vom Stück her weiterdachte, sind zwar eins,
doch was sie trennt, ist nicht die Zeit, wie es scheint,
sondern der gedankliche Zwang, sich zweimal zu setzen:
als ein Ich, das ein Stück schreibt, und als ein Ich, das
über das von ihm geschriebene Stück nachdenkt. Eine
Bemerkung, die auch vom Einzelnen gilt, auch er, aus
der Zeit herausgezogen, ist eine Fiktion. Das Ich und der
Einzelne existieren nur im Augenblick, gewiß, doch
wenn ich diesen Augenblick denke, als Punkt in der
Zeitlinie, eliminiere ich das Ich aus der Zeit und mache es
zur Fiktion: literaturwürdig. Ebenso geschieht es mit
dem Einzelnen. Was nun das Verhältnis dieses fingierten
Ich oder dieses fingierten Einzelnen zum Stoff betrifft:
denke ich darüber nach und tritt es in mein Bewußtsein,
als Fiktion notgedrungen, so ändert sich dieses Verhältnis
ständig; aber nicht nur dieses Verhältnis, auch der Stoff,
auch er wird in meinem Denken immer wieder ein anderer, weil er vom fingierten Ich abhängig ist und je nachdem, welches Ich fingiert wird, als Stoff neu überdacht
und damit ummodelliert, variiert, ja in sein Gegenteil
gekehrt werden kann: der Roman des Stoffs wird möglich. Das fingierte Ich, das will heißen das Ich meiner
Erinnerung, das, weil ich Schriftsteller bin, literarische
Ich meinetwegen, das sich zum erstenmal mit dem Stoff
beschäftigte, das Ich, das die mißglückte Uraufführung in

Zürich erlebte und die vorangehenden abenteuerlichen
Proben, das Ich in Mannheim, im zähen Kampf mit den
Schauspielern, die zuerst an das Stück nicht glaubten, die
es zu überzeugen galt, das Ich im serbischen Restaurant,
die Makame schreibend, das Ich, das einen endgültigen
Text zu fixieren versuchte, das Ich, das diesen Text
weiterdachte, unwillkürlich im Versuch, dem Text seine
Partitur herzustellen, die Partitur eines Bühnenstücks,
und so in eine abenteuerliche Prosaarbeit hineingeriet,
das Ich, das sich in diesem Labyrinth verirrte, und das
Ich endlich, das jetzt diese Zeilen schreibt am 26. August
1974, 15.35 Uhr, das jetzt, während ich weiterschreibe,
schon Vergangenheit ist, samt dem Ich, das jetzt, am 22.
Januar 1976, nicht ganz achthunderttausend Minuten
danach, noch einmal diese Zeilen durchkorrigiert und
verändert und das schon jetzt ein anderes Ich ist, ein vor
wenigen Sekunden vergangenes, all diese fingierten,
notierten, in meinem Kopf ungefähr wieder zusammenge-
setzten Ichs sind nichts als Augenblicke der entfliehenden
Zeit, aus der Zukunft herausschießend und im Nu in der
Vergangenheit entschwindend und damit nichts mehr,
weil sie nicht mehr existieren außerhalb der Fiktion, die
wir von ihnen nachträglich noch zu errichten vermögen;
und bedenkt man noch, daß jede Zeit von beliebiger
Dauer eine beliebige Anzahl von Augenblicken aufweist,
deren jeder ein Ich erzeugt, verschieden von den anderen,
von denen vor ihm und von denen nach ihm, dann wird
das Ich als Fiktion, als Modell des Ich, wenn man so will,
noch illusorischer. Ist das Ich jedoch nur als Fiktion
denkbar, so ist es zwar mit Recht für eine der größten
Erfindungen des Menschen zu halten, macht aber die
Frage um so verständlicher, wer denn zum Teufel da

eigentlich schreibe. Darauf vermag ich ehrlicherweise nur zu antworten, daß es mir mit dieser Frage geht wie dem unglücklichen Sisyphos mit seinem Fels: Kaum will ich antworten, kaum bin ich überzeugt, die Wahrheit zu wissen, auf den Lippen zu haben oder in den Händen, rollt sie mir wie dem Sisyphos der Fels wieder weg, in die Tiefe hinab; denn das nicht fingierte, nicht vorgestellte, nicht literarische, das wahre Ich, das da offenbar schreibt – wenn auch das Wort wahr hier sinnlos ist, weil es keine Wahrheit gibt, die es beschreiben könnte –, dieses Ich existiert in der Dauer, eingebettet in der Zeit – auch das ist natürlich nur eine Fiktion –, jenseits jedes Begriffs, jenseits jedes Denkens, undenkbar, weil von ihm das Denken ausgeht, undarstellbar, weil es der Ursprung jeder Darstellung ist und damit unauslotbar; weshalb ich auch die Psychoanalyse für Literatur halte.

So oder so kann die Wahrheit bloß in Märchenform erzählt werden. Das Ich jedenfalls, welches an einem heißen Nachmittag im Mai 1959 die Insel Manhattan hinuntertrottete, ist auch nur noch zu fingieren, mühsam nachzukonstruieren, beinahe zu erfinden, so vage ist das Wiederfinden, so unwirklich und nebelhaft ist dieses Ich für mich inzwischen geworden, mit dem ich mich logisch, moralisch und überhaupt aus einer inneren Verpflichtung heraus für identisch zu halten habe. Es war nach einem Mittagessen mit Hugo Mayr und mit Landsleuten, unter ihnen Fritz Zwicky, der Astronom und Denker, der mir, während ich mich mit einem Sirloinsteak herumschlug – er aß Geschnetzeltes mit Rösti –, die einzig mögliche Raumfahrt erläutert hatte, ein ebenso großzügiger wie bequemer Plan, mit Hilfe einiger tausend Wasserstoffbomben nämlich, in die Nähe der Sonne

gelenkt und zur Explosion gebracht, den ungeheuren
Gasball mit seinem pompösen, nicht weniger als eine
Million dreihundertneunzigtausend Kilometer langen
Durchmesser um ein geringes von seiner Bahn um das
fünfunddreißigtausend Lichtjahre entfernte Zentrum der
Milchstraße abzulenken, so daß die Sonne allmählich
mehr gegen das Innere der Milchstraße triebe, in die
Nähe einer anderen Sonne womöglich, und mit unserer
Sonne gleich das ganze Sonnensystem, worauf dann unsere haar- und zahnlosen, aber hirnlich weiterentwickel-
ten Nachfahren von selbst in eine für die Raumfahrt
günstigere Position kämen, auf die allerkommodeste
Weise, mit Kind und Kegel sozusagen, die sich um die
dahinsausende Sonne drehende Erde als Mutterschiff benutzend. Dies alles freilich erst in Millionen von Jahren,
so lange würde die Reise der Sonne dauern, obgleich
diese samt ihrem System mit einer Geschwindigkeit von
beinahe einer Million Kilometer in der Stunde durch den
Raum fege, wobei Zwicky beifügte, einige Millionen
Jahre in der Zukunft fielen, wissenschaftlich gesehen,
überhaupt nicht in Betracht, bedenke man, daß die Sonne
erst in drei bis sechs Milliarden Jahren so heiß und riesig
werde, daß die Erde verkoche. Nach diesem tröstlichen
Ausblick und dem Käse, Kaffee und Pflümli – ich war
wie die anderen zum schweizerisch Vertrauten zurückgekehrt – hatte mich ein kleiner zäher, uralter Mann aufge-
fordert, sein Büro zu besuchen, der Brückenbauer Am-
mann, gerade konstruierte er wieder eine Monsterbrük-
ke, zehn Jahre später fuhren wir über sie, vom Kennedy
Airport nach Philadelphia. Wo sich Ammanns Büro befunden hat, weiß ich nicht mehr, wir hatten ein Taxi
genommen, die Büroräume waren geräumig, viele Kon-

strukteure, Techniker, Ingenieure und Zeichner, der Patriarch, so kommt es mir nachträglich vor, beschäftigte vor allem Deutschschweizer. Dann machte ich mich auf, offenbar von Zwickys Weltraumfahrtplänen beflügelt, fest entschlossen, das Ende der Insel zu Fuß zu erreichen. Der Weg ist mir nicht mehr genau erinnerlich, nur schattenhaft, vielleicht verwechsle ich ihn teilweise mit einem anderen Streifzug durch Manhattan, hartnäckig verfolgt mich die Erinnerung an einen Wolkenkratzer, den ich zu erreichen suchte, aber immer wieder verfehlte, um ihn schließlich überhaupt nicht zu erreichen; wie das vor sich ging, weshalb ich ihn aus den Augen verlor, ist nicht mehr auszumachen. Ich ging und ging, ein Polizeiauto fuhr neben mir her, die Häuser waren auf einmal nicht mehr besonders hoch oder schon lange nicht mehr besonders hoch, doch brauchte ich Zeit, die veränderte Umgebung zu bemerken, der Unrat häufte sich, Wolkenkratzer, an denen ich mich hätte orientieren können, waren nirgends mehr zu sehen, nicht einmal mehr Hochhäuser, nur noch Backsteinhäuser, wie es mir heute vorkommt. Die Hitze war ungeheuerlich, es war Mitte Mai, die Straße kochte, eine einzige unendliche Piste durch Ziegel, Beton und Staub, der Himmel wie flüssiges Blei, aus den Kanalisationsdeckeln stieß Dampf, einmal stieg ich über einen Betrunkenen, dann über mehrere, am Boden Bierdosen, Flaschen, wieder fuhr ein Polizeiauto neben mir, ein Polizist mit verschwitztem Hemd ließ den Arm heraushängen. Doch alles ist verzittert, unscharf, wie ein Fiebertraum, zwischen mich und Manhattan schob sich, immer mehr die Realität verwischend, die Geschichte Docs. Ich dachte mir diese Geschichte im Gehen aus, im Trotten vielmehr, und was mir geblieben ist nach all den

Jahren, ist nicht mehr mein meilenlanger Marsch Manhattan hinunter, schwitzend, müde, stumpfsinnig, mechanisch, sondern die Geschichte, die ich dabei ausheckte, gleichsam aus tausend unbewußten Eindrücken zusammensetzte, die ich als Novelle zu schreiben begann, aus der sich dann vierzehn Jahre später *Der Mitmacher* herausschälte. Von der Novelle, irgendwo angefangen, irgendwann fallengelassen, sind mir nur wenige Seiten geblieben, in einem Hotelzimmer in New York notiert, ob ich mehr geschrieben habe, weiß ich nicht. Die Novelle begann mit den Schwierigkeiten Docs, oder besser eines Mannes, der Smith hieß, J. G. Smith, und den man Smithy nannte, den ich viel später in Doc verwandeln sollte:

Seine Schwierigkeiten begannen schon am Morgen, sie waren unerwartet und deprimierten um so mehr, als sich J. G. Smith – diesen Namen hatte er nach vielen anderen schließlich angenommen –, wenn nicht arriviert, so doch gesichert gefühlt hatte; sein Einkommen erreichte eine Höhe, auf der sich gerade leben ließ, die Behörde tolerierte ihn, zwar nicht offiziell, aber mehr oder weniger; um so blödsinniger nun Leibnitz' Schwanken. Natürlich war Leibnitz zu ersetzen, durch jeden Medizinstudenten mit einiger Übung im Sezieren; aber J. G. Smith hing nun einmal an Leibnitz, der Mensch verdiente weiß Gott anständig, und wenn Leibnitz auch die Erlaubnis bekommen hatte – eben diesen Morgen war sie ihm zugestellt worden –, wieder eine Arztpraxis zu eröffnen, so mußte er sich doch im klaren sein, daß ihm diese Erlaubnis nichts mehr nützte, nicht der früheren Verfehlungen wegen – Abtreibungen und ähnliches –, sondern weil

Leibnitz nun bald vier Jahre bei J. G. Smith gearbeitet hatte, eine zu lange Zeit, um sich noch zurückziehen zu können; angenehm, das Leibnitz unter die Nase reiben zu müssen, war es gerade nicht, aber schließlich hatte Leibnitz kapiert, auch daß er die Lohnerhöhung nicht erhielt, da war Smith unerbittlich, man droht nicht mit einer Kündigung, bei ihm nicht, eine Haltung, die Smith bei dem neuen Bullen natürlich nicht einnehmen konnte: der ging auf Pulver aus und erhielt das Pulver, gegen Naturgesetze ließ sich nichts ausrichten. »Sehn Sie mal, Smithy«, hatte der Neue gleich zu Beginn der Unterredung erklärt, wobei er in den Zähnen herumstocherte – sie standen an der Ecke Lexington/52. Straße, gegenüber baute die City Bank –, »sehn Sie mal, Smithy, gewiß, der alte Miller hatte vier Kinder, und ich bin ledig, aber ich habe nun eben einen höheren Begriff vom Leben«, und auf die vage Drohung Smithys, sich an den Hafeninspektor zu wenden, der ihn schließlich auch toleriere, überhaupt, mit dem er befreundet sei, antwortete der Bulle nur, na ja, dann fliege die Angelegenheit eben auf. Schwierigkeiten, nichts als Schwierigkeiten. Dazu die Hitze, und erst dritter Mai, man hätte denken können, es sei Hochsommer, Smithy schwitzte unaufhörlich, schon als Leibnitz mit seinen Forderungen aufgetaucht war, hatte er geschwitzt, alles flimmerte von Hitze, Brooklyn war kaum zu sehen, Air-Conditioning konnte Smithy sich jetzt nicht mehr leisten, man roch die Leichen, dem Hausmeister war es gleichgültig, und Smithy hatte seine Wohnung woanders, und telefonisch war er auch noch bei Simpson zu erreichen, auch war Leibnitz an alles gewöhnt, aber peinlich war es doch, hin und wieder verirrte sich ein Kunde, geriet in den Sezierraum, statt

sich bei Simpson an die Bar zu setzen, und immer konnte
Leibnitz die Leichen auch nicht im Kühlraum aufbewah-
ren, er mußte sie auf den Seziertisch schleppen, wenn er
sich an die Arbeit machte; überhaupt, überlegte Smithy,
sollte man das Ganze als Laboratorium tarnen, als etwas
Technisches, Blitzblankes, Weißgekacheltes – was jetzt
unter der Triboro Bridge installiert war, hatte einen
dubiosen Anstrich. Sicher, schätzenswerte Vorzüge
mußten erwähnt werden: die Nähe des West Rivers vor
allem. Smithy fluchte; nach Hause zu gehen, zu duschen,
das Hemd zu wechseln, fehlte die Zeit. Zur Hitze kam
der Gestank. Nicht der Leichengeruch am Morgen, dieser Geruch gehörte zu seinem Beruf und störte ihn
ebensowenig wie der Geruch von Leder einen Gerber,
nein, der Geruch der Stadt machte ihn rasend, dieser
Geruch, den er haßte, der allen Dingen anhaftete, glü-
hend und klebrig, verpappt mit unendlichen Staub- und
Kohlemolekülen, Ölpartikelchen, eins mit dem Asphalt,
mit den Häuserfronten, den dampfenden Straßen. Er
soff. Schon während der Unterredung mit Leibnitz hatte
er getrunken. Gin. Mit dem neuen Bullen war er in den
Drugstore vom Belmont gegangen. Zwei Schlitz. Später
trank er mit dem Hafeninspektor irgendwo in der 50.
Bourbon. Der Hafeninspektor trank Bier, aß zwei
Steaks, Smithy rührte sein Steak nicht an, der Polizeichef, der dann später noch kam, wie der Hafeninspektor
Smithy versprochen hatte, war ein ekelhafter Intellektueller, überhaupt kein Bullentyp, irgendein Eierkopf, der
sich seinen Posten durch schwule Querverbindungen
ergattert hatte, stellte sich Smithy vor, die Fronten wurden immer undurchsichtiger, der Gangster neulich, dem
Smithy die Millionärstochter hatte verschwinden lassen,

auch ein Schwuler, war früher Priester gewesen. Lief noch
so herum. Aber vielleicht war der Polizeichef gar kein
Schwuler, die Kellnerin vorhin hatte er geil angesehen,
vielleicht war er ein Kommunist. Er war über den Priester im Bilde, hatte ihn ja an Smithy vermittelt, nicht der
Hafeninspektor, wie Smithy zuerst geglaubt hatte. Nun
mußte Smithy dem Polizeichef noch die Millionärstochter bezahlen, dabei hatte er schon den Hafeninspektor
bezahlt, ein verdammtes Verlustgeschäft. Smithy trank
den Bourbon aus. Eigentlich hätte er zu Simpson gehen
sollen, aber der Polizeichef kam ins Reden. Der Kerl
konnte sich das Schwafeln ja leisten, für den spielte Zeit
keine Rolle, dazu die Sauhitze trotz Air-Conditioning:
Es sei besser, der Sanitätsdienst übernehme das Ganze,
natürlich Geheimhaltung, auch Holy (der Priester) meine, es sei zu riskant, die Angelegenheit einer Privatperson
wie Smithy zu überlassen, der Priester sei der neue
heimliche Boss im Revier. Smithy ging wieder zu Gin
über. Das Steak ließ er immer noch unberührt, der
Polizeichef quatschte weiter: die alte Art, die Verbrechen
zu bekämpfen, sei unwirksam geworden, der Staat müsse
heute mit dem Verbrechen leben; seit er sich mit Holy
verstehe, gingen auch die Verbrechen zurück, es liege an
der Toleranz, Smithy müsse kapieren, daß sein ständiges
Lavieren zwischen dem legalen und dem illegalen Lager
vorbei sei, weil nun die Legalität die Illegalität wenn auch
nicht ausgerottet habe, so doch steuere, sonst würde,
wenn Smithy kein Einsehen habe, eben der Sanitätsdienst
eingeschaltet, schlimmstenfalls die Hafenpolizei, auch
wenn gewisse hygienische Bedenken bestünden. Smithy
verlangte Kaffee, nahm drei Stück Zucker, rührte mit
dem Löffel. »Wieviel?« »Die Hälfte pro Fall«, sagte der

Polizeichef, nahm seine randlose Brille, hauchte sie an, reinigte sie, setzte sie wieder auf, betrachtete Smithy wie ein Forscher eine Laus. Der Hafeninspektor stocherte in den Zähnen wie der Bulle gegenüber der City Bank. Der Polizeichef setzte seine Brille wieder ab, reinigte sie noch einmal. Smithys Anblick widerte ihn an. Zu dem Tarif sei nicht zu arbeiten, sagte Smithy, er müsse Leibnitz das Doppelte zahlen, das Schwein sei wieder ein legitimer Mediziner. Schön, sagte der Polizeichef, nachdem er noch einen Kaffee bestellt hatte, er rede mit dem Sanitätsdienst. Smithy bestellte noch einen Gin. »Tut mir leid, Smithy«, sagte der Hafeninspektor. Smithy gab nach, in der Hoffnung, sich irgendwo hinter dem Rücken der Polizei mit Holy zu arrangieren – es gab immer wieder Abmachungen, von denen der Polizeichef nichts wissen durfte, so wie es Abmachungen gab, die Holy nichts angingen –, und bestellte noch ein Schlitz. Aber als er gegen Mitternacht in Tommey's französischem Restaurant, von dem niemand wußte, warum es ein französisches Restaurant sein sollte, nun doch ein Steak aß und Pommes frites, setzte sich statt Holy van der Seelen zu ihm, der sich als Russe oder Pole ausgab, je nach Bedarf, aber wahrscheinlich ein Italiener oder Grieche war und ganz anders hieß; einige behaupteten auch, er sei wirklich ein Holländer, aber heiße nicht van der Seelen, sondern wie Käse auf dänisch; auf alle Fälle war er vor zwei Jahren als halbkrepierter Emigrant aus dem verfluchten Europa herübergeschwommen, das all diese Ratten erzeugte – der Präsident sollte einmal einschreiten –, jetzt steckte er in einem verdammt teuren Anzug, Seide, unerträglich parfümiert, eine Havanna rauchend, Monte Christo. Holy sei leider verhindert, sagte van der Seelen.

»Geschäftlich?« fragte Smithy, den es nichts anging, verärgert, weil er sich mit Holy absprechen mußte. »Eigentlich schon«, antwortete van der Seelen, bestellte sich einen Hummersalat und sagte, Holy liege wahrscheinlich schon in Smithys Kühlraum oder vielleicht gar auf Leibnitz' Seziertisch. »Schade um den Schwulen«, bedauerte Smithy, betrachtete van der Seelen nachdenklich und nahm sich vor, einmal nachzufragen, was Käse auf dänisch heiße, ein Straßenbulle unter der Triboro Bridge war Schwede, und dann dachte er, ob der Polizeichef wohl schon wisse, daß nun ein anderer als Holy der Boss war. Van der Seelen grinste ihm väterlich zu: »Einer war zuviel im Revier. Wir werden schon miteinander auskommen, Smithy.« Er müsse leider den Tarif erhöhen, sagte Smithy, Leibnitz sei teurer geworden. Van der Seelen schüttelte den Kopf. »Ich habe geheiratet, Smithy, letzte Woche«, meinte er. »Na und?« fragte Smithy. Seine Frau habe einen Bruder, Medizinstudent, bloß fixe der leider, verdammt teurer Spaß. Smithy begriff: »Machen wir's zum alten Tarif«, schlug er vor. »Zehn Prozent weniger«, antwortete van der Seelen, »schließlich muß ich meinen Schwager unterstützen.« Smithys Geschäft stand schlechter denn je, dazu immer noch diese Mordshitze, es war, als tauche er in eine heiße Brühe, als er aus Tommey's französischem Restaurant trat. Eigentlich wollte er nach Hause, in seine drei möblierten Zimmer mit Küche und Bad, scheußlich eingerichtet, deutsch, mit unleserlichen Büchern vollgestopft, eine Wohnung, die er vom Professor übernommen hatte, Leibnitz' Vorgänger, ein muffiger Stall, nie gelüftet, nie gereinigt, aber ein Luxus, dachte er an den Verschlag zurück, in dem er jahrelang in der Bronx gehaust hatte.

Nun, wenn es geschäftlich so weiterging mit den neuen Partnern, würde er bald in einem Kellerloch landen, der Polizeichef war ein Kommunist, das war Smithy klar, und van der Seelen ein Jude, das war noch klarer, ein vielleicht holländischer Jude, der wie Käse auf dänisch hieß; das beste war, Smithy haute ab, nach Los Angeles oder so, abhauen und dort einen neuen Laden aufmachen, einen wie Smithy hatte man überall nötig, Leichen mußten überall verschwinden. Gegenüber Tommey's französischem Restaurant war eine kleine Bar. Smithy ging über die Straße, ein Auto stoppte, schlitterte, der Fahrer fluchte. In der Bar verlangte Smithy noch einen Gin, am besten, man besoff sich. Durch die offene Bartür sah er van der Seelen in seinen Cadillac steigen, zu Sam, seinem Fahrer. Smithy kippte den Gin hinunter und ging dann doch nicht nach Hause. Van der Seelens fettes Gesicht hatte ihn plötzlich traurig gemacht, Holy tat ihm leid. Smithy schneuzte sich, als er dem Taxifahrer eine Straße in der Nähe der Triboro Bridge nannte, Holy hatte noch an eine Gerechtigkeit geglaubt, überhaupt ständig von Gott geredet, komisch bei seinem Job, Smithy war sicher, daß der Schwule heimlich seinen Rosenkranz gebetet hatte, wenn Smithy sich darunter auch nichts vorstellen konnte. Der Taxifahrer redete vor sich hin, auf spanisch, unaufhörlich, Smithy war froh, als das Taxi die angegebene Straße erreicht hatte, der Taxifahrer kam ihm irre vor, aber die Hitze machte allen zu schaffen. Smithy hatte noch einige Häuserblöcke entlangzugehen und dann zum West River hinunter, nach alter Gewohnheit ließ er sich nie an seinem Arbeitsplatz absetzen. Die Straßen, enge Schluchten, in eine sinnlose Urlandschaft gesprengt, waren scheinbar leer, aber auf den

Gehsteigen, den Mauern entlang und auf den Balkonen lagen Menschen und schliefen, halbnackt und nackt, bei der schlechten Beleuchtung kaum zu erkennen, aber überall anwesend als etwas Tierisches, Schwammiges; Smithy lief wie durch heiße, schnarchende, nasse Wände, er schwitzte, er hatte zuviel getrunken. Er erreichte das halbzerfallene Lagerhaus. Im vierten Stock befand sich Leibnitz' Arbeitsraum, nicht gerade praktisch, aber Leibnitz hatte auf diesen Räumlichkeiten bestanden, überhaupt, wie im einzelnen Leibnitz' Arbeit vor sich ging und wie er es schaffte, die Überreste – irgendwelche mußte es doch geben, wenn auch offenbar minimale – fortzuschaffen, irgendwohin vom vierten Stock aus, das war Smithy nie recht klargeworden, vielleicht löste sich alles in Flüssigkeit auf und rauschte in die Kanalisation. Smithy schauderte, dachte er daran, daß vor Leibnitz der Professor seine Arbeit noch in der Wohnung verrichtet hatte, in der Smithy jetzt hauste, wenn auch damals der Umsatz noch gering war, nur eine Leiche im Monat. Schon hatte Smithy die Tür aufgeschlossen, in der vagen Hoffnung, Holy doch noch einmal zu sehen, wenn auch als Leiche, als in diese Hoffnung hinein, betrunken wie Smithy nun einmal war, voll sentimentaler Pietät, eine Stimme hinter ihm von der Straße her sagte: »Ich will mit dir schlafen.« Smithy, die Klinke der halbgeöffneten Tür in der Hand, im Begriff, über die Schwelle zu treten, schaute zurück. Eine Frau stand dicht hinter ihm vor der Türe, nur als Silhouette zu erkennen, Smithy hatte die Treppenbeleuchtung nicht eingeschaltet. Irgendeine Nutte, dachte er. Smithy wollte schon die Türe vor ihr zuschlagen, als ihn plötzlich ein wilder Humor packte. »Komm«, sagte er und tappte ohne Licht zum Lift. Die

Frau folgte, er spürte sie in der Brutofenwärme des Korridors, der Lift kam von oben herab. Sie standen dicht beieinander, es dauerte einige Zeit, bis der Lift – ein Warenlift, alt, langsam – unten war, Smithy in seiner Betrunkenheit vergaß die Frau. Erst als er sich im hell erleuchteten Lift an die Wand lehnte, fiel sie ihm wieder auf, erinnerte er sich, daß er sie mitgenommen hatte. Sie war etwa dreißig, schlank, strähniges dunkles Haar, große Augen, vielleicht schön, vielleicht nicht, in seiner Besoffenheit brachte Smithy die Erscheinung nicht ganz zusammen, der Eindruck von etwas Vornehmem, von etwas Ungewöhnlichem drang durch seinen Rausch, ein irgendwie ungemütlicher Eindruck, ihr Kleid mußte wahnsinnig teuer sein, und die Figur darunter war zwar in Ordnung, paßte jedoch nicht in die Umgebung, wieso, wußte Smithy nicht, er fühlte es nur, ihr Körper war einfach kein Nuttenleib, und obwohl ihm nebelhaft schwante, daß er sich in dieses Abenteuer nicht einlassen sollte, setzte er den Lift in Bewegung. Die Frau starrte ihn an, nicht spöttisch, auch nicht ängstlich, nur gleichgültig. Er schätzte sie jetzt auf fünfundzwanzig, er war es gewohnt, das Alter der Menschen abzuschätzen. Beruflich. »Wieviel?« fragte Smithy. »Gratis.« Wieder wurde Smithy von einem teuflischen Humor gepackt, die sollte etwas erleben, er stellte sich vor, wie sie die Fassung verlieren würde, das verdammt Vornehme, das ihn auf einmal störte, wie sie schreien würde, die Treppe hinunterrasen, zu den Bullen womöglich, und wie die einfach grinsen würden. Als er sich das vorstellte, grinste er sie an, doch sie verzog keine Miene, starrte ihm einfach ins Gesicht. Der Lift hielt, Smithy trat heraus, öffnete die Türe zum Sezierraum, ging hinein, ohne sich nach der

Frau umzusehen. Sie folgte ihm, blieb in der Türe stehen.
Smithy trat zum Seziertisch, starrte auf Holy, der nackt
und tot dalag, Einschüsse in der Brust, erstaunlich sau-
ber, Leibnitz mußte die Leiche gewaschen haben. Über
der Rückenlehne eines Stuhls lag Holys Priesterrock,
sorgsam zusammengefaltet, und Holys Unterwäsche,
zinnoberrot, Seide. »Kein Rosenkranz?« fragte Smithy.
»Sonst nichts«, sagte Leibnitz, »außer dem da«, und
deutete in die Ecke neben dem Fenster: Gurte mit Muni-
tion, Revolver, eine Maschinenpistole, einige Handgra-
naten. »Alles unter dem Priesterrock versteckt, ein Wunder, daß das Ganze nicht hochging!« Leibnitz ließ Wasser in eine alte Badewanne laufen, die Smithy zum ersten
Mal sah. »Ich glaube, der war überhaupt kein Priester.
Nur ein Schwuler.« »Auch möglich«, sagte Smithy, »eine
Neuanschaffung?« Er betrachtete die Kanister und Flaschen, die herumstanden. »Was?« fragte Leibnitz. »Die
Wanne«, sagte Smithy. Die sei schon immer dagewesen,
antwortete Leibnitz und schob den Wagen mit den chir-
urgischen Instrumenten zum Seziertisch. »Du kannst
auch nicht Dänisch?« »Nein«, antwortete Leibnitz.
Smithy wandte sich enttäuscht ab, sah die Frau, die immer
noch in ihrem teuren Kleid in der Tür stand, nachlässig
mit der linken Schulter an den Türpfosten gelehnt. Er
hatte sie wieder vergessen und erinnerte sich plötzlich,
daß er sich vorgestellt hatte, sie würde schreien, zu den
Bullen rennen. »Hau ab«, sagte Smithy wütend, aber er
wußte schon, daß es eine Phrase war. Sie schwieg. Ihr
Gesicht war nicht geschminkt, ihr Haar hing in langen
weichen Strähnen. Smithy fror, es war so heiß, daß ihm
plötzlich eiskalt wurde, dann fragte Smithy: »Leibnitz,
wo schläfst du eigentlich?« ohne die Frau aus den Augen

zu lassen, die immer noch an dem Türpfosten lehnte.
»Ein Stockwerk höher«, sagte Leibnitz, während er
schon in Holy hineinschnitt. Smithy ging zu der Frau.
Sie sagte nichts, betrachtete ihn gleichgültig. »Geh in den
Lift«, sagte Smithy. Wieder lehnten sie einander gegen-
über an den Liftwänden, minutenlang einander betrach-
tend. Smithy schloß das Gitter, durch die offene Tür des
Sezierraums konnte er Leibnitz eifrig an Holy herum-
schneiden sehen. Dann fuhr der Lift nach oben, hielt.
Die beiden bewegten sich nicht, Smithy betrachtete die
Frau, die Frau betrachtete ihn, als sei er irgend etwas
Nebensächliches, überhaupt nicht vorhanden und doch
vorhanden, sie schaute nicht einfach ins Leere, sie tat
nicht, als ob sie ihn nicht sähe, das war das Wahnsinnige.
Im Gegenteil, sie beobachtete ihn, erforschte ihn, tastete
mit ihrem Blick jede Pore seines unrasierten, verschwitz-
ten Gesichts ab, glitt jeder Falte nach, und dennoch blieb
er ihr gleichgültig, sie wollte einfach bestiegen werden
wie ein Tier von einem Tier, und Tiere, dachte Smithy,
sind einander wohl auch gleichgültig, er dachte es nebenbei, während er sie betrachtete, ihre Schultern, ihre Brü-
ste unter dem raffinierten Kleid, und dabei dachte Smithy
an Holys nackten Leichnam, den Leibnitz ein Stockwerk
tiefer auseinanderschnitt. Kalter Schweiß lief über
Smithys Gesicht, er fürchtete sich, er brauchte etwas Na-
hes, Weiches, Warmes in dieser Kälte, zu der die Hitze
erstarrt war, er riß die Frau mit sich, stieß die Tür dem
Lift gegenüber auf, zog die Frau ins Zimmer, sah undeutlich eine Matratze, warf die Frau darauf, nur vom Lift her
drang Licht durch die offene Türe, und als er die Frau
genommen hatte, die alles hatte geschehen lassen, suchte
er seine Hose, auf allen vieren, er hatte sie irgendwohin

geschleudert, und sie lag außerhalb des Lichtscheins, den
der Lift ins Zimmer warf, lächerlich das Ganze, idiotisch.
»Taxi«, sagte die Frau ruhig. Smithy stieg in die Hose,
stopfte das Hemd hinein, suchte seinen Kittel, fand ihn,
über Bücher stolpernd, das ganze Zimmer schien voller
Bücher zu sein, wie zu Hause, wo immer noch die
Bücher des Professors herumlagen, nur daß hier keine
Möbel waren außer der Matratze, unsagbar, wie Leibnitz
heruntergekommen war, dabei verlangte der Strolch
noch mehr Prozente. Licht machte Smithy nicht, er
schämte sich, obgleich er wieder dachte, vor einer Hure
brauche er sich nicht zu schämen, aber er wußte plötzlich, daß sie keine Hure war. Die Frau lag immer noch
auf der Matratze, im Licht des Lifts, nackt, weiß, Smithy
wunderte sich, er konnte sich eigentlich an nichts mehr
erinnern, er mußte ihr das Kleid heruntergerissen haben,
schön, sollte sie eben sehen, wie sie es zusammenflickte,
offenbar hatte ihn das teure Kleid wütend gemacht,
überhaupt konnte sie sich nun selber kümmern, sie war
ihm nachgestiegen, nicht er ihr, aber dann ging Smithy
doch zu Leibnitz hinunter, trat in die immer noch offene
Tür des Sezierraums, von Holy war nur noch der Rumpf
übrig, unglaublich, was Leibnitz leistete, plötzlich war
Smithy stolz auf ihn. Leibnitz hatte weiß Gott seine
Prozente verdient, er schaute ihm zu, wie Leibnitz immer wieder in der Badewanne herumrührte, in irgendeinem breiigen Schaum, dann gurgelte es, und die Badewanne leerte sich langsam. Eigentlich praktisch, Smithy
wurde andächtig ob der Hinfälligkeit alles Irdischen,
dann sah er die Frau wieder in der Tür stehen, wie
vorhin, wieder im Kleid, das unbeschädigt war, sie mußte es doch wohl selbst ausgezogen haben. Smithy wurde

verlegen, wahrscheinlich weil er sich über die Hinfälligkeit des Irdischen Gedanken gemacht hatte, aber er
glaubte kaum, daß sie es bei dieser Hitze bemerkt haben
konnte, die er auf einmal wieder spürte, die ihn anfiel,
der Schweiß rann an ihm nieder, er kam sich ekelhaft vor.
Er ging ans Telefon auf dem Fensterbrett, rief van der
Seelen an, den er noch nie angerufen hatte, aber von Sam
kannte er seine Nummer. Es dauerte, bis van der Seelen
den Anruf entgegennahm, jedesmal kam wieder ein anderer an den Apparat und sagte, van der Seelen sei nicht zu
sprechen, aber als er endlich doch zu sprechen war, weil
Smithy einfach immer wieder anläutete, und van der
Seelen brüllte, was Smithy denn eigentlich einfalle, brüllte Smithy zurück, er verlange zwanzig Prozent mehr,
sonst schließe er seinen Laden. »Gut, gut«, antwortete
van der Seelen auf einmal stinkfreundlich, »zwanzig Prozent mehr.« Aber jetzt wolle er schlafen. Und dann wolle
er noch Sam mit dem Cadillac, schrie Smithy. Wohin er
denn kommen solle, fragte van der Seelen, immer noch
stinkfreundlich. Unter die Triboro Bridge, sagte Smithy,
und er möchte nicht lange warten. »Kommt, kommt«,
sagte van der Seelen begütigend, und Smithy legte den
Hörer auf. Inzwischen war von Holy nichts mehr zu
sehen, nur das Priesterkleid, das Leibnitz als letztes
zusammen mit der zinnoberroten Unterwäsche in die
Badewanne warf. Smithy ging mit der Frau nach unten.
Die Haustür stand noch offen. Es war immer noch nicht
kühler geworden, aber es dämmerte schon, der Morgen
kam wie ein Überfall, es war taghell, als Sam mit dem
Cadillac vorfuhr. Smithy setzte sich neben Sam, die Frau
setzte sich hinter Smithy. »Wohin?« fragte Smithy. »Ins
Coburn«, sagte die Frau. Sam grinste. »Schön«, sagte

Smithy, »zum Coburn.« Sie fuhren durch die noch leeren Straßen. Die Sonne kam. Im Wagen war es angenehm kühl. Air-Conditioning. Im zweiten Rückspiegel, den noch Holy hatte anbringen lassen, als Sam ihn fuhr, weil Holy sich immer von van der Seelen verfolgt glaubte – na ja, so unrecht hatte Holy ja nicht gehabt –, beobachtete Smithy die Frau. Am Hals hatte sie blaue Flecken. Er mußte sie gewürgt haben, er erinnerte sich an nichts, aber wenigstens war er jetzt nüchtern, und morgen würde er mit diesem Kommunisten von einem Polizeichef reden, wie er mit van der Seelen geredet hatte, Smithy wurde gebraucht, das war ihm nun deutlich geworden. Dann hielt Sam vor dem Coburn, Hauptportal. Ein Hoteldiener riß die Tür des Cadillacs auf, die Frau stieg aus, der Hoteldiener verbeugte sich, ein zweiter verbeugte sich vor der Tür, deren Scheiben automatisch zur Seite glitten. »Donnerwetter«, staunte Sam, »ich hätte gewettet, die würden sie wieder auf die Straße setzen.« »Fahr mich nach Hause, Sam«, sagte Smithy, plötzlich todmüde, und als er seine Wohnung betreten hatte, warf er sich aufs Bett, ohne sich auszuziehen. Überall Büchergestelle, ein Schreibtisch im anderen Zimmer, und auch das dritte war mit Büchern vollgestopft, deutsche Bücher, Namen darauf, die ihm nichts sagten, Titel, die er nicht verstand. Was der Professor eigentlich getrieben hatte, wußte kein Mensch, er brauchte immer Stoff, und den Stoff hatte ihm Smithy geliefert, und als der Professor für den Stoff nicht mehr zahlen konnte, kam Smithy auf seine Idee, und so begann der Professor, für die gute Gesellschaft Leichen verschwinden zu lassen und für die weniger gute, und als der Professor zuviel Stoff erwischt hatte, übernahm Leibnitz die Arbeit, als Probe seiner Tüchtigkeit hatte er den Professor aufgelöst. Smithy schlief ein und schlief so tief, daß er lange nicht begriff, daß ihn das Telefon störte. Er warf einen Blick auf den Wecker, er hatte kaum zwei Stunden geschlafen. Es war der Polizeichef. Was er denn wolle, fragte Smithy. »Kommen Sie ins Coburn.« »Na schön«, sagte Smithy. »Ich habe Ihnen einen Wagen geschickt.« »Nett«, sagte Smithy, tappte ins Badezimmer, fand das Waschbecken, ließ es vollaufen, tauchte das Gesicht hinein, auch das Wasser war warm, es erfrischte ihn nicht, die Stadt schien langsam ins Kochen zu geraten. An der Wohnungstüre läutete es, Smithy tauchte sein Gesicht noch einmal ins Waschbecken, wollte dann das Hemd wechseln, doch weil es immer noch läutete, ging er zur Wohnungstür. Es waren zwei Polizisten, schwitzend, ihre Hemden klebten am Körper. »Los, mitkommen!« sagte der eine zu Smithy, der andere kehrte Smithy schon den Rücken zu, um die Treppe hinunterzugehen. Er wolle noch die Kleider wechseln und sich rasieren, sagte Smithy, dem das Wasser vom Gesicht über Kittel und Hemd tropfte. »Mach keinen Unsinn und komm«, sagte der Polizist auf der Treppe und gähnte. Smithy schloß die Wohnungstür hinter sich zu, und jetzt erst wurde ihm bewußt, wie elend er sich fühlte, Kopfschmerzen, Stiche im Hinterkopf, vorher hatte er nichts gefühlt, kam es ihm vor, weder die Schmerzen noch die Hitze, nur das eklige warme Wasser im Becken. Sie zwängten ihn in einen Chevy, er mußte vorn zwischen den beiden sitzen, beim Coburn setzten sie ihn vor dem Lieferanteneingang ab. Detektiv Cover war da und ein aufgeregter, eleganter, schwarzgekleideter Mann mit einem weißen Kavalierstuch. »Das ist der Mann«, sagte Cover und deutete auf

Smithy. »Friedli«, stellte sich der Mann mit dem Kavalierstuch vor, »Jakob Friedli.« Smithy verstand nicht, was er meinte, es klang wie Deutsch, offenbar hieß er so, oder es sollte guten Morgen heißen auf deutsch oder auf holländisch, es war schließlich gegen sieben morgens, und auf einmal hatte Smithy den Wunsch, den Mann zu fragen, was denn Käse auf dänisch heiße, aber dann sprach der Mann, der sich mit seinem Kavalierstuch den Schweiß abwischte, doch englisch. »Bitte folgen Sie mir«, sagte er. Smithy folgte ihm, der Detektiv blieb im Lieferanteneingang. »Ich bin Schweizer«, sagte der Mann mit dem Kavalierstuch, als sie einen Korridor entlangschritten, der offenbar zu den Wirtschaftsräumen führte. Smithy war es völlig gleichgültig, was der Mann war und warum er ihm sagte, was er war, er konnte seinetwegen auch Italiener sein oder Grönländer. Das sei ihm noch nie vorgekommen, noch nie, sagte der Schweizer. Smithy nickte, obgleich er sich wunderte, daß es dem Schweizer noch nie vorgekommen war, eine Leiche, mehr oder weniger legal zustande gekommen, gab es in jedem Hotel, und daß es sich um eine Leiche handeln mußte, war klar, der Polizeichef hätte Smithy sonst nicht in dieser Hergottsfrühe herbeischleppen lassen. Sie fuhren mit einem Warenlift hoch, endlos, es war Smithy gleichgültig wohin, doch nach dem zwanzigsten Stockwerk hatte Smithy das Gefühl, daß es sich um eine verdammt noble Leiche handeln mußte. Der Lift hielt. Sie betraten eine Art Küche, wahrscheinlich ein Zubereitungsraum, wo den Speisen aus der Hauptküche der letzte Pfiff gegeben wurde, um sie den ganz noblen Herrschaften hier oben aufzutischen, wie sich Smithy ausmalte, und in diesem Zubereitungsraum oder halt in dieser Küche, mittendrin, vor einem blitzblanken Tisch, stand der Polizeichef und trank schwarzen Kaffee. »Das ist der Mann, Nick«, meinte der Schweizer. »Guten Tag, Smithy«, sagte der Polizeichef, »du siehst miserabel aus. Willst du auch Kaffee?« Er habe einen nötig. »Gib Smithy einen, Jack«, sagte der Polizeichef. Der Schweizer ging zu einer Anrichte, brachte Smithy eine Tasse schwarzen Kaffee, wischte sich mit seinem Kavalierstuch den Schweiß ab. Smithy war froh, daß ein so vornehmer Mann auch schwitzte. »Überlassen Sie das Weitere mir, Jack«, sagte der Polizeichef. Der Schweizer verließ die Küche. Der Polizeichef schlürfte Kaffee. »Holy ist verschwunden.« »Möglich«, sagte Smithy. »Lag er auf Leibnitz' Seziertisch?« »Seh nie hin«, sagte Smithy. »Van der Seelen?« »Nicht verschwunden«, antwortete Smithy, stellte seine leere Tasse auf den blitzblanken Tisch und fragte, was Nick denn von ihm wolle. Es war das erstemal, daß er den Polizeichef Nick nannte. Den alten hatte er Dick genannt. Nick grinste, ging zur Anrichte, kam mit einer Kaffeekanne zurück. Wieviel Smithy van der Seelen abgeben müsse, fragte Nick und goß Kaffee zuerst in seine, dann in Smithys Tasse. »Zwanzig Prozent weniger als Holy«, sagte Smithy. »Er hatte zinnoberrote seidene Unterwäsche.« »Wer?« fragte Nick. »Holy«, antwortete Smithy. »Na ja«, meinte Nick, van der Seelen müsse sich eben erst mal richtig etablieren, und schlürfte wieder Kaffee. Dann sagte er: »Smithy, wir beide haben uns doch gestern geeinigt beim Mittagessen. Auf wieviel denn? Ich habe die ganze Abmachung vergessen.« »Auf dreißig Prozent«, sagte Smithy. »Dreißig Prozent für dich?« fragte Nick. »Dreißig Prozent für dich«, sagte Smithy. Nick schwieg, trank seinen Kaffee aus, schenkte sich wieder ein. »Smithy«, sagte er ruhig, »wir haben uns auf die Hälfte geeinigt. Dabei will ich im großen ganzen bleiben. Nur heute nicht. Heute wirst du dich mit zehn Prozent begnügen, das heißt, wenn du die Klappe hältst und van der Seelen nichts von dem erfährt, was heute vorgeht, sonst mußt du ihm ja auch noch abliefern.« Zehn Prozent, sagte Smithy, komme nicht in Frage. Er schließe seinen Laden. Nick könne sich an den Sanitätsdienst wenden. Es gehe um fünfhunderttausend, sagte Nick ruhig, das mache für Smithy fünfzigtausend. Das sei etwas anderes, sagte Smithy, da sei er einverstanden. Nick solle ihm die Leiche schicken. Nick betrachtete Smithy nachdenklich. Bei einer so hohen Summe müsse Smithy schon selber verhandeln, meinte er endlich. Smithy goß sich Kaffee ein. Verstehe, sagte er, damit sich Nick heraushalten könne. »Eben«, sagte Nick, »gehen wir.« Smithy nahm noch einen Schluck Kaffee und trat mit Nick durch eine Schiebetür. Sie kamen in einen Raum, der ähnlich war wie der, den sie verlassen hatten, nur ohne Fenster, mit einer weiteren Schiebetür, und betraten einen breiten feudalen Korridor, eigentlich mehr ein länglicher Saal, an dessen beiden Enden hinter riesigen Glaswänden der heiße Himmel wie eine Betonmauer stand. Es war angenehm kühl. Sie schritten über einen grünen Spannteppich. »Kannst du Dänisch?« »Nein«, sagte Nick, »gehen wir zum Kunden.« »Gehen wir zur Leiche«, sagte Smithy. Nick blieb stehen. »Wozu? Die wird dir geliefert!« Smithy antwortete: »Dann läßt sich nachher besser verhandeln.« Nick klopfte ihm auf die Schulter: »Smithy, du wirst noch ein Geschäftsmann.« Sie hatten den Korridor überquert, Nick drückte auf einen Knopf. »Apartment 10«, sagte er. Ein älterer Mann öffnete, glatzköpfig, offenbar im Smoking, Smithy war nicht sicher, er kannte solche Kleidungsstücke nur vom Kino. »Wir gehen zu ihr«, sagte Nick. Der Glatzkopf antwortete nichts, trat zur Seite, ein kleiner Salon, gold-farbener Spannteppich, vornehme Möbel, wie Smithy sie bezeichnen würde, hätte er sie beschreiben sollen, dann öffnete Nick eine Tür, weiß, die Füllungen mit Gold eingefaßt, ein Schlafzimmer, ein weißer Teppich, ein weißes breites Himmelbett, der Bettgiebel vergoldet, vom Betthimmel hingen Wolken von weißen Schleiern herunter, die Nick auseinanderschob. Auf dem aufge-schlagenen, noch unbenutzten Bett lag die Frau, noch im gleichen Kleid, das sie nicht viel mehr als drei Stunden vorher getragen hatte, als sie aus dem Cadillac an den sich verbeugenden Hoteldienern vorbei ins Coburn gehuscht war. Ihre Augen waren weit geöffnet, sie schien Smithy anzustarren, wie sie ihn immer angestarrt hatte, gleich-gültig und aufmerksam, ihre dunklen Haare lagen auf ihren Schultern und waren auf dem weißen Bettlaken ausgebreitet, nur ihr Hals war nun wirklich häßlich zugerichtet, da mußte sie einer weit energischer gewürgt haben als Smithy, und als Smithy die Tote anstarrte, bemerkte er verwundert, wie schön sie war. »Nutte?« fragte er, mehr um überhaupt etwas zu sagen, und auf einmal verlegen, denn die Frage kam ihm, kaum hatte er sie gestellt, schmutzig vor. »Nein«, sagte Nick hinter ihm, am Fenster gelangweilt zwischen den Vorhängen durch auf die tief unten liegende Straße blickend, »sonst hätten wir nicht fünfhunderttausend verlangen können.« »Gehen wir zum Kunden«, sagte Smithy müde. Im klei-nen Salon, der wahrscheinlich nur ein Vorzimmer war, wie sich Smithy überlegte, wieder geniert vom noblen

Milieu, von all diesen Möbeln und Bildern, stand der Glatzkopf. Offenbar ein Butler, wie es Smithy durch den Kopf schoß, nicht unglücklich über diese Erleuchtung, er war immer froh, in verwickelten Situationen etwas Übersicht zu haben. »Schläft er?« fragte Nick. »Der Arzt ...« wollte der Glatzkopf fortfahren. »Holen Sie ihn raus«, sagte Nick, öffnete die Tür, die gegenüber jener zum Schlafzimmer mit der Leiche lag, stieß sie auf und ging hinein. Smithy folgte ihm. Ein großer Raum, vor der Fensterfront eine Terrasse, ein Schreibtisch. Nick flegelte sich in einen Riesensessel. »Setz dich, Smithy«, sagte er und wies auf einen anderen Sessel. Smithy setzte sich, es war ihm unangenehm, daß er nicht rasiert war. »Der Arzt«, begann der Glatzkopf wieder. »Es gibt Schwierigkeiten«, sagte Nick. »Sehr wohl«, sagte der Glatzköpfige, öffnete eine Tür hinter dem Schreibtisch. »Nun, Smithy«, sagte Nick, »jetzt kommt deine große Stunde.« »Wo sind wir hier?« fragte Smithy. Nick räkelte sich in seinem Riesensessel, versank in ihm, legte die Beine auf den gepolsterten Hocker, die gespreizten Fingerspitzen aufeinander, setzte die Daumen auf die Brust, massierte mit seinen beiden Zeigefingerkuppen die Nase und betrachtete Smithy belustigt. »Zeitunglesen ist wohl nicht deine Sache?« sagte er. »Nein«, antwortete Smithy. »Von Politik keinen Schimmer?« Er interessiere sich nur für Eishockey, antwortete Smithy. Nick schwieg, dann meinte er, für Eishockey sei jetzt keine geeignete Jahreszeit. Überhaupt hasse er den Sommer, sagte Smithy, legte nun auch die Beine auf den Hocker vor ihm. »Außerordentliche UNO-Vollversammlung«, sagte Nick. »Und?« fragte Smithy. »Nur so«, sagte Nick und schwieg wieder. Die Tür hinter dem Schreibtisch öffnete sich, den Mann erkannte Smithy sofort, das heißt, er wußte zwar nicht, wer der Mann war, aber er hatte ihn schon oft gesehen. Smithy dachte nach, er kam nicht darauf, jedenfalls mußte der Mann in seinem eleganten Pyjama irgend jemand aus Europa sein, irgendein Regierungschef oder Ministerpräsident oder Außenminister oder sonst irgend jemand Wichtiges, enorm berühmt, ein Mann, der Smithy nur flüchtig mit einem Blick streifte, als ob Smithy überhaupt niemand wäre, so gleichgültig, wie ihn die Frau diese Nacht betrachtet hatte, aber nicht so aufmerksam, sondern überhaupt nicht, mit einem Blick, der Smithy plötzlich in Wut versetzte, ohne daß Smithy diese Wut erklären konnte, aber er preßte nun auch die Fingerspitzen aufeinander, nahm auf einmal die Haltung ein, die Nick in seinem Riesensessel eingenommen hatte, bevor der Mann erschienen war, dieser Mann, der so gelassen, so erhaben war, wie der liebe Gott persönlich, für den Smithy eben bloß eine Laus darstellte, noch weniger, eine Laus war Smithy ja schon für Nick, aber Smithy wußte nicht, was noch weniger als eine Laus war, was er doch für den lieben Gott darstellen mußte. »Schwierigkeiten?« fragte der Himmelsvater Nick, der sich erhoben hatte. »Schwierigkeiten, der Mann macht Schwierigkeiten.« »Der da?« fragte der Herr-o-mein-Gott in seinem weinroten Schlafanzug, ohne einen zweiten Blick auf Smithy zu werfen. »Der da«, sagte Nick, die Hände in den Hosentaschen. »Was will er denn?« fragte der Herr der Heerscharen. Smithy hatte sich all die Gottesnamen unwillkürlich gemerkt, die Holy zu zitieren pflegte, sie schossen nun aus seinem Gedächtnis, aber er unterdrückte den Wunsch, den Herrgott zu fragen, ob er denn Dänisch könne. »Weiß nicht«, sagte Nick. Der

Herr des Himmels und der Erden setzte sich hinter den Schreibtisch, spielte mit einem goldenen Kugelschreiber. »Nun?« fragte er. »Wer ist die Leiche?« fragte Smithy. Jahwe schwieg, spielte weiter mit dem goldenen Kugelschreiber, blickte erstaunt zu Nick hinüber, der hinter dem Sessel stand, in dem er vorher gesessen hatte. Nick wandte sich Smithy zu, verblüfft, aber dann plötzlich belustigt, als sei ihm ein Licht aufgegangen. »Ihre Tochter?« fragte Smithy. Der Herr Zebaoth legte den goldenen Kugelschreiber auf den Schreibtisch zurück, nahm aus einer grünen Schachtel eine gedrungene, flache Zigarette, zündete sie mit einem goldenen Feuerzeug an. »Wozu diese Fragen?« sagte er, Smithy immer noch keinen Blick schenkend. »Ich muß wissen, ob ich die Leiche verschwinden lassen will«, sagte Smithy. »Nennen Sie Ihren Preis, dann wissen Sie es«, antwortete Jehova gelangweilt. Smithy blieb hartnäckig. Er könne den Preis erst nennen, wenn er wisse, wer die Leiche sei, behauptete er, durchaus zur Erheiterung Nicks, wie Smithy spürte, und nun blickte ihn Gott der Allmächtige zum erstenmal wirklich an, nahm endgültig Notiz von ihm, einen Moment ärgerlich, ja zornig, als wolle er Smithy im nächsten Augenblick mit einem Blitzstrahl entzweispalten, aber weil er ja kein Gott war, sondern wie Smithy bloß ein Mensch, wenn auch ein ungleich wichtigerer, gesellschaftlich, geschichtlich, auch in Hinsicht auf Bildung, Vermögen und überhaupt, blieb die Wut im berühmten, vielleicht etwas zu aufgedunsenen Gesicht des doch eher dünneren Repräsentanten der Geschichte im weinroten Pyjama hinter dem Schreibtisch nur sekundenlang, genauer, den Bruchteil einer Sekunde lang sichtbar, noch genauer, ahnbar, und dann lächelte er

Smithy geradezu freundlich an: »Die Leiche ist meine Frau.« Smithy studierte das aufgedunsene rote Gesicht des berühmten Mannes hinter dem Schreibtisch und kam immer noch nicht darauf, wessen Landes Staatspräsident oder Ministerpräsident oder Außenminister oder Kanzler oder Vizekanzler er war oder wie der Job auch hieß, wenn er überhaupt ein Politiker war und nicht ein berühmter Großindustrieller oder Bankier oder vielleicht nur ein Schauspieler, der in einem Film einen Staatspräsidenten oder Außenminister gespielt hatte, weshalb ihn Smithy jetzt verwechselte, aber es war Smithy plötzlich gleichgültig, der hinter dem Schreibtisch war der Mann der Frau, mit der Smithy geschlafen hatte, kaum eine Stunde vor dem Morgen, der sich hinter den großen Fenstern nun schon wieder zu einer blendend weißen Wolke verdichtete, in die zu tauchen höllischer noch als tags zuvor sein würde. »Wer hat sie getötet?« fragte Smithy mechanisch. »Ich«, antwortete der Mann hinter dem Schreibtisch gelassen. »Weshalb?« fragte Smithy. Der hinter dem Schreibtisch schwieg, rauchte. »Sie wollen mich wohl verhören?« stellte er fest. »Ich muß mich entscheiden«, sagte Smithy. Der Typ im weinroten Pyjama ließ die Zigarette in einem runden Emailaschenbecher verschwinden, öffnete die grüne Schachtel, zündete sich eine neue Zigarette an, alles ohne Hast, ohne Verlegenheit, irgend etwas nachsinnend, sich dann Smithy zuwendend. »Ich habe die Nerven verloren«, sagte er dann, lächelte und schwieg, betrachtete Smithy plötzlich neugierig. »Meine Frau«, fuhr er fort, sorgfältig ein Wort um das andere wählend, in seinem Schulbuchenglisch, das Smithy nur von englischen Filmen her kannte, das vielleicht auch gar kein Schulbuchenglisch war, sondern ein

Englisch, von irgendeiner europäischen Sprache grob
verfärbt, das sich aber natürlich gegenüber dem Englisch,
das Smithy sprach, wie klassisches Englisch ausnahm,
wie sich Smithy plötzlich bewußt wurde, er wußte nicht,
warum er sich darüber ärgerte. »Meine Frau verließ vor
zwei Tagen dieses Haus. Sie schlief seitdem wahllos mit
vielen Männern, sagte sie, als sie diesen Morgen ins Hotel
zurückkehrte. Kurz nach vier. Oder gegen halb fünf.«
Der Kerl hinter dem Schreibtisch beobachtete Smithy
amüsiert, und Smithy dachte, eigentlich hätte er sich
Holy auch so vornehm wie diesen da hinter dem Schreibtisch vorstellen können, und so eine Visage wie diese da,
rot und aufgedunsen über dem weinroten Pyjama, gäbe
es tausendfach. »Deshalb haben Sie Ihre Frau erwürgt«,
stellte Smithy fest. Sie müsse ihm doch aus irgendeinem
Grunde davongelaufen sein. Die Type hinter dem
Schreibtisch lächelte. »Sie wollte mich bloß ärgern«,
sagte er. »Und es ist ihr gelungen. Ich habe mich geärgert. Zum erstenmal in meinem Leben.« Die Visage
hinter dem Schreibtisch kam Smithy ekelhaft vor. »Zum
erstenmal in meinem Leben«, wiederholte er, gähnte und
fragte: »Wieviel?« »Fünfhunderttausend hat er mir gesagt«, antwortete Nick anstelle Smithys. »Gehen Sie
nicht darauf ein, eine Schweinerei, ich werde den Scheiß-
kerl verhaften lassen.« »Schön«, sagte die schäbige Ratte
hinter dem Schreibtisch, »fünfhunderttausend.« »Wenn
Sie durchaus wollen«, sagte Nick, »bin ich machtlos.«
»Nein«, sagte Smithy. »Eine Million«, lächelte die lausi-
ge Wanze im weinroten Pyjama, Nick starrte sie verdat-
tert an, strahlte. »Ihre Frau lasse ich gratis verschwinden«, sagte Smithy zur schäbigen Laus hinter dem
Schreibtisch, ohne recht zu wissen, was er sagte, wäh-

rend er an die Tote dachte, vielleicht acht, neun, zehn
Meter von ihm entfernt hinter den Wänden auf den
Laken des Himmelbetts. Er dachte an ihre Schönheit und
wie sie ihn mit ihren toten Augen angestarrt hatte, und
dann sagte er, indem er sich erhob: »Von Ihnen nehme
ich nichts!« Er verließ das große Zimmer, das Apartment, schaute sich in der Halle mit dem grünen Teppich
kurz um, der Schweizer mit dem lächerlichen Kavalierstuch kam auf ihn zu, begleitete ihn zum Warenaufzug.
Smithy fuhr hinunter, im Lieferanteneingang stand immer noch Cover, wischte sich den Schweiß ab. »Nick
kann mir die Ware zuschicken«, sagte Smithy, während
er in die unbarmherzige Hitze hineinschritt, die sich in
der Straßenschlucht staute, aber Smithy war alles gleichgültig, die ungeheure Sonne über der Riesenstadt, die
Riesenstadt und die Menschen, die sich in ihr bewegten,
der Dampf, der aus den Kanalisationsdeckeln quoll, die
kriechenden, stinkenden Wagenkolonnen, er ging und
ging, ob durch die Fünfte Straße, durch die Madison,
Park oder Lexington Avenue oder durch die Dritte,
Zweite oder Erste Straße, er wußte es nicht, er ging,
trank irgendwo ein Bier, aß in einem schmierigen Drugstore, er wußte nicht, was, saß lange im Park auf einer
Bank, er wußte nicht, wie lange, einmal saß eine junge
Frau neben ihm, einmal eine alte Frau, dann kam es ihm
vor, als hätte jemand neben ihm Zeitung gelesen, es war
ihm gleichgültig, er dachte nur an die Tote, wie sie am
frühen Morgen ins Coburn gegangen war, an den Hoteldienern vorbei, wie er sie beobachtet hatte im Rückspiegel des Cadillac, wie sie oben in der Tür des Sezierraums
mit der linken Schulter an dem Pfosten gelehnt hatte, wie
sie auf Leibnitz' Matratze nackt gewesen war, wie sie sich

ihm hingegeben, wie sie ihn im Lift angestarrt hatte und
wie er nichts begriffen hatte. Eine wilde Zärtlichkeit war
in ihm und ein wilder Stolz, Smithy war ihrer würdig, er
hatte es dem dreckigen lieben Gott hinter dem Schreibtisch gezeigt, wie sie es ihm gezeigt hatte, und dann war
es plötzlich Nacht. Die Straßenlampen brannten, und
wahrscheinlich war die Nacht noch heißer, noch höllischer als der Tag zuvor und die Nacht zuvor und als der
Tag gewesen war, der nun in die Nacht geglitten war, die
ihn umgab, aber er achtete nicht darauf. Er tat alles ohne
zu wissen, in Gedanken an die Frau, von der er nichts
wußte, keinen Namen, keinen Vornamen, nichts, eigentlich nur, wie sie als Tote aussah, aber er hatte sie geliebt,
und als er in Leibnitz' Sezierraum stand, war alles schon
vorüber, nur das Kleid der Toten lag über der Lehne des
Stuhls, fein säuberlich zusammengefaltet, wie das nun
einmal Leibnitz' Gewohnheit war. Smithy nahm das
Kleid. Er fuhr mit dem Lift in Leibnitz' Zimmer, aber
Leibnitz war auch hier nicht, Leibnitz mußte ausgegan-
gen sein, was doch sonst um diese Zeit nie der Fall war,
aber schon im Lift hatte Smithy gewußt, daß er die
dreckige, dunkle, dumpfe Bude leer finden würde.
Smithy ließ die Tür zum Lift offen, das Licht vom Lift fiel
auf ihn, er setzte sich auf die Matratze, mit dem Rücken
gegen die Wand gelehnt, auf seinem Schoß lag das Kleid
der Frau, die nun tot war, die er auf dieser Matratze
geliebt hatte, ohne daß er sich daran erinnern konnte, im
Rechteck des Fensters undeutliches Licht, der Lift fuhr
hinunter, nur das unbestimmte Licht im Fenster blieb,
Smithy fühlte nichts als den Stoff des Kleides, über das
seine Hände fuhren, ein leichter Fetzen, mehr nicht. Auf
einmal war der Lift wieder da, ein Schatten schob sich

zwischen sein Licht und Smithy, füllte die Türe, plötzlich wurde es grell im Zimmer, van der Seelen hatte das Licht angedreht, und hinter van der Seelen war Sam. Smithy schloß die Augen, das Licht blendete ihn, und seine Hände streichelten das Kleid. »Du hast das Geschäft deines Lebens vermasselt«, sagte van der Seelen, nicht einmal sonderlich verärgert, mehr erstaunt, und Smithy antwortete stolz: »Nicks Geschäft«, worauf van der Seelen zur Seite trat. Sam hielt etwas in den Händen, das auf Smithy keinen Eindruck mehr machte, er fürchtete sich nicht vor dem, was Sam nun tun mußte, und als es Sam getan hatte, meinte van der Seelen, schon im Lift und jetzt doch etwas verärgert: »Schade um meine Prozente.«

Doch nachdem ich nun diesen jetzt auf einer lumpigen Matratze von der Maschinenpistole Sams durchsiebten und verreckenden jämmerlichen Helden, diesen Smithy, rekonstruiert habe, mit Hilfe einiger Seiten, die ich schon verloren glaubte, gleichsam im Rückwärtsgang fünfzehn Jahre zurückgleitend bis zu meinem Drauflosmarschieren die Insel Manhattan hinunter, indem ich unvermutet, das Stück weiterdenkend, nicht als Stoff, sondern von seinen Aspekten her, ohne es eigentlich zu wollen, zu seinem Ursprung gelangte, komme ich mir vor, als sei ich durch ein Labyrinth gegangen und durch dieselbe Pforte, in die ich eingedrungen war, unvermutet wieder ins Freie geraten, wie Theseus einen Ariadnefaden benutzend: die Erinnerung. Denn nur so war eine Rückkehr zum Ursprung möglich. Von Smithy führt ein dialektischer Weg zu Doc, doch von Doc kein irgendwie erahnbarer Weg zu Smithy, es sei denn, dieser Weg sei nachträglich zurückgelegt worden, denn das Stück ist nicht der dramatisierte Stoff, den ich nachträglich rekonstruierte. Smithy ist nicht Doc – Smithy ist Doc, Boss, Cop in einem und wieder keiner genau von den dreien, alles verschwimmt, alles hat etwas von allem, nebelhaft, die Frau erinnert an Ann und doch wieder nicht, der Polizeichef an Cop, wenn auch nur flüchtig, der Mann hinter dem Schreibtisch, dieser Diplomat oder dieser Großindustrielle, in seiner Beziehung zur Frau ist Boss und nicht Boss. Nur einer fehlt in der Erzählung: Bill. Doch indem mir dieser Umstand auffällt, begreife ich auch das schriftstellerische Unglück dieses Nachworts: wie ein Zug entgleist, entgleise es nach so vielen Seiten in eine Erzählung, die ich eigentlich mit wenigen Sätzen hätte abtun können: Daß ich es nicht tat, daß ich die wenigen Seiten, die ich vorfand, nachträglich weiterführte, geschah um meiner selbst willen, um mich, der ich jetzt schreibe, mit jenem zu konfrontieren, der einst vor vielen Jahren aus Eindrücken, Assoziationen heraus einen Stoff fand, ihn vor sich herpfiff, und um herauszufinden, warum ich ihn dann liegenließ, anderes schrieb, acht Stücke unter anderem, und den Stoff plötzlich wieder aufnahm. Als ich ihn fand, zum erstenmal in den USA, zum erstenmal auf einem anderen Kontinent, stürzten die Eindrücke auf mich zu, der Flug über den Ozean, noch mit einem Propellerflugzeug, die Eisberge, die Schiffe zwischen ihnen, wie Spielzeuge, die amerikanischen Landmassen, menschenleer, die Landung, die ersten Tage in Long Island, irgendwo an einem Kanal, die erste Fahrt nach New York in der Abenddämmerung, die ungeheuerlich in den einnachtenden Himmel ragende Stadt, die Hitze, die am nächsten Tag auf einmal da war usw., der Stoff war meine Antwort darauf, aber auch eine Hilfskonstruktion, die ich mir errichtete, diese Eindrük-ke zu ertragen. Ich bin kein Tagebuchschreiber und kein Beschreiber, meine Antwort auf meine Eindrücke ist mittelbar, auf dem Umweg über einen Stoff, und weil es meine Antwort, meine Bewältigung eines Eindrucks war, brauchte ich ihn auch nicht zu schreiben, es genügte, ihn gedacht, einige Seiten geschrieben, manchmal erzählt – so in einer heißen Juninacht Hans Arp –, ihn ›vor mich hingepfiffen‹ zu haben. Doch all die Jahre später verführ-te mich die Bühne, den Stoff zu verwenden, und viel-leicht war gerade der *Mitmacher* deshalb so schwer auf der Bühne zu verwirklichen und nachträglich als Partitur herzustellen, weil dieses Stück das Ergebnis praktischer Beschäftigung mit der Bühne war, eines nicht sonderlich geglückten Versuchs, mich zuerst in Basel, dann in Zü-rich anzusiedeln. Das sind äußere Gründe, gewiß, der innere Grund, der mich an einem Stoff reizt, ist ebenso schwer zu begründen wie die Liebe zu einem Menschen: er ist nicht darzustellen, einer, der da einen Grund aufzuführen wüßte, wäre ein mieser Liebhaber, der Grund, den man bestenfalls noch anzuführen weiß, ist ein Nebengrund, nie der Grund. Das soll alles unbestrit-ten sein, auch hat der Grund, weshalb man ein Stück schreibt, nichts damit zu tun, ob ein Stück gut ist oder schlecht, es gibt auch unglückliche Liebesgeschichten im Verhältnis des Schriftstellers zu seinen Stoffen. Doch macht mich Bill nachdenklich. In der Erzählung hat er nichts zu suchen, es fragt sich nur, was er im Stück zu suchen hat. Gewiß, es mag darin begründet sein, daß nach Ann Doc auch noch seinen Sohn verleugnen muß, in einer dramaturgischen Bosheit des Autors also. Aber was mir zu denken gibt, ist die sonderbare Zärtlichkeit, mit der Cop von Bill redet, den er doch getötet hat, und wenn Cop sagt, es gebe nichts Grausameres als den Glauben, im Recht zu sein, so weiß ich nicht, ob Cop das nur aus Trauer darüber sagt, es scheint mir nachträglich, daß Cop Bill beneidet, mag dieser Neid noch so grotesk sein. Denn Cop ist ohne Glauben, und weil er ohne Glauben ist, ist er auch ohne Wissen.

Der Zusammenhang zwischen Glauben und Wissen ist nicht einfach. Das Wissen muß geglaubt werden, um ein Wissen, und der Glaube gewußt werden, um einen Glauben darzustellen. Das Paradoxe der Ironie, zu wissen, daß sie nichts weiß, sich somit zweimal zu setzen, als Wissen und als Nichtwissen, zwingt sie auch, zuzugeben, daß sie glaubt, daß sie nichts glaubt. Auch hier setzt sie sich zweimal, als Glauben und als Nichtglauben. Wortspiele, gewiß, doch Zeichen dafür, wie sehr sich alles am Rande der Sprache abspielt; mit einem Unterschied freilich: Wissen und Glauben zielen aus der Sprache hinaus auf etwas jenseits der Sprache, auf eine ›totale Wirklichkeit‹ oder auf Werte wie Freiheit oder Gerechtigkeit, die ihren Sinn ja nur von einem Ganzen her bekommen, oder auf Gott usw., während die Ironie aus der Sprache nicht herauskommt, in ihrem Paradox gefangenbleibt. Sie bleibt beim Wissen stehen, daß es nur ein Teilwissen gibt, das Erfahrbare, welches von der Sprache auch zu absorbieren ist, daß es jenseits dieses Wissens aber kein anderes Wissen mehr gibt, kein Wissen von einem Ganzen, Totalen, Absoluten her, daß es nichts gibt als Spekulationen darüber, Fiktionen, Hypothesen, Theorien bestenfalls, daß es aber auch keinen Glauben gibt, weil sich der Glaube, ist er echt, im Nu, im Augenblick, da einer glaubt, in ein Wissen verwandelt. Der ironische Held ist daher außerhalb der Dialektik des Glaubens mit dem Unglauben und des Wissens mit dem Nichtwissen. Er wagt weder den Sprung in den Glauben oder in den Unglauben, noch den Sprung ins Wissen oder ins Nichtwissen, nicht weil er zu feige wäre, sondern weil es für ihn weder Glauben noch Unglauben, weder Wissen noch Nichtwissen gibt. Seine Gefahr ist, entweder zu verzweifeln, weil er glauben oder wissen möchte und es doch nicht kann, oder zynisch zu werden: so zu tun, als glaube oder wisse er. In beiden Fällen ist er kein ironischer Held mehr; vielleicht könnte das, was er dann ist, will man ein Wort dafür, ein dämonischer Held genannt werden. Cop, der nicht im ›intellektuellen‹, sondern im ethischen Sinne ein ironischer Held ist – er befindet sich der Gerechtigkeit als etwas Allgemeinem gegenüber in einem Zustand des Nichtwissens und des Nichtglaubens –, würde als dämonischer Held Karriere machen, er hätte nicht nur die Verbrecherwelt, sondern auch die Behörde in der Hand, er wäre für beide unentbehrlich; bleibt er jedoch ein ironischer Held, besitzt Bill etwas, was Cop nicht besitzt, aber vermißt, eben den Glauben, was wiederum bedeutet, daß Cop Bill ernst nimmt. Er achtet ihn. Nicht das, was Bill glaubt, sondern: daß Bill glaubt. Der Inhalt dessen, woran Bill glaubt, mag so absurd sein, wie er will, wichtig ist allein die Tatsache des Glaubens, durch den Glauben allein steht Bill im Glauben, nicht mit dem, woran er glaubt. Der ironische Held bleibt außerhalb der Dialektik des Glaubens und damit außerhalb der menschlichen Geschichte. Denn nicht die Ironie versetzt Berge, sondern der Glaube. Er allein vollbringt Wunder, im guten und im schlechten. Die Ironie vermag nur das

Schicksal von Einzelnen zu sein, der Glaube ist das Schicksal der Menschheit. Nur in seinem Kraftfeld haben die Begriffe Wahrheit, Gerechtigkeit, Freiheit, aber auch Gott und Gnade, Sünde und Fluch, Strafe und Sühne überhaupt einen Sinn, während die Ironie – die nur weiß, daß sie nichts weiß und daß es nichts gibt als eine jämmerliche Gerechtigkeit – alle diese Begriffe, die nur sind, wenn man an sie glaubt, gleichsam nur respektvoll grüßt, so wie ein Protestant den Papst. Der ironische Held, der absolut Einzelne, steht neben der Menschheit. Weder kalt noch heiß, trifft ihn das Wort: »O daß du kalt wärest oder heiß.« Diese Unfähigkeit, zu glauben und damit auch zu wissen, insofern als der Glaubende durch seinen Glauben etwas zu wissen meint, was er ohne Glauben nicht zu wissen vermag, liegt beim ironischen Helden genau dort, wo beim tragischen Helden die Schuld liegt: An die Stelle der Schuld ist das Bewußtsein getreten, die Einsicht in die eigene Position, die den ironischen Helden unangreifbar, aber auch steril macht, weder kalt noch heiß eben, seine Ehrlichkeit ist seine Feigheit, was ihn auszeichnet, sein Mangel, sein Tod geschieht seinetwegen, nicht um den Bruch mit dem Allgemeinen aufzuheben, wie es der Tod des tragischen Helden bewirkt, sondern um den Bruch im Subjektiven zu schließen, den Gegensatz im Einzelnen selbst, der nur der Einzelne sein kann, der absolut Einzelne, wenn er sich nicht nur gegen das Allgemeine, sondern auch gegen sich selbst wendet: um sich achten zu können; und hier trifft sich Cop mit Smithy. Dieser schmierige Geschäftsmann ist ganz gewiß kein ironischer Held, ihm fehlt dazu das Bewußtsein, aber unversehens gerät er in den Stolz, daß er noch etwas anderes ist als eine Ratte, die sich mit

dubiosen Geschäften durchs Leben beißt, er wird instinktiv zum Einzelnen, der sich einer Welt widersetzt,
nicht aus Größenwahn, sondern aus Selbstachtung, die er
angesichts einer Toten und angesichts eines der Großen
dieser Welt findet, er ist auf etwas gestoßen, für das es
sich zu sterben lohnt, auf sich selbst, auf dieses letzte
unlösbare Geheimnis, weshalb auch dem Ich gegenüber
zutrifft, was der ›objektiven Welt‹ gegenüber zutrifft.
Dem ›Erkenne dich selbst‹ sind ebenso die Grenzen
gesetzt wie dem ›Erkenne die Welt‹: Wie sehr wir auch
das Ich erforschen, hinter alldem, was zu beantworten
ist, weicht ein Rest ins Unbeantwortbare zurück, in eine
Domäne, die jenseits der Sprache liegt.

So kehren wir immer wieder zum gleichen Ausgangspunkt zurück: Weil der Mensch ein Einzelner ist, ist er
ein Geheimnis, und weil er ein Geheimnis ist, geht er aus
keinem System hervor; ein System kann kein Geheimnis
kennen, es ist ohne Geheimnis. Nun ist dieser Satz auch
ein dramaturgischer Satz; jede Aussage über den Menschen betrifft auch die Dramaturgie, behandelt sie doch
die Kunst, den Menschen vermittels der Bühne darzustellen, sie vermag das nur, indem sie ihm sein Geheimnis
beläßt. Das scheint paradox, die Aufgabe der Bühne
scheint im Gegenteil ja gerade darin zu bestehen, dem
Menschen sein Geheimnis zu entreißen, den Menschen
zu durchschauen, die Gründe seines Handelns bloßzu-
legen. Sonst würde es genügen, bloße Ereignisse auf der
Bühne darzustellen:

In Mannheim sah ich auf dem Weg in mein Hotel zwei
etwa achtjährige Knaben miteinander kämpfen, mit einer
Wildheit, die etwas Infernalisches hatte, es war, als hätten sich zwei Tiere ineinander verkrallt; um die beiden

sich würgenden, kratzenden, schlagenden Buben herum
sprang ein Mädchen, etwa zehn, ohne einzugreifen, nur
schreiend, doch was es schrie, war nicht zu verstehen,
das Mädchen schrie in einer unverständlichen Sprache.
Mein Begleiter und ich rissen die beiden Achtjährigen
auseinander, wir brauchten alle Kraft dazu, so unbändig
war die Wut der beiden, die sich immer wieder aufeinan-
derstürzen wollten. Der Vorfall spielte sich auf dem
breiten Gehsteig einer belebten Straße ab. Die Leute
blieben stehen und schauten zu. Mein Begleiter und ich
hielten die beiden Achtjährigen auseinander, sie schrien
einander an, das Mädchen schrie uns an, wahrscheinlich
auf türkisch. Die beiden Buben bluteten, der kleinere aus
der Nase, der größere hatte den Mund blutverschmiert,
wir redeten auf sie ein, ahnungslos, ob sie uns verstün-
den, endlich beruhigten sich die beiden, auch das Mädchen schwieg, auf die Frage, was denn eigentlich geschehen sei, erhielten wir keine Antwort. Wir gingen weiter,
doch kaum hatten wir uns einige Schritte von den dreien
entfernt, als sich die beiden Knaben wieder aufeinander-
warfen und sich haßerfüllt auf dem Gehsteig wälzten,
bald war der eine oben, wild zuschlagend, bald der
andere, jenen würgend, der zuschlug. Wir wollten die
beiden wieder trennen, es mischten sich andere Passanten
ein, jüngere Leute, alles war ratlos, weil niemand den
Vorfall begriff, alles stand außerhalb, doch gerade dadurch wurde der Kampf der beiden Kinder exemplarisch,
exemplarischer, als wenn wir den Vorfall begriffen, Türkisch verstanden hätten, falls sie überhaupt türkisch spra-
chen.

   Doch sosehr mich dieser Vorfall berührte, er ist
ebensowenig ›Theater‹ wie ein Happening. Dem Vorfall

fehlte die Handlung, er blieb ein Ereignis. Ein Happening kopiert ein Ereignis, indem es dieses künstlich herstellt, und so kann es erst recht nicht zu einer Handlung und damit zu ›Theater‹ werden. Was dem Vorfall auf dem breiten Bürgersteig in Mannheim fehlte, um ›Theater‹ zu sein, war das Durchschaubare, doch machte ihn die Unmöglichkeit, zu wissen, weshalb er geschah, unheimlich: Der Vorfall wurde zum Sinnbild von etwas Irrationalem, das uns, kommt es schon bei Kindern zum Vorschein, um so mehr beunruhigt.

Ödipus, geblendet aus seinem Palaste tappend, ist ein schrecklicher Anblick, ein noch unheimlicheres Sinnbild der menschlichen Fragwürdigkeit als die einander schlagenden, würgenden, beißenden und kratzenden Kinder, doch ist der geblendete Ödipus nicht die Tragödie: wie es zur Blendung kam, ist die Tragödie. Ihr Geheimnis ist das Schicksal. Wie es zur Blendung kam, ist zu durchschauen; wir begreifen, warum Ödipus in die Falle gehen mußte. Doch warum diese Falle gestellt wurde und von wem, ist nicht durchschaubar, vielleicht waren es die Götter oder eine Instanz hinter den Göttern oder eine Instanz hinter dieser Instanz. Das Geheimnis hat sich aus der Handlung zurückgezogen in die Instanz, welche die Handlung inszeniert. Die griechische Tragödie kennt den Einzelnen nicht, denn die Menschen werden von außen bestimmt, vom Schicksal her; sie sind vorausbestimmt. Wird aber das Schicksal literarisch, tritt an dessen Stelle die bloße dramaturgische Notwendigkeit, die zwar auch das Schicksal kennt, aber nur als Vehikel der Handlung benutzt, geht das Geheimnisvolle verloren, das die griechische Tragödie auszeichnet: Im rhetorischen Drama etwa erklären sich die Menschen so vollständig und

gründlich, daß sie ohne Geheimnis werden, sie gehen in
die Sprache ein, sie kommen ganz zur Sprache, sie sind
nur noch Sprache, die Handlung ist nur um der Sprache
willen da, für die Sprache in ihren verschiedenen Möglichkeiten, ist da, um die Pointe oder die Wortarie zu
ermöglichen. Aber wie die Handlung geschieht, um die
Akteure zum Reden zu bringen, ihr Reden (oder ihr
Singen) zu motivieren, so sind auch die Akteure nicht
eigentlich Charaktere, sondern sie bleiben strenggenommen Akteure, Rollenträger, so wie in der Oper der
Sänger Sänger bleibt, trotz der heutigen Bestrebungen,
aus ihm einen Schauspieler zu machen (was nicht bedeutet, daß er auf der Bühne nur zu singen hat). Und wenn
heute der Begriff des absurden Theaters aufgekommen
ist, so reicht kein Schauspiel, das unter dieser Marke in
den Verkehr gekommen ist, an *Verdi* heran, etwa an den
›Troubadour‹ oder an ›Die Macht des Schicksals‹. Diese
absurden Handlungen sind nur da, um eine geniale Musik zu ermöglichen. Obwohl diese Musik Handlung und
die Handlung Sprache braucht, um Gesang zu werden,
ist dieser Gesang als Musik jenseits der Sprache. Verdis
dramaturgisch absurdes Theater wird durch seine Musik
vom dramaturgisch Unsinnigen ins musikalisch Sinnvolle
transponiert. In dieser Hinsicht ist Verdi der weitaus
revolutionärere Dramatiker als *Wagner*, dessen Dramaturgie über die konventionelle dramaturgische Notwendigkeit nicht hinauskommt, obgleich diese konventionelle Dramaturgie dermaßen mit Sinn überfrachtet wird,
daß die Handlung bisweilen bedeutender als die Musik
wird: Die Musik hat nur noch eine, wenn auch monu-
mentale, untermalende Funktion, um das Publikum stets
daran zu erinnern, daß es hier mehr mythologisch und

philosophisch zugehe. Doch ist Verdi noch in einem anderen Sinn revolutionär. Ist Wagners Dramaturgie jene Schillers in weihevolle und langsamere Musik gesetzt, so ist es nicht zufällig, daß die beiden letzten Meisterwerke Verdis Stoffe von *Shakespeare* behandeln: ›Othello‹ und ›Falstaff‹; in der ›Macht des Schicksals‹ hatte er gleichsam seinen Ödipus komponiert, eine Weiterentwicklung seiner Oper konnte nur mit Stoffen von Shakespeare gelingen. Verdi vollzog in seinem Opernschaffen die wohl wichtigste Entwicklung der Dramatik: jene vom Ödipus zu Shakespeare. Diese Behauptung scheint auf den ersten Augenschein hin aus der Luft gegriffen: ›Die Macht des Schicksals‹ (nur als Beispiel unter anderen genommen) zeichnet sich durch eine beispiellose Einsetzung des Schicksals in die dramaturgische Handlung aus, wie wir sie etwa aus den Schicksalsdramen Zacharias Werners oder Müllners kennen. Versuchen wir jedoch, den Ödipus ohne den Schicksalsbegriff zu erzählen, so müssen wir das Schicksal durch den Zufall ersetzen. Damit tritt das Geheimnis aus seinem Versteck hinter der Handlung hervor: es beginnt in den Menschen sein Wesen zu treiben. Erst jetzt lassen die Akteure ihre Masken fallen und steigen von den Kothurnen. Aus Mythen werden Menschen. Die griechische Tragödie verwandelt sich in eine Shakespearesche Tragödie, die in Wirklichkeit schon in eine Komödie umgeschlagen ist, auch wenn sie als Fabel grausamer wird. Daß es in der Dramatik, strenggenommen, keinen größeren Gegensatz gibt als den zwischen dem Fall Ödipus und den Helden Shakespeares, bemerkte schon *Brecht* in seinem ›Kleinen Organon für das Theater‹: »Das Theater, wie wir es vorfinden, zeigt die Struktur der Gesellschaft (abgebildet auf der Bühne) nicht als beeinflußbar durch die Gesellschaft (im Zuschauerraum). Ödipus, der sich gegen einige Prinzipien, welche die Gesellschaft der Zeit stützen, versündigt hat, wird hingerichtet, die Götter sorgen dafür, sie sind nicht kritisierbar. Die großen Einzelnen des Shakespeare, welche die Sterne ihres Schicksals in der Brust tragen, vollführen ihre vergeblichen und tödlichen Amokläufe unaufhaltsam, sie bringen sich selbst zur Strecke, das Leben, nicht der Tod wird in ihren Zusammenbrüchen obszön, die Katastrophe ist nicht kritisierbar. Menschenopfer allerwege! Barbarische Belustigungen! Wir wissen, daß die Barbaren eine Kunst haben. Machen wir eine andere.« Selten hat Brecht etwas Großartigeres geschrieben, ob er freilich recht hat, ist eine andere Sache: Die Athener saßen in der Tragödie nicht um eine Bühne, die ihre Gesellschaftsstruktur abbildete (dafür war die Komödie da), sondern die ihre Mythen darstellte, und auch die Götter sind weitaus schlimmer, als sie Brecht darstellt. Sie sorgen nicht dafür, daß sich Ödipus blendet, sondern dafür, daß er sich versündigt. Doch ist diese Kritik nebensächlich; was Brecht stört, ist das Nichtkritisierbare. Was die Götter beschließen und was die großen Einzelnen unternehmen, muß hingenommen werden. Es fragt sich nur, für wen sie nicht kritisierbar sind, doch eigentlich nur für den frommen Griechen und für den getreuen Untertanen, und ich frage mich doch sehr, ob das Publikum des Sophokles nur aus frommen Griechen und jenes Shakespeares nur aus getreuen Untertanen bestanden hat. Was das griechische Publikum betrifft, so waren ihm die Mythen bekannt, welche die Tragiker behandelten, es sah nichts Neues, es war mit dem Schicksal des Ödipus vertraut, ja ich zweifle, ob unter diesen

Umständen die berühmte Katharsis überhaupt stattfinden konnte, die Reinigung durch Furcht und Schrecken. Sicher war, der Zuschauer ging hin, um sein Urteil abzugeben, *wie* die Mythen von den Tragikern behandelt worden waren. Den Zuschauer interessierte nicht die Klage des geblendeten Ödipus, sondern wie er klagte. Das Publikum Shakespeares dagegen wollte das Spektakel, das Schauerstück oder die Posse, es wollte nicht mehr Mythen, sondern sich selber und noch lieber seine Beherrscher auf der Bühne sehen; ob es die Katastrophen, die sich auf der Bühne abspielten, als nicht kritisierbar empfand, ist schwerlich auszumachen; das Publikum ist keine Einheit, neben dem genießenden gibt es auch immer wieder den nachdenkenden Zuschauer; daß ein solcher von der Bühne auf die Welt geschlossen haben mag, halte ich für wahrscheinlich. Doch nicht nur das Schicksal, inszeniert von den Göttern, und Shakespeares große Einzelne, ihren Untergang selbst herbeiführend, sind ›nicht kritisierbar‹: Auch der Zufall entzieht sich jeder Kritik. Daher hat Brecht nicht den ›Ödipus‹, sondern die ›Antigone‹ bearbeitet und ins Kritisierbare übersetzt. Macht uns doch schon die Übersetzung des Ödipus ins ›Zufällige‹ Mühe. Was uns stört, ist das Orakel, eine Instanz, die fähig ist vorauszusagen. Eine voraussagbare Handlung läßt den Zufall nicht zu, Ödipus, als Fabel, scheint untrennbar mit der Idee des Schicksals verbunden zu sein. Der einzige Ausweg, der uns offenbar offenbleibt, Ödipus dem Schicksal zu entreißen, stellt daher nur die Flucht aus der Handlung in die Akteure dar, in die Träger der Handlung. Das bedeutet, daß nicht mehr das Orakel wichtig ist, sondern die Person, die das Orakel verkündet, die Priesterin des Apoll, die Pythia.

Ödipus fiele zum Beispiel einer schlechtgelaunten Pythia
zum Opfer:

Die delphische Priesterin Pannychis XI., wie die meisten
ihrer Vorgängerinnen lang und dürr, hatte, verärgert
über den Unfug ihrer Orakelsprüche und über die
Leichtgläubigkeit der Griechen, den Jüngling Ödipus
angehört; wieder einer, der danach fragte, ob seine Eltern
seine Eltern seien, als wäre das in aristokratischen Kreisen so einfach zu entscheiden, wirklich, gab es doch
Eheweiber, die angaben, Zeus selbst habe ihnen beige-
wohnt, und Ehemänner, die das sogar glaubten. Zwar
hatte die Pythia in solchen Fällen, da die Fragenden
ohnehin schon zweifelten, einfach geantwortet: teils –
teils; aber heute war ihr das Ganze zu dumm, vielleicht
nur, weil es schon nach fünf war, als der bleiche Jüngling
angehumpelt kam, eigentlich hätte sie das Heiligtum
schließen müssen, und so prophezeite sie ihm denn, sei
es, um ihn von seinem Aberglauben an die Orakelkunst
zu heilen, sei es, weil es ihr in einer boshaften Laune
gerade einfiel, den blasierten Prinzen aus Korinth zu
ärgern, etwas möglichst Unsinniges und Unwahrscheinliches, von dem sie sicher war, daß es nie eintreffen würde,
denn, dachte Pannychis, wer wäre auch imstande, seinen
eigenen Vater zu ermorden und seiner eigenen Mutter
beizuschlafen – die inzestbeladenen Götter- und Halb-
göttergeschichten hielt sie ohnedies für Märchen. Zwar
beschlich sie ein leises Unbehagen, als der linkische Prinz
aus Korinth auf ihr Orakel hin erbleichte, sie bemerkte
es, obgleich sie auf ihrem Dreifuß von Dämpfen umhüllt
war – der junge Mann mußte wirklich außerordentlich
leichtgläubig sein. Als er sich dann behutsam aus dem

Heiligtum zurückgezogen und beim Oberpriester
Merops XXVII. bezahlt hatte, der bei Aristokraten persön-
lich kassierte, schaute Pannychis Ödipus noch einen
Augenblick lang nach, kopfschüttelnd, weil der junge
Mann nicht den Weg nach Korinth einschlug, wo doch
seine Eltern wohnten; daß sie mit ihrem scherzhaften
Orakel vielleicht irgendein Unheil angestiftet haben
könnte, verdrängte sie, und indem sie dieses ungute
Gefühl verdrängte, vergaß sie Ödipus.

Alt, wie sie war, schleppte sie sich durch die endlosen
Jahre, ständig im Hader mit dem Oberpriester, der ein
Heidengeld mit ihr verdiente, weil ihre Orakel immer
übermütiger ausfielen. Sie glaubte nicht an ihre Sprüche,
vielmehr wollte sie mit ihrer Orakelei jene verspotten, die
an sie glaubten, so daß sie bei den Gläubigen nur einen
immer unbedingteren Glauben erweckte. Pannychis orakelte und orakelte, an eine Pensionierung war nicht zu
denken. Merops XXVII. war überzeugt, je älter und gei-
stesschwacher eine Pythia sei, um so besser, und am
besten eine sterbende, die prächtigsten Orakel habe die
Vorgängerin der Pannychis, Krobyle IV., sterbend produziert. Pannychis nahm sich vor, nichts zu orakeln,
wenn es einmal soweit wäre, wenigstens sterben wollte
sie würdig, ohne Unsinn zu treiben; daß sie ihn jetzt
noch treiben mußte, war entwürdigend genug. Dazu
kamen die tristen Arbeitsbedingungen. Das Heiligtum
war feucht und zugig. Von außen sah es prächtig aus,
reinster frühdorischer Stil, innen war es eine schäbige,
schlecht abgedichtete Kalksteinhöhle. Pannychis' einziger Trost war, daß die Dämpfe, die aus der Felsspalte
unter dem Dreifuß heraufquollen, den Rheumatismus
linderten, den die Zugluft verursachte. Was in Griechen-

land vorging, kümmerte sie längst nicht mehr; ob es in
Agamemnons Ehe kriselte oder nicht, war ihr gleichgültig; mit wem es Helena wieder trieb, egal; sie orakelte
blind drauflos, und weil man ihr ebenso blind glaubte,
störte es niemanden, daß das Prophezeite nur selten
eintraf und, traf es doch einmal ein, auch gar nicht anders
hätte eintreffen können: Bei den Bärenkräften des Herkules etwa gab es für den Helden, der keinen Gegner
fand, weil niemand ihm gewachsen war, keinen anderen
Ausweg, als sich zu verbrennen, und das nur, weil ihm
die Pythia den Floh ins Ohr gesetzt hatte, er werde nach
seinem Tode unsterblich; ob er es dann wirklich wurde,
war gänzlich unkontrollierbar. Und die Tatsache, daß
Jason Medea überhaupt geheiratet hatte, erklärte hinrei-
chend, warum er seinem Leben schließlich ein Ende
setzte, hatte doch, als er mit seiner Braut in Delphi
erschien, um das Orakel des Gottes zu erflehen, die
Pythia blitzartig instinktiv geantwortet, er solle sich lieber in sein Schwert stürzen als ein solches Vollweib zur
Frau nehmen. Unter diesen Umständen war der Aufschwung des delphischen Orakels nicht mehr aufzuhal-
ten, auch wirtschaftlich nicht. Merops XXVII. plante kolossale Neubauten, einen riesigen Apollotempel, eine
Musenhalle, eine Schlangensäule, verschiedene Banken
und sogar ein Theater. Er verkehrte nur noch mit Köni-
gen und Tyrannen; daß sich nach und nach die Pannen
häuften, daß der Gott immer nachlässiger zu werden
schien, beunruhigte ihn längst nicht mehr. Merops kannte seine Griechen, je toller das Zeug war, das die Alte
zusammenschwafelte, um so besser, sie war ohnehin
nicht mehr vom Dreifuß herunterzubringen und dämmerte in den Dämpfen vor sich hin, in ihren schwarzen

Mantel gehüllt. Wurde das Heiligtum geschlossen, saß sie noch eine Weile vor dem Seitenportal, hinkte dann ins Innere ihrer Hütte, kochte sich einen Brei, ließ ihn stehen, schlief ein. Jede Änderung in ihrem Tagesablauf war ihr verhaßt. Nur unwillig erschien sie bisweilen im Büro Merops' XXVII., brummend und knurrend, ließ sie der Oberpriester doch nur rufen, wenn für einen seiner Klienten irgendein Seher ein von ihm formuliertes Orakel verlangte. Pannychis haßte die Seher. Wenn sie auch nicht an die Orakel glaubte, so sah sie in ihnen doch nichts Unsauberes, die Orakel waren für sie ein von der Gesellschaft verlangter Blödsinn; aber die von den Sehern formulierten Orakel, die sie auf deren Bestellung hin orakeln mußte, waren etwas ganz anderes, sie verfolgten einen bestimmten Zweck, da steckte Korruption dahinter, wenn nicht gar Politik; und daß Korruption und Politik dahintersteckten, dachte sie an jenem Sommerabend sofort, als Merops, sich hinter seinem Schreibtisch räkelnd, ihr auf seine stinkfreundliche Art erklärte, der Seher Tiresias habe einen Wunsch.

Pannychis erhob sich, kaum hatte sie Platz genommen, und erklärte, sie wolle mit Tiresias nichts zu tun haben, sie sei zu alt und zu textunsicher, um noch Orakel auswendig zu lernen und zu rezitieren. Adieu. Moment, sagte Merops, Pannychis nacheilend und sich zwischen Tür und Angel stellend, Moment, es sei ganz unnötig, sich aufzuregen, auch ihm sei der Blinde unangenehm, Tiresias sei Griechenlands größter Intrigant und Politiker und, bei Apoll, korrupt bis auf die Knochen, aber er zahle nun einmal am besten, und was er verlange, sei vernünftig, in Theben sei wieder einmal die Pest ausgebrochen. Die breche in Theben immer wieder aus, knurr-

te Pannychis; wenn man die hygienischen Verhältnisse
um die Burg Kadmeia herum in Betracht ziehe, sei das
auch kein Wunder, die Pest sei in Theben sozusagen
endemisch. Sicher, beschwichtigte Merops XXVII. Pannychis XI., Theben sei grausig, ein schmutziges Nest in jeder
Beziehung, nicht umsonst gehe die Sage um, selbst die
Adler des Zeus seien nur mühsam imstande, Theben zu
überfliegen, mit nur einem Flügel flatternd, weil sie sich
mit dem anderen die Nasenlöcher zuhielten, und die
Verhältnisse am königlichen Hofe – na ja. Tiresias schlage vor, seinem Klienten, der morgen vorsprechen werde,
zu orakeln, die Pest verschwinde erst, wenn der Mörder
des thebanischen Königs Laios entdeckt sei. Pannychis
wunderte sich, das Orakel war banal, Tiresias mußte
senil geworden sein. Nur der Form halber fragte sie
noch, wann denn der Mord begangen worden sei. Irgendwann, vor Jahrzehnten, ohne Bedeutung, finde man
den Mörder, gut, meinte Merops, finde man ihn nicht,
auch gut, die Pest gehe ohnehin vorüber, und die Thebaner würden glauben, die Götter hätten, um ihnen zu
helfen, den Mörder irgendwo in der Einsamkeit, wohin
er sich verkrochen, zerschmettert und so die Gerechtigkeit eigenhändig hergestellt. Die Pythia, froh, wieder in
ihre Dämpfe zu kommen, fauchte, wie denn der Klient
des Tiresias heiße.

»Kreon«, sagte Merops XXVII.

»Nie gehört«, sagte Pannychis. Er auch nicht, bestätigte Merops.

»Wer ist der König von Theben?« fragte die Pythia.

»Ödipus«, antwortete Merops XXVII.

»Auch nie gehört«, entgegnete Pannychis XI., die sich
wirklich nicht mehr an Ödipus erinnerte.

»Ich auch nicht«, bestätigte Merops, froh, die Alte loszuwerden, und übergab ihr den Zettel mit dem von Tiresias kunstvoll formulierten Orakel.

»Jamben«, seufzte sie noch, einen Blick auf den Zettel werfend, »natürlich, das Dichten kann er nie lassen.«

Und als am anderen Tag, kurz vor Schließung des Heiligtums, die Pythia, auf dem Dreifuß hin und her wiegend, wohlig in die Dämpfe gehüllt, eine schüchterne, lammfromme Stimme vernahm, die Stimme eines gewissen Kreon aus Theben, sagte sie den Spruch auf, nicht ganz so flüssig wie früher, einmal mußte sie sogar von vorn beginnen: »Mit klarem Wort gebietet dir Apoll, die Blutschuld, die in diesem Lande wuchert, unheilbar – mit klarem Wort gebietet dir Apoll, die Blutschuld, die in diesem Lande wuchert, unheilbar nicht zu machen: auszutreiben. Ihn zu verbannen oder Blut mit Blut zu sühnen. Blut befleckt das Land. Für Laios' Tod heißt Phoibos Rache nehmen an seinen Mördern. Das ist sein Befehl.«

Die Pythia schwieg, froh, mit dem Text über die Runde gekommen zu sein, das Versmaß war nicht unkompliziert, sie war plötzlich stolz, ihren Hänger hatte sie schon vergessen. Der Thebaner – wie hieß er noch? – hatte sich längst davongemacht, Pannychis dämmerte wieder vor sich hin.

Manchmal trat sie vor das Heiligtum. Vor ihr ein ausgedehnter Bauplatz, der Apollotempel, weiter unten standen schon drei Säulen der Musenhalle. Die Hitze war unerträglich, aber sie fröstelte. Diese Felsen, diese Wälder, dieses Meer – alles Schwindel, ein Traum von ihr, einmal würde dieser Traum vorüber und alles würde nicht mehr sein, sie wußte, alles war erstunken und erlogen, sie, die Pythia, die man als Priesterin Apolls ausgab und die doch nichts als eine Schwindlerin war, die nach Launen Orakel zusammenphantasierte. Und nun war sie sehr alt geworden, steinalt, uralt, wie alt, wußte sie nicht. Die Alltagsorakel gab die Nachwuchs-Pythia ab, Glykera v.; Pannychis hatte die ewigen Dämpfe satt, hin und wieder, na gut, einmal wöchentlich, bei einem zahlungskräftigen Prinzen oder bei einem Tyrannen, setzte sie sich noch auf den Dreifuß, orakelte, auch Merops hatte ein Einsehen.

Und wie sie so in der Sonne saß, die ihr wohltat, so daß sie die Augen schloß, um die delphische Kitschlandschaft nicht mehr zu sehen, vor dem Seitenportal des Heiligtums an die Mauer gelehnt, in sich versunken, der halbfertigen Schlangensäule gegenüber, fühlte sie plötzlich, daß etwas vor ihr stand, wohl schon seit Stunden, etwas, das sie herausforderte, das sie anging, und als sie die Augen öffnete, nicht sofort, sondern zögernd, war ihr, als ob sie erst lernen müsse zu sehen, und als sie endlich sah, nahm sie eine ungeheure Gestalt wahr, die sich auf eine andere nicht minder ungeheure Gestalt stützte, und während Pannychis XI. schärfer hinblickte, sanken die ungeheuren Gestalten auf Menschenmaß zusammen, und sie erkannte einen zerlumpten Bettler, der sich auf eine zerlumpte Bettlerin stützte. Die Bettlerin war ein Mädchen. Der Bettler glotzte Pannychis an, aber er hatte keine Augen, an Stelle der Augen waren Löcher, gefüllt mit schwarzem, verkrustetem Blut.

»Ich bin Ödipus«, sagte der Bettler.

»Ich kenne dich nicht«, antwortete die Pythia und blinzelte in die Sonne, die über diesem blauen Meer nicht untergehen wollte.

»Du hast mir geweissagt«, keuchte der Blinde.

»Möglich«, sagte Pannychis XI., »ich habe Tausenden geweissagt.«

»Dein Orakel ging in Erfüllung. Ich habe meinen Vater Laios getötet und meine Mutter Iokaste geheiratet.«

Pannychis XI. betrachtete den Blinden, dann das zerlumpte Mädchen, verwundert überlegend, was das denn alles zu bedeuten habe, noch ohne Erinnerung.

»Iokaste hat sich erhängt«, sagte Ödipus leise.

»Tut mir leid, kondoliere.«

»Und dann habe ich mich selbst geblendet.«

»So, so«, und dann deutete die Pythia auf das Mädchen. »Wer ist denn die?« fragte sie, nicht aus Neugier, sondern nur um etwas zu sagen.

»Meine Tochter Antigone«, antwortete der Geblendete, »oder meine Schwester«, fügte er verlegen hinzu, und erzählte eine verworrene Geschichte.

Die Pythia, die Augen nun weit geöffnet, hörte nur flüchtig zu, starrte auf den Bettler, der vor ihr stand, auf seine Tochter und Schwester zugleich gestützt, und hinter ihm waren die Felsen, die Wälder, weiter unten das angefangene Theater, endlich das unerbittlich blaue Meer, und hinter allem der eherne Himmel, diese grelle Fläche des Nichts, in das, um es auszuhalten, die Menschen alles mögliche projizierten, Götter und Schicksale, und als ihr die Zusammenhänge aufgingen, als sie sich mit einem Mal erinnerte, daß sie mit ihrem Orakel doch nur einen ungeheuerlichen Witz hatte machen wollen, um Ödipus den Glauben an das Orakel für immer auszutreiben, begann Pannychis XI. plötzlich zu lachen, ihr Lachen wurde immer unermeßlicher, und sie lachte noch, als der Blinde mit seiner Tochter Antigone schon längst davongehumpelt war. Doch ebenso plötzlich, wie sie zu lachen begonnen hatte, verstummte die Pythia, alles konnte nicht Zufall sein, fuhr es ihr durch den Kopf.

Die Sonne ging hinter dem Bauplatz des Apollotempels unter, kitschig wie eh und je, sie haßte die Sonne; die sollte man einmal untersuchen, dachte sie, das Märchen mit dem Sonnenwagen und den Sonnenrossen war doch allzu lächerlich, sie wette: nichts als eine Masse von stinkenden, feurigen Gasen. Pannychis ging zum Archiv, sie humpelte wie Ödipus, fuhr es ihr durch den Sinn. Sie blätterte im Orakelbuch, suchte, alle vom Heiligtum herausgegebenen Orakel waren hier verzeichnet. Sie stieß auf ein Orakel, verkündet einem gewissen Laios, König von Theben: Werde ihm ein Sohn geboren, werde dieser ihn ermorden.

»Ein Abschreckorakel«, überlegte die Pythia, »da muß meine Vorgängerin dahinterstecken, Krobyle IV.«, Pannychis kannte deren Nachgiebigkeit gegenüber den Wünschen der Oberpriester. Sie forschte in der Buchhaltung und fand einen Beleg über fünftausend Talente, gezahlt von Menoikeus, dem Drachenmann, dem Schwiegervater des Königs Laios von Theben, mit der flüchtigen Anmerkung: »Für ein Orakel hinsichtlich Laios' Sohn, formuliert von Tiresias.« Die Pythia schloß die Augen, blind sein wie Ödipus war das beste. Sie saß im Archiv am Lesetisch und dachte nach. Ihr wurde klar: War ihr Orakel ein grotesker Zufallstreffer, so hatte einst Krobyle IV. geweissagt, um Laios zu hindern, einen Sohn und damit einen Nachfolger zu zeugen; sein Schwager Kreon sollte dessen Nachfolge antreten. Das erste Orakel, das Laios bewog, Ödipus auszusetzen, kam durch Korruption zustande, das zweite traf durch Zufall ein, und das dritte, das die Untersuchung des Falles in Gang setzte, hatte wiederum Tiresias formuliert. »Um Kreon auf den Thron Thebens zu bringen – ich bin sicher, daß er jetzt darauf sitzt«, dachte sie. »Aus lauter Nachgiebigkeit Merops gegenüber habe ich das von Tiresias formulierte Orakel geweissagt«, murmelte Pannychis wütend, »und auch noch in miserablen Jamben, ich bin noch schlechter als Krobyle IV., die orakelte wenigstens nur in Prosa.«

Sie erhob sich vom Lesetisch und verließ das verstaubte Archiv, so lange hatte niemand mehr in ihm gestöbert, wer kümmerte sich schon darum, im Delphischen Orakel herrschte eine legere Schlamperei. Doch nun sollte ja auch das Archiv umgebaut werden, ein pompöser Neubau an die Stelle der alten Steinhütte treten, auch war schon eine Priesterschaft des Archivs geplant, um die legere durch eine stramm organisierte Schlamperei zu ersetzen.

Die Pythia sah über die nächtlichen Bauplätze: Quader und Säulen lagen herum, es war, als blicke sie über Ruinen; einmal würden hier nur Ruinen sein. Der Himmel war eins mit Felsen und Meer, im Westen stand ein heller roter Stern über einer schwarzen Wolkenbank, böse und fremdartig. Es war ihr, als ob Tiresias herüberdrohe, Tiresias, der ihr immer wieder seine strategischen Orakel aufgezwungen hatte, auf die er als Seher so stolz war und die doch ebenso dummes Zeug waren wie ihre eigenen Orakel, Tiresias, der noch älter war als sie, der schon gelebt hatte, als Krobyle IV. die Pythia war und vor Krobyle Melitta und vor dieser Bakchis. Auf einmal, als sie über den maßlosen Bauplatz des Apollotempels humpelte, wußte die Pythia, daß es ans Sterben ging, es war auch höchste Zeit. Sie schmiß den Stock an die halbfertige Schlangensäule, auch so ein Kitschmonument, und humpelte nicht mehr. Sie betrat das Heiligtum: Sterben war feierlich. Sie war gespannt, wie denn das Sterben wohl vor sich ginge: Ihr war abenteuerlich zumute. Sie ließ das Hauptportal offen, setzte sich auf den Dreifuß und wartete auf den Tod. Die Dämpfe, die aus der Felsspalte stiegen, hüllten sie ein, Schwaden um Schwaden, leicht rötlich, und durch ihre Schleier sah sie das grauhelle Licht der Nacht, das durch das Hauptportal drang. Sie spürte den Tod näherrücken, ihre Neugier wuchs.

Zuerst tauchte ein finsteres, zusammengedrängtes Gesicht auf, schwarzhaarig, niedere Stirn, stumpfe Augen, ein erdiges Gesicht. Pannychis blieb ruhig, es mußte sich um einen Vorboten des Todes handeln; doch plötzlich wußte sie, daß es das Gesicht des Menoikeus war, des Drachenmannes. Das dunkle Gesicht sah sie an. Es redete zu ihr oder vielmehr es schwieg, aber so, daß die Pythia den Drachenmann begriff.

Er war ein Kleinbauer gewesen, untersetzt, er war nach Theben gezogen, hatte hart gearbeitet, als Taglöhner zuerst, dann als Vorarbeiter, endlich als Bauunternehmer, und als er den Auftrag zugeschanzt bekam, die Burg Kadmeia umzubauen, war sein Glück gemacht: Bei den Göttern, das wurde eine Burg! Daß er sein Glück nur seiner Tochter Iokaste verdanke, war übles Gerede; sicher, der König Laios hatte sie geheiratet, aber Menoikeus war nicht irgendwer, er stammte von den Drachenmännern ab, die aus dem lehmigen Boden Thebens gewachsen waren, in den Kadmos die Zähne des erschlagenen Drachen gesät hatte. Zuerst waren nur die Speerspitzen sichtbar gewesen, dann die Helmbüsche, dann die

Köpfe, die sich haßerfüllt anspieen; als die Drachenmänner bis zur Brust aus dem Lehmboden gewachsen waren, schlugen sie aufeinander ein, rüttelten an den Speeren, die noch halb in der Erde steckten, und endlich aus den Furchen entlassen, in die sie gesät worden waren, fielen sie sich an wie Raubtiere; aber Menoikeus' Urgroßvater Udaios hatte den mörderischen Kampf überlebt und auch den Felsen, den Kadmos auf die sich niedermetzelnden Drachenmänner schmetterte. Menoikeus glaubte an die alten Geschichten, und weil er an sie glaubte, haßte er Laios, diesen dünkelhaften Aristokraten, der sein Geschlecht aus der Ehe des Kadmos mit der Harmonia herleitete, der Tochter des Ares und der Aphrodite, na ja, es muß eine Bombenhochzeit gewesen sein – aber vorher hatte Kadmos den Drachen getötet und dessen Zähne gesät, das stand fest: Menoikeus der Drachenmann fühlte sich über Laios den König erhaben, die Zeugung seines Geschlechts war die ältere und die wunderbarere, Harmonia samt Ares und Aphrodite hin oder her, und als Laios Iokaste heiratete, das stolze helläugige Mädchen mit den wilden roten Haaren, dämmerte in Menoikeus die Hoffnung, er oder wenigstens sein Sohn Kreon könnten einmal zur Herrschaft kommen, Kreon, der schwarzhaarige, finstere, pockennarbige, vor dessen leiser Stimme die Arbeiter auf dem Bau gezittert hatten und vor der nun die Soldaten zitterten, denn jetzt war Kreon, der Schwager des Königs, Oberbefehlshaber der Armee. Nur die Palastwache war ihm nicht unterstellt. Doch Kreon hatte etwas entsetzlich Treues, er war stolz auf seinen Schwager Laios, ja sogar dankbar, und er hing an seiner Schwester, er hatte sie immer in Schutz genommen, trotz der häßlichen Gerüchte, die umliefen; so kam es nie zu

einer Revolution. Es war zum Verzweifeln, wie oft war
Menoikeus drauf und dran, Kreon zuzurufen: Rebelliere
endlich, mach dich zum König!, aber er wagte es dann
doch nicht, und so hatte er seine Hoffnung schon aufge-
geben, als er in der Schenke des Poloros – auch der
Urenkel eines Drachenmannes gleichen Namens – Tiresias traf, den gewaltigen, harten, blinden, von einem
Knaben geführten Seher. Tiresias, mit den Göttern persönlich bekannt, beurteilte die Chance Kreons, König zu
werden, durchaus nicht pessimistisch, den Ratschluß der
Götter wisse man nicht, oft wüßten diese ihn sogar selber
noch nicht, sie seien manchmal unentschieden und geradezu froh, wenn sie von seiten der Menschen gewisse
Hinweise – na ja, in seinem, Menoikeus' Falle koste das
fünfzigtausend Talente. Menoikeus erschrak, weniger
über die riesige Summe als über die Tatsache, daß diese
riesige Summe genau seinem riesigen, an der Kadmeia
und anderen königlichen Bauten verdienten Vermögen
entsprach, Menoikeus hatte immer nur fünftausend ver-
steuert: Menoikeus zahlte.

Vor den geschlossenen Augen der Pythia, die sich in
den längst dichteren Dämpfen rhythmisch wiegte, stieg
eine hochmütige Gestalt auf, zweifellos königlich, aber
gelangweilt, blond, gepflegt, müde. Pannychis wußte,
daß es Laios war. Natürlich war der Monarch erstaunt
gewesen, als Tiresias ihm das Orakel Apolls überbrachte,
sein Sohn, falls Iokaste einmal gebäre, werde ihn ermorden. Aber Laios kannte Tiresias, die Preise eines bei
Tiresias bestellten Orakels waren unverschämt, nur reiche Leute konnten sich Tiresias leisten, die meisten waren gezwungen, sich persönlich nach Delphi zu begeben
und die Pythia zu befragen, was weitaus unzuverlässiger

ausfiel: Wenn nämlich Tiresias die Pythia befragte, so, war man überzeugt, sprang die Kraft des Sehers auf die Pythia über; Unsinn natürlich, Laios war ein aufgeklärter Despot, die Frage war nur, wer Tiresias bestochen hatte, ein derart heimtückisches Orakel zu bewirken, jemand mußte ein Interesse daran haben, daß Laios und Iokaste keine Kinder zeugten, entweder Menoikeus oder Kreon, der den Thron erbte, falls die Ehe kinderlos blieb. Aber Kreon war aus prinzipieller Sturheit treu, sein politischer Dilettantismus war zu eklatant. Also Menoikeus. Der sah sich wohl schon als Vater eines Königs, bei Zeus, mußte der an der Staatskasse verdient haben, die Preise, die Tiresias verlangte, überstiegen bei weitem das Vermögen, welches Menoikeus versteuerte. Schön, der Drachenmann war sein Schwiegervater, seine Konspiration nicht der Rede wert, aber ein Riesenvermögen für ein Orakel zu verschleudern, wo es doch so billig zu haben war ... Zum Glück züngelte, wie jedes Jahr in Theben, eine kleine Pest rund um die Kadmeia, raffte einige Dutzend dahin, meist unnützes Gesindel, Philosophen, Rhapsoden und andere Dichter. Laios schickte seinen Sekretär nach Delphi, mit gewissen Vorschlägen und zehn Goldmünzen: für zehn Talente tat der Oberpriester alles; elf Talente hätte er schon ins Hauptbuch eintragen müssen. Das Orakel, das der Sekretär von Delphi zurückbrachte, lautete, die Pest, die sich inzwischen verzogen hatte, werde erlöschen, wenn ein Drachenmann sich opfere. Nun, die Pest konnte wieder auflodern. Poloros, der Wirt, beteuerte, er stamme überhaupt nicht von Poloros dem Drachenmann ab, das sei ein bösartiges Gerücht. Menoikeus, als nun einziger noch vorhandener Drachenmann, mußte auf die Stadtmauer steigen und sich hinab-

stürzen, es ging nicht anders, aber eigentlich war Menoikeus ganz froh, sich der Stadt opfern zu dürfen, seine
Begegnung mit Tiresias hatte ihn finanziell ruiniert: er
war zahlungsunfähig, die Arbeiter murrten, der Marmor-
lieferant Kapys hatte seine Lieferungen längst eingestellt,
ebenso die Ziegelbrennerei; der Ostteil der Stadtmauer
war eine hölzerne Attrappe, die Statue des Kadmos auf
dem Ratsplatz aus bronzebemaltem Gips, beim nächsten
Platzregen hätte sich Menoikeus ohnehin das Leben nehmen müssen. Sein Sturz vom Südteil der Stadtmauer glich
dem Fall einer ohnmächtig gewordenen Riesenschwalbe,
feierliche Gesänge der Ehrenjungfrauen bildeten den
akustischen Hintergrund; Laios drückte Iokastes Hand,
Kreon salutierte. Aber als Iokaste Ödipus gebar, wurde
Laios stutzig. Natürlich glaubte er dem Orakel nicht, es
war absurd, daß sein Sohn ihn töten werde, aber, bei
Hermes, hätte er nur gewußt, ob Ödipus wirklich sein
Sohn war, er gab ja zu, irgend etwas hatte ihn gehindert,
mit seiner Frau zu schlafen, die Ehe war ohnehin eine
Vernunftehe, er hatte sich mit Iokaste vermählt, um
etwas volkstümlicher zu werden, denn, bei Hermes,
Iokaste mit ihrem vorehelichen Lebenswandel war popu-
lär, die halbe Stadt war mit Laios liiert; wahrscheinlich
war es nur ein Aberglaube, der ihn hinderte, mit Iokaste
zu schlafen, doch die Idee, sein Sohn könnte ihn töten,
war irgendwie ernüchternd, und, offengestanden, Frauen
mochte Laios überhaupt nicht, er zog ihnen die jungen
Rekruten vor, aber im Suff mußte er vielleicht doch wohl
hin und wieder mit seiner Frau geschlafen haben, wie
Iokaste behauptete, er wußte es nicht so recht, und dann
dieser verdammte Gardeoffizier – am besten, man ließ
das Balg, das da plötzlich in der Wiege lag, aussetzen.

Die Pythia hüllte sich fester in ihren Mantel, die Dämpfe wurden plötzlich eisig, sie fror, und wie sie fror, sah sie wieder das blutverkrustete Antlitz des zerlumpten Bettlers vor sich, das Blut schwand aus den Augenhöhlen, blaue Augen blickten sie an, ein wildes, aufgerissenes, ungriechisches Gesicht, ein Jüngling stand vor ihr, es war wie einst, als Pannychis Ödipus mit ihrem erfundenen Orakel zum Narren halten wollte. Er wußte damals, dachte sie, daß er nicht der Sohn des Königs von Korinth, Polybos, und seiner Gemahlin Merope war, er hat mich getäuscht!

»Natürlich«, antwortete der Jüngling Ödipus durch die Dämpfe hindurch, welche die Pythia immer dichter umgaben, »ich wußte es immer. Die Mägde und Sklaven haben es mir erzählt und auch der Hirte, der mich im Gebirge Kithairon fand, einen hilflosen Säugling, dem man die Füße mit einem Nagel durchbohrt und zusammengebunden hatte. Ich wußte, daß ich so dem König Polybos von Korinth übergeben worden war. Zugegeben, Polybos und Merope waren gut zu mir, aber sie waren nie ehrlich, sie fürchteten sich, mir die Wahrheit zu sagen, weil sie sich etwas vormachten, weil sie einen Sohn haben wollten, und so brach ich nach Delphi auf. Apoll war die einzige Instanz, an die ich mich wenden konnte. Ich sage dir, Pannychis, ich glaube an Apoll, und ich glaube noch immer an ihn, ich hatte Tiresias als Vermittler nicht nötig, aber ich kam nicht mit einer echten Frage zu Apoll, ich wußte ja, daß Polybos nicht mein Vater war; ich kam zu Apoll, um ihn hervorzulocken, und ich lockte ihn aus seinem göttlichen Versteck hervor: Sein Orakel, das mir aus deinem Munde entgegendröhnte, war nun wirklich scheußlich, wie es die

Wahrheit ja wohl immer ist, und so scheußlich ging das Orakel denn auch in Erfüllung. Als ich dich damals verließ, überlegte ich: Wenn Polybos und Merope nicht meine Eltern waren, mußten es nach dem Orakel jene sein, an denen sich der Orakelspruch vollziehen würde. Als ich bei einem Kreuzweg einen alten, hitzigen, eitlen Mann tötete, wußte ich, schon bevor ich ihn tötete, daß es mein Vater war, wen sonst hätte ich töten können als meinen Vater – wen ich außerdem noch tötete, das war später, ein nebensächlicher Gardeoffizier, dessen Namen ich vergessen habe.«

»Noch jemanden hast du getötet«, warf die Pythia ein.

»Wen denn?« fragte Ödipus verwundert.

»Die Sphinx«, antwortete Pannychis.

Ödipus schwieg einen Augenblick, als müsse er sich erinnern, lächelte. »Die Sphinx«, sagte Ödipus, »war ein Ungeheuer mit einem Frauenkopf, einem Löwenleib, einem Schlangenschwanz, mit Adlerflügeln und mit einem läppischen Rätsel. Es stürzte sich vom Berge Phikion in die Ebene hinab, und darauf, als ich in Theben Iokaste heiratete – weißt du, Pannychis, dir sei es gesagt, du wirst bald sterben, und darum darfst du es wissen: Ich haßte meine wirklichen Eltern mehr als etwas anderes, sie wollten mich den wilden Tieren vorwerfen, ich wußte nicht, wer sie waren, aber das Orakel Apolls erlöste mich: Mit einer heiligen Raserei stürzte ich im Engpaß zwischen Delphi und Daulis Laios vom Wagen, und wie er sich in den Zügeln verfangen hatte, peitschte ich die Rosse, daß sie meinen Vater zu Tode schleiften, und wie er verröchelte, staubverschmiert, bemerkte ich im Straßengraben seinen von meinem Speer verwundeten Wagenlenker. ›Wie hieß dein Herr?‹ fragte ich ihn. Er starrte mich an und schwieg. ›Nun?‹ herrschte ich ihn an. Er nannte mir den Namen, ich hatte den König von Theben zu Tode schleifen lassen, und dann nannte er, als ich ungeduldig weiterfragte, den Namen der Königin von Theben. Er hatte mir den Namen meiner Eltern genannt. Es durfte keine Zeugen geben. Ich zog den Speer aus seiner Wunde und stieß noch einmal zu. Er verschied. Und als ich den Speer aus dem Leib des toten Wagenlenkers gezogen hatte, bemerkte ich, daß Laios mich ansah. Er lebte immer noch. Schweigend durchbohrte ich ihn. Ich wollte König von Theben werden, und die Götter wollten es so, und im Triumph beschlief ich meine Mutter, immer wieder, und pflanzte boshaft vier Kinder in ihren Bauch, weil die Götter es wollten, die Götter, die ich noch mehr hasse als meine Eltern, und jedesmal, wenn ich meine Mutter bestieg, haßte ich sie mehr als zuvor. Die Götter hatten das Ungeheuerliche beschlossen, und so sollte denn das Ungeheuerliche geschehen, und als Kreon mit dem Orakel des Apolls von Delphi zurückkehrte, die Pest werde sich erst besänftigen, wenn der Mörder des Laios gefunden sei, wußte ich endlich, warum die Götter ein so grausames Schicksal ausgeheckt hatten, wen sie zum Fraße wollten: mich, der ich ihren Willen erfüllt hatte. Im Triumph führte ich selbst den Prozeß gegen mich, im Triumph fand ich Iokaste in ihrem Gemach erhängt, und im Triumph stach ich meine Augen aus: Schenkten mir doch die Götter das größte nur denkbare Recht, die erhabenste Freiheit, jene zu hassen, die uns hervorgebracht haben, die Eltern, die Ahnen, die die Eltern hervorgebracht hatten, und darüber hinaus die Götter, die Ahnen und Eltern hervorbrachten, und wenn ich jetzt als blinder Bettler in Grie-

chenland herumziehe, so nicht, um die Macht der Götter
zu verherrlichen, sondern um sie zu verhöhnen.«

Pannychis saß auf dem Dreifuß. Sie fühlte nichts mehr.
Vielleicht bin ich schon tot, dachte sie, und erst allmäh-
lich wurde ihr bewußt, daß vor ihr ein Weib in den
Dämpfen stand, helläugig, mit wilden roten Haaren:

»Ich bin Iokaste«, sagte das Weib, »ich wußte es nach
der Hochzeitsnacht, Ödipus erzählte mir sein Leben. Er
war doch so treuherzig und offen, und, bei Apoll, wie
naiv er war, wie stolz darüber, daß er dem Ratschluß der
Götter entkommen konnte, indem er nicht nach Korinth
zurückgekehrt und Polybos nicht erschlagen und Merope
nicht geheiratet hatte, die er immer noch für seine Eltern
hielt, als wäre es möglich, dem Ratschluß der Götter zu
entgehen. Ich ahnte es schon vorher, daß er mein Sohn
war, gleich in der ersten Nacht, kaum daß er in Theben
angekommen war. Ich wußte noch gar nicht, daß Laios
tot war. Ich erkannte ihn an den Narben an seinen
Fersen, als er nackt neben mir lag, aber ich klärte ihn
nicht auf, warum auch, Männer sind immer so sensibel,
und so sagte ich ihm denn auch nicht, daß Laios keines-
wegs sein Vater sei, wie er jetzt natürlich glaubt; sein
Vater war der Gardeoffizier Mnesippos, ein gänzlich
unbedeutender Schwätzer mit erstaunlichen Fähigkeiten
auf einem Gebiet, wo er nicht zu reden brauchte. Daß er
Ödipus in meinem Schlafzimmer überfiel, als mich mein
Sohn und späterer Gatte zum ersten Male aufsuchte,
mich kurz und ehrerbietig grüßte und gleich zu mir ins
Bett stieg, war wohl nicht zu vermeiden. Offenbar wollte
er die Ehre des Laios verteidigen, ausgerechnet Mnesippos, der es doch mit dessen Ehre nie sonderlich genau
genommen hat. Ich konnte Ödipus gerade noch sein

Schwert in die Hand drücken, ein kurzes Gefecht, Mnesippos war nie ein starker Fechter. Ödipus ließ ihn den Geiern aussetzen, nicht aus Grausamkeit, sondern weil Mnesippos ein so schlechter Fechter gewesen war, aus sportlicher Kritik. Na ja, die fiel verheerend aus, Sportler sind strenge Leute. Aber weil ich Ödipus nicht aufklären durfte, um nicht gegen den Ratschluß der Götter zu handeln, konnte ich ihn auch nicht daran hindern, mich zu heiraten, grauenerfüllt, weil dein Orakel, Pannychis, wahr wurde, ohne daß ich etwas dagegen tun konnte: ein Sohn, der zu seiner Mutter ins Bett steigt, Pannychis, ich glaubte, vor Entsetzen ohnmächtig zu werden, aber ich wurde ohnmächtig vor Lust, nie war sie gewaltiger, als wenn ich mich ihm hingab; der herrliche Polyneikes schoß aus meinem Leib, Antigone, rothaarig wie ich, Ismene, die zarte, Eteokles, der Held. Ich hatte mich mit meiner Hingabe an Ödipus nach dem Ratschluß der Götter an Laios gerächt, dafür, daß er meinen Sohn den wilden Tieren zum Fraße vorsetzen wollte und daß ich jahrelang um meinen Sohn bitterlich geweint hatte, und so war ich denn immer, wenn Ödipus mich umfing, eins mit dem Ratschluß der Götter, die meine Hingabe an den gewaltigen Sohn und mein Opfer wollten. Beim Zeus, Pannychis, unzählige Männer sind über mich gestiegen, geliebt aber habe ich nur Ödipus, den die Götter zu meinem Gatten bestimmten, damit ich als einzige der sterblichen Weiber nicht einem fremden, sondern dem von mir geborenen Manne untertan werde: mir selbst. Daß er mich liebte, ohne zu wissen, daß ich seine Mutter war, ist mein Triumph; daß das Unnatürlichste zum Natürlichsten wurde, macht das Glück, das die Götter mir bestimmten. Ihnen zu Ehren habe ich mich erhängt –

das heißt, nicht eigentlich ich erhängte mich, sondern der Nachfolger des Mnesippos, der erste Gardeoffizier des Ödipus, Molorchos. Denn als dieser vernahm, daß ich die Mutter des Ödipus sei, raste er, eifersüchtig auf den zweiten Gardeoffizier, Meriones, in mein Schlafzimmer, rief: ›Wehe dir, Blutschänderin!‹ und hängte mich an den Türbalken. Alle glauben, ich hätte es selbst getan. Auch Ödipus glaubt es, und weil er mich nach dem Ratschluß der Götter mehr liebt als sein Leben, blendete er sich: So gewaltig ist seine Liebe zu mir, die ich seine Mutter und sein Weib zugleich gewesen bin. – Aber vielleicht war Molorchos gar nicht auf Meriones eifersüchtig, sondern auf den dritten Gardeoffizier Melontheus – komisch, alle meine Gardeoffiziere begannen nach dem Ratschluß der Götter mit M, aber das ist nun wirklich gleichgültig, die Hauptsache, denke ich, ist, daß ich nach dem Ratschluß der Götter meinem Leben freudig ein Ende setzen lassen durfte. Ödipus, meinem Sohn und Gatten zum Lobe, Ödipus, den ich nach dem Ratschluß der Götter mehr liebte, als ich je einen Mann geliebt habe, und Apollo zum Preise, der aus deinem Munde, Pannychis, die Wahrheit verkündete.«

»Du Luder«, schrie die Pythia heiser, »du Luder, mit deinem Ratschluß der Götter, ich habe doch nur geschwindelt mit meinem Orakel!«

Aber es war kein Schreien mehr, es war ein heiseres Flüstern, und nun stieg ein ungeheurer Schatten aus der Erdspalte, das Licht der grauhellen Nacht verdeckte eine undurchdringliche Wand vor der Pythia.

»Weißt du, wer ich bin?« fragte der Schatten, der ein Gesicht bekam, dessen eisgraue Augen sie ruhig betrachteten.

»Du bist Tiresias«, antwortete die Pythia, sie hatte ihn erwartet.

»Du weißt, warum ich dir erscheine«, sagte Tiresias, »auch wenn es mir in diesen Dämpfen recht ungemütlich ist, ich leide nicht unter Rheumatismus.«

»Ich weiß«, sagte die Pythia erleichtert, das Geschwätz der Iokaste hatte ihr das Leben endgültig verleidet. »Ich weiß, du kommst, weil ich jetzt sterben muß. Das war mir schon lange klar. Längst bevor die Schatten heraufstiegen, Menoikeus, Laios, Ödipus, die Hure Iokaste und jetzt du. Steig wieder hinab, Tiresias, ich bin müde.«

»Auch ich muß jetzt sterben, Pannychis«, sagte der Schatten, »mit uns beiden wird es im gleichen Augenblick vorüber sein. Eben habe ich, mit meinem wirklichen Körper, erhitzt aus der Quelle Tilphussa getrunken.«

»Ich hasse dich«, zischte die Pythia.

»Laß deinen Groll«, lachte Tiresias, »fahren wir beide versöhnt in den Orkus«, und auf einmal bemerkte Pannychis, daß der gewaltige uralte Seher gar nicht blind war, denn er zwinkerte ihr mit seinen hellen grauen Augen zu.

»Pannychis«, meinte er väterlich, »allein das Nichtwissen der Zukunft macht uns die Gegenwart erträglich. Ich wunderte mich immer maßlos darüber, daß die Menschen so erpicht sind, die Zukunft zu erfahren. Sie scheinen das Unglück dem Glück vorzuziehen. Nun gut, wir lebten von diesem Hang der Menschen, ich, zugegeben, weitaus besser als du, wenn es auch nicht ganz leicht war, jene sieben Leben lang, die mir die Götter schenkten, den Blinden zu spielen. Aber die Menschen wünschen nun einmal blinde Seher, und seine Kunden darf man nicht enttäuschen. Was nun das erste von mir in Delphi bestellte Orakel betrifft, worüber du dich so geärgert hast, das Orakel über Laios, nimm es nicht so schlimm. Ein Seher braucht Geld, eine vorgetäuschte Blindheit kostet, der Knabe, der mich führte, mußte bezahlt werden, jedes Jahr ein anderer, hatte er doch unbedingt siebenjährig zu sein, dann das Spezialpersonal, dazu überall in Griechenland Vertrauensleute, und da kommt dieser Menoikeus – ich weiß, ich weiß, im Archiv hast du nur fünftausend Talente verbucht gefunden, die ich für das Orakel bezahlte, während mir Menoikeus fünfzigtausend – aber es war ja auch kein Orakel, sondern eine Warnung, denn Laios, an den die Warnung ging, sein Sohn werde ihn töten, hatte nicht nur keinen Sohn, es war ihm auch unmöglich, einen zu haben, ich mußte schließlich seine für einen Dynasten verhängnisvolle Veranlagung in Betracht ziehen.

Pannychis«, fuhr Tiresias begütigend fort, »ich bin wie du ein vernünftiger Mensch, ich glaube auch nicht an die Götter, aber ich glaube an die Vernunft, und weil ich an die Vernunft glaube, bin ich überzeugt, daß der unvernünftige Glaube an die Götter vernünftig anzuwenden ist. Ich bin Demokrat. Es ist mir bewußt, daß schon unser Uradel heruntergekommen und verrottet ist, durch und durch bestechlich, für jedes Geschäft zu haben, sein sittlicher Zustand ist unbeschreiblich: Wenn ich nur an den ewig betrunkenen Prometheus denke, der seine Leberzirrhose lieber den Adlern des Zeus zuschreibt als dem Alkohol, oder an den völlig verfressenen Tantalos, der die Einschränkungen, die ihm seine Diabetesdiät auferlegt, so maßlos übertreibt. Und erst unser Hochadel, ich bitte dich. Thyestes verspeist seine Kinder,

Klytämnestra erschlägt ihren Gatten, Leda treibt es mit einem Schwan, die Gattin des Minos mit einem Stier – ich danke schön. Dennoch, wenn ich mir die Spartaner vorstelle mit ihrem totalen Staat – verzeih, Pannychis, ich möchte dich nicht mit Politik belästigen –: aber die Spartaner leiten sich nun einmal auch von den Drachenmännern ab, von Chthonios, einem der fünf Berserker, die am Leben blieben, und Kreon stammt von Udaios ab, der sich erst nach dem Gemetzel aus dem Boden herauswagte – meine verehrte Pythia, Kreon ist treu, zugegeben, die Treue ist etwas Wunderbares und Hochanständiges, auch zugegeben, aber ohne Treue gibt es keine Diktatur, die Treue ist der Fels, auf dem der totale Staat ruht, ohne Treue würde er im Sand versinken; während für die Demokratie eine gewisse maßvolle Treulosigkeit vonnöten ist, etwas Flatterhaftes, Charakterloses, Phantasievolles. Hat Kreon Phantasie? Ein fürchterlicher Staatsmann brütet sich da aus, Kreon ist ein Drachenmann, wie die Spartaner Drachenmänner sind. Mein Wink an Laios, er solle sich vor einem Sohne hüten, den er doch nicht haben konnte, war eine Warnung vor dem Erben Kreon, den Laios an die Macht bringen würde, wenn er nicht vorsorgte: Einer seiner Generäle war schließlich Amphitryon, bester, noch anständiger Uradel, seine Frau Alkmene von noch anständigerem Uradel, sein oder nicht sein Sohn Herkules – lassen wir die Klatschgeschichten; mit den Kadmiden war es zu Ende, das wußte Laios bei seiner Veranlagung, und ich wollte ihm ja nur mit meinem Orakel den Hinweis geben, es sei klug, Amphitryon zu adoptieren: aber er adoptierte ihn nicht. Laios war nicht so klug, wie ich dachte.«

Tiresias schwieg, wurde düster, finster.

»Alle lügen«, stellte die Pythia fest.

»Wer lügt?« fragte Tiresias, immer noch in sich versunken.

»Die Schatten«, antwortete die Pythia, »keiner sagt die ganze Wahrheit, ausgenommen Menoikeus, aber der ist zu dumm, um zu lügen. Laios lügt und die Hure Iokaste lügt. Sogar Ödipus ist nicht ehrlich.«

»Im großen und ganzen schon«, meinte Tiresias.

»Möglich«, antwortete die Pythia bitter, »bloß mit der Sphinx schwindelt er. Ein Ungeheuer mit einem Frauenkopf und mit einem Löwenleib. Lächerlich.«

Tiresias betrachtete die Pythia: »Willst du wissen, wer die Sphinx ist?« fragte er.

»Nun?« fragte Pannychis. Der Schatten des Tiresias rückte näher, hüllte sie ein, beinahe väterlich.

»Die Sphinx«, erzählte er, »war so schön, daß ich die Augen aufriß, als ich sie zum ersten Male sah, von ihren gezähmten Löwinnen umgeben, vor ihrem Zelt auf dem Berge Phikion bei Theben. ›Komm, Tiresias, du alter Gauner, jag deinen Knaben ins Gebüsch und setze dich zu mir‹, lachte sie. Ich war froh, daß sie es nicht vor dem Knaben sagte, sie wußte, daß ich meine Blindheit nur spielte, doch sie behielt es für sich. So saß ich denn bei ihr auf einem Fell vor dem Zelt, die Löwinnen schnurrten um uns herum. Sie hatte lange weiche weißgoldene Haare, sie war geheimnisvoll und hell, sie war einfach etwas Wahres; nur wenn sie wie Stein wurde – dann erschrak ich, Pannychis, einmal nur erlebte ich sie so: als sie mir ihr Leben erzählte. Du kennst ja die Unglücksfamilie des Pelops. Bester Hochadel. Na ja, der junge Laios hatte, kaum war er König von Theben geworden, die berühmte Hippodameia verführt, auch Hochadel. Ihr Gatte rächte sich im Stile der Familie: Pelops entmannte Laios und ließ den Winselnden laufen. Die Tochter, die Hippodameia gebar, nannte die Mutter selbst höhnisch Sphinx, die Würgerin, und weihte sie dem Hermes zur Priesterin, um sie zur ewigen Keuschheit zu verdammen, aber auch, damit Hermes, der Gott des Handels, dem Export nach Kreta und Ägypten gnädig sei, von dem die Pelopse lebten; und dabei hatte Hippodameia den Laios verführt, nicht umgekehrt, aber wie alle Aristokraten wußte auch sie das Angenehme mit dem Grausamen und das Grausame mit dem Nützlichen zu verbinden. Warum aber die Sphinx auf dem Berge Phikion ihren Vater in Theben belagerte und jeden, der ihr Rätsel nicht lösen konnte, von ihren Löwinnen zerfleischen ließ, verriet sie mir nicht, vielleicht nur, weil sie erriet, daß ich sie im Auftrage des Laios aufgesucht hatte, um ihre Absichten zu erforschen. Sie gab mir nur den Befehl mit, Laios solle Theben mit seinem Wagenlenker Polyphontes verlassen. Laios gehorchte zu meiner Verwunderung.«

Tiresias dachte nach: »Was dann geschah«, sagte er, »weißt du ja, Pythia: das unglückliche Zusammentreffen im Engpaß zwischen Delphi und Daulis, die Ermordung des Laios und des Polyphontes durch Ödipus und dessen Begegnung mit der Sphinx auf dem Berge Phikion. Na schön. Ödipus löste das Rätsel, und die Sphinx stürzte sich auf die Ebene hinab.« Tiresias schwieg.

»Du plapperst, Alter«, sagte die Pythia, »warum erzählst du mir diese Geschichte?«

»Sie quält mich«, sagte Tiresias. »Darf ich mich zu dir setzen? Ich friere, der kalte Trunk aus der Quelle Tilphussa verbrennt mich.«

»Nimm den Dreifuß Glykeras«, antwortete die Pythia,

und der Schatten des Tiresias setzte sich zu ihr über die Erdspalte. Die Dämpfe kamen dichter und rötlicher.

»Warum quält sie dich denn?« fragte die Pythia fast freundschaftlich, »was ist die Geschichte der Sphinx anderes als der unbedeutende Bericht, wie das jämmerliche Geschlecht des Kadmos endete? Mit einem kastrierten König und einer zur ewigen Keuschheit verdonnerten Priesterin.«

»Etwas stimmt nicht an dieser Geschichte«, sagte Tiresias nachdenklich.

»Nichts stimmt daran«, antwortete die Pythia, »und es spielt auch keine Rolle, daß nichts stimmt, weil es für Ödipus keine Rolle spielt, ob Laios schwul oder kastriert war, so oder so war er nicht sein Vater. Die Geschichte der Sphinx ist vollkommen nebensächlich.«

»Gerade das beunruhigt mich«, brummte Tiresias, »es gibt keine nebensächlichen Geschichten. Alles hängt zusammen. Rüttelt man irgendwo, rüttelt man am Ganzen. Pannychis«, schüttelte er den Kopf, »warum mußtest du mit deinem Orakel die Wahrheit erfinden! Ohne dein Orakel hätte Ödipus Iokaste nicht geheiratet. Er wäre jetzt ein braver König von Korinth. Aber ich will dich nicht anklagen. Die größte Schuld trage ich. Ödipus tötete seinen Vater, gut, kann vorkommen, er beschlief seine Mutter, na und? Aber daß alles so exemplarisch ans Tageslicht kommen mußte, ist das Katastrophale. Dieses vermaledeite letzte Orakel aufgrund dieser ewigen Pest! Statt einer anständigen Kanalisation mußte wieder einmal ein Orakel her.

Dabei war ich im Bilde, Iokaste hatte mir alles gebeichtet. Ich wußte, wer der wirkliche Vater des Ödipus war: ein unbedeutender Gardeoffizier. Ich wußte, wen er geheiratet hatte: seine Mutter. Nun gut, überlegte ich, jetzt gilt es, Ordnung zu schaffen. Inzest hin oder her, Ödipus und Iokaste haben immerhin vier Kinder, da galt es eine Ehe zu retten. Der einzige, der ihr noch gefährlich werden konnte, war der kreuzehrliche Kreon, der treu zu seiner Schwester und zu seinem Schwager hielt, doch käme er dahinter, daß sein Schwager sein Neffe und die Kinder seines Schwagers seine seinen Neffen gleichgesetzten Neffen – dem wäre seine Weltanschauung nicht gewachsen, er würde Ödipus stürzen, allein aus Treue zum Sittengesetz. Wir würden wie in Sparta den totalen Staat bekommen, Blutsuppen, die anomalen Kinder liquidiert, tägliches Exerzieren, Heldentum als Bürgerpflicht, und so inszenierte ich damals die größte Dummheit meines Lebens: Ich war überzeugt, Kreon hätte Laios damals im Engpaß zwischen Delphi und Daulis umgebracht, um selbst König zu werden, aus Treue natürlich, diesmal zu seiner Schwester, deren Sohn er rächen wollte, da er ja glauben mußte, der ausgesetzte Ödipus sei ein Sohn des Laios gewesen, vermochte sich Kreons simples Gemüt einen Ehebruch doch einfach nicht vorzustellen; und das alles kombinierte ich bloß, weil mir Iokaste verschwieg, daß Ödipus Laios getötet hatte. Denn ich glaube, daß sie es wußte. Ich bin sicher, daß Ödipus ihr den Vorfall im Engpaß zwischen Delphi und Daulis erzählt hat und daß sie nur so tat, als wisse sie nicht, wem Laios zum Opfer gefallen war. Iokaste muß es sofort erraten haben.

Warum, Pannychis, sagen die Menschen nur die ungefähre Wahrheit, als ob es bei der Wahrheit nicht vor allem auf die Details ankomme? Vielleicht weil die Menschen selbst nur etwas Ungefähres sind. Diese verfluchte Ungenauigkeit. In diesem Falle schlich sie sich wohl nur deshalb ein, weil Iokaste es einfach vergaß, weil der Tod des Laios sie nichts anging, sie überging eine Lappalie, weiter nichts, aber eine Lappalie, die mir die Augen geöffnet und mich gehindert hätte, den Verdacht, der Mörder des Laios zu sein, auf Ödipus zu lenken, ich hätte dich orakeln lassen: Apollo befiehlt, eine Kanalisation zu bauen, und Ödipus wäre immer noch König von Theben, Iokaste immer noch Königin. Statt dessen? Jetzt herrscht der treue Kreon auf der Kadmeia und errichtet seinen totalen Staat. Was ich vermeiden wollte, ist eingetroffen. Steigen wir hinab, Pannychis.«

Die Alte blickte zum offenen Hauptportal. Das Rechteck schimmerte hell durch den roten Dampf, eine violette Fläche, die sich verbreiterte, auf der ein undeutlicher Knäuel erschien, der schärfer, gelb, schließlich zu Löwinnen wurde, die einen Fleischklumpen zerrissen; dann würgten die Löwinnen das Verschlungene wieder heraus, ihren Tatzen entwand sich ein menschlicher Leib, Stofffetzen wuchsen zusammen, die Löwinnen wichen zurück, und im Portal stand eine Frau im weißen Gewande einer Priesterin.

»Ich hätte nie Löwinnen zähmen sollen«, sagte sie.

»Es tut mir leid«, sagte Tiresias, »dein Ende war wirklich schrecklich.«

»Sah nur so aus«, begütigte die Sphinx, »man ärgert sich so, daß man nichts spürt. Aber nun, da alles vorüber ist und ihr beiden bald auch nur Schatten sein werdet, die Pythia hier, Tiresias bei der Quelle Tilphussa und gleichzeitig in dieser Höhle, sollt ihr die Wahrheit erfahren. Bei Hermes, diese Zugluft!« Sie raffte ihr dünnes, durchsichtiges Gewand zusammen. »Du hast dich immer gewun-

dert, Tiresias«, fuhr sie fort, »warum ich mit meinen
Löwinnen Theben belagert habe. Nun, mein Vater war
nicht der, für den er sich ausgab und für den du ihn
gehalten hast, um dein Gewissen zu beruhigen. Er war
ein heimtückischer und abergläubischer Tyrann. Er wußte genau, daß jede Tyrannei dann unerträglich wird,
wenn sie auf Grundsätzen beruht; nichts erträgt der
Mensch weniger als eine sture Gerechtigkeit. Gerade sie
empfindet er als ungerecht. Alle Tyrannen, die ihre Herrschaft auf Prinzipien gründen, auf die Gleichheit aller
oder darauf, daß alles allen gemeinsam sei, erwecken in
denen, über die sie herrschen, ein ungleich größeres
Gefühl, unterdrückt zu sein, als jene Tyrannen wie
Laios, die, zu faul für Ausreden, sich damit begnügen,
Tyrannen zu sein, auch wenn sie weit schändlichere
Tyrannen sind: Da ihre Tyrannei launisch ist, haben ihre
Untertanen das Gefühl einer gewissen Freiheit. Sie sehen
sich nicht von einer willkürlichen Notwendigkeit dik-
tiert, die ihnen keine Hoffnung läßt, sondern sind einer
zufälligen Willkür unterworfen, die ihnen ihre Hoffnung
beläßt.«

»Donnerwetter«, sagte Tiresias, »du bist aber klug.«

»Ich habe über die Menschen nachgedacht, ich habe sie
ausgefragt, bevor ich ihnen mein Rätsel aufgab und sie
von meinen Löwinnen zerreißen ließ«, antwortete die
Sphinx. »Es interessierte mich, warum sich die Menschen
beherrschen ließen: Aus Bequemlichkeit, die oft so weit
geht, daß sie die unsinnigsten Theorien erfinden, um sich
eins mit ihren Beherrschern zu fühlen, und die Beherrscher ersinnen ebenso unsinnige Theorien, um sich einbilden zu können, sie beherrschten jene nicht, über die
sie herrschen. Nur meinem Vater war das alles gleichgül-

tig. Er war noch einer jener Gewaltherrscher, die stolz
darauf waren, Gewaltherrscher zu sein. Er hatte es nicht
nötig, eine Ausrede für seine Gewaltherrschaft zu erfinden. Was ihn quälte, war sein Schicksal: daß er kastriert
und dem Geschlecht des Kadmos ein Ende gesetzt worden war. Ich spürte seine Trauer, seine bösen Gedanken,
die undurchsichtigen Pläne, die er wälzte, wenn er mich
besuchte, wenn er vor mir saß, stundenlang, und mich
belauerte, und so fürchtete ich meinen Vater, und weil
ich mich fürchtete, begann ich Löwinnen zu zähmen. Mit
Recht. Als die Priesterin gestorben war, die mich aufge-
zogen hatte, und ich im Heiligtum des Hermes im Gebirge Kithairon mit den Löwinnen allein hauste – Pannychis, dir will ich es sagen, und auch Tiresias soll es
meinetwegen wissen –, da besuchte mich Laios mit seinem Wagenlenker Polyphontes.

Sie traten aus dem Wald, irgendwo wieherten ängstlich
ihre Pferde, die Löwinnen fauchten, ich fühlte etwas
Böses, aber ich war gelähmt. Ich ließ sie ins Heiligtum.
Mein Vater verriegelte die Tür und befahl Polyphontes,
mich zu vergewaltigen. Ich wehrte mich. Mein Vater half
Polyphontes, und während mich mein Vater umklam-
merte, kam Polyphontes seinem Befehl nach. Die Löwin-
nen brüllten um das Heiligtum. Sie schlugen mit den
Pranken gegen die Tür. Sie hielt stand. Ich schrie, als
Polyphontes mich nahm; die Löwinnen verstummten.
Sie ließen Laios und Polyphontes ziehen.

Zur gleichen Zeit, als Iokaste ihrem Gardeoffizier einen Knaben gebar, brachte auch ich einen Knaben zur
Welt: Ödipus. Ich wußte nichts von dem dummen Orakel, das du, Tiresias, formuliert hattest. Ich weiß, du
wolltest meinen Vater warnen und verhindern, daß Kreon

an die Herrschaft käme, und du wolltest den Frieden sichern. Doch abgesehen davon, daß Kreon an die Macht gekommen ist und ein endloser Krieg beginnt, weil die sieben Fürsten gegen Theben anrücken, hast du vor allem Laios falsch eingeschätzt. Ich kenne seine Sprüche: Er gab sich aufgeklärt, aber vor allem er glaubte an das Orakel, vor allem er erschrak, als ihm verkündet wurde, sein Sohn werde ihn töten. Laios bezog das Orakel auf meinen Sohn, seinen Enkel; daß er sich vorsichtigerweise auch noch des Sohnes der Iokaste und ihres Gardeoffiziers entledigte, verstand sich von selbst: Fingerübungen eines Diktators, sicher ist sicher.

Und so erschien denn eines Abends ein Hirte des Laios bei mir mit einem Säugling, dessen Füße durchbohrt und zusammengebunden waren. Er übergab mir einen Brief, worin Laios mir befahl, meinen Sohn, seinen Enkel, samt dem Sohn Iokastes den Löwinnen vorzuwerfen. Ich machte den Hirten betrunken, er gestand mir, von Iokaste bestochen worden zu sein; er sollte ihren Sohn einem befreundeten Hirten des Königs Polybos von Korinth übergeben, ohne die Herkunft des Kindes zu verraten. Als der Hirte schlief, warf ich den Sohn Iokastes den Löwinnen vor und durchstach meinem Sohn die Fersen, und am nächsten Morgen zog der Hirte mit dem Menschenbündel weiter, ohne den Austausch zu bemerken.

Kaum war er davon, kam mein Vater mit Polyphontes; die Löwinnen räkelten sich faul, zwischen ihnen lag eine Kinderhand, ausgeblutet, weiß und klein wie eine Blume. ›Haben die Löwinnen beide Kinder zerfleischt?‹ fragte mein Vater ruhig. ›Beide‹, sagte ich. ›Ich sehe nur eine Hand‹, sagte er, wendete sie mit seinem Speer um. Die Löwinnen knurrten. ›Die Löwinnen haben beide zer-

fleischt‹, sagte ich, ›aber nur eine Hand übriggelassen,
damit mußt du dich zufriedengeben.‹ ›Wo ist der Hirte?‹
fragte mein Vater. ›Ich habe ihn fortgeschickt‹, sagte ich.
›Wohin?‹ ›Zu einem Heiligtum‹, sagte ich, ›er war dein
Werkzeug, aber ein Mensch. Er hat das Recht, sich von
seiner Schuld, dein Werkzeug gewesen zu sein, zu reini-
gen – und nun geh.‹ Mein Vater und Polyphontes zöger-
ten, aber die Löwinnen erhoben sich zornig, jagten die
beiden davon und kehrten gemächlich zurück.

Mein Vater wagte mich nicht mehr zu besuchen. Achtzehn Jahre hielt ich mich still. Dann begann ich, mit
meinen Löwinnen Theben zu belagern. Unsere Feind-
schaft war offen ausgebrochen, ohne daß mein Vater es
wagte, den Grund dieses Krieges zu nennen. Argwöh-
nisch und immer noch vom Orakel verängstigt, wußte er
mit Sicherheit nur, daß ein Kind tot war; wenn aber eines
lebte, wußte er nicht welches, er fürchtete, daß sein
Enkel noch irgendwo lebe und ich mit ihm im Bunde sei.
Er schickte dich zu mir, Tiresias, um mich auszuhor-
chen.«

»Er sagte mir nicht die Wahrheit, und du sagtest mir
nicht die Wahrheit«, antwortete Tiresias bitter.

»Hätte ich dir die Wahrheit gesagt, du hättest nur
wieder ein Orakel inszeniert«, lachte die Sphinx.

»Und warum befahlst du deinem Vater, Theben zu
verlassen?« fragte Tiresias.

»Weil ich wußte, daß er in seiner Todesangst nach
Delphi wollte. Ich ahnte ja nicht, welch genialische Orakelei dort inzwischen mit Pannychis eingerissen hatte,
ich dachte, käme Laios, würde, um Widersprüche zu
vermeiden, im Archiv nachgeschaut und das alte Orakel
wiederholt, das hätte ihn noch mehr in Furcht und

Schrecken versetzt! Nun wissen die Götter allein, was geschehen wäre, hätte Laios Pannychis befragt, was die ihm vorgeflunkert und was er geglaubt hätte. Aber es kam nicht dazu, Laios und Polyphontes trafen im Engpaß zwischen Delphi und Daulis auf Ödipus, und der Sohn erstach nicht nur seinen Vater Polyphontes, sondern ließ auch seinen Großvater Laios von den Rossen zu Tode schleifen.«

Die Sphinx schwieg. Die Dämpfe hatten aufgehört, der Dreifuß neben der Pythia war leer, Tiresias war wieder ein mächtiger Schatten, kaum zu unterscheiden von den Quadern, die das Hauptportal umtürmten, in welchem die Sphinx stand, nur noch eine Silhouette.

»Dann wurde ich die Geliebte meines Sohnes. Man kann über seine glücklichen Tage nicht viel sagen«, fuhr die Sphinx nach langem Schweigen fort, »das Glück haßt die Worte. Bevor ich Ödipus kennenlernte, verachtete ich die Menschen. Sie waren verlogen, und weil sie verlogen waren, kamen sie nicht darauf, daß das Rätsel, welches Wesen allein die Zahl seiner Füße wechsle, am Morgen sei es vier-, am Mittag zwei- und am Abend dreifüßig, aber wenn es die meisten Füße bewege, seien die Kraft und Schnelligkeit seiner Glieder am geringsten, sie selber meine, und so ließ ich die Unzähligen, die keine Lösung wußten, von meinen Löwinnen zerfleischen. Sie schrien um Hilfe, während sie zerfetzt wurden, und ich half ihnen nicht, ich lachte nur.

Doch als Ödipus kam, humpelnd, von Delphi her, und mir antwortete, das sei der Mensch, er krieche als Säugling auf allen vieren, stehe in seiner Jugend fest auf zwei Beinen und stütze sich im hohen Alter auf einen Stock, warf ich mich nicht vom Berge Phikion hinab in die

Ebene. Warum auch? Ich wurde seine Geliebte. Er fragte
mich nie nach meiner Herkunft. Er bemerkte natürlich,
daß ich eine Priesterin war, und weil er ein frommer
Mann war, glaubte er, es sei verboten, mit einer Priesterin zu schlafen, und weil er dennoch mit mir schlief,
stellte er sich unwissend, und darum fragte er mich nicht
nach meinem Leben, und ich fragte ihn nie nach dem
seinen, nicht einmal nach seinem Namen, denn ich wollte
ihn nicht in Verlegenheit bringen. Ich wußte wohl, daß,
hätte er mir seinen Namen und seine Herkunft genannt,
er sich vor Hermes gefürchtet hätte, dem ich geweiht
war, der nun auch seinen Namen gekannt hätte, und als
frommer Mann hielt er die Götter für entsetzlich eifersüchtig, und vielleicht ahnte er auch, daß, hätte er nach
meiner Herkunft geforscht, welches er doch aus der
Neugier eines Liebenden hätte tun sollen, er daraufgesto-
ßen wäre, daß ich seine Mutter war. Aber er fürchtete
sich vor der Wahrheit, und auch ich fürchtete mich vor
ihr. So wußte er nicht, daß er mein Sohn, und ich nicht,
daß ich seine Mutter war. Ich zog mich, glücklich über
einen Geliebten, den ich nicht und der mich nicht kannte,
mit meinen Löwinnen in mein Heiligtum im Gebirge
Kithairon zurück; Ödipus besuchte mich immer wieder,
unser Glück war rein wie ein vollkommenes Geheimnis.
    Nur die Löwinnen wurden unruhiger, bösartiger, nicht
gegen Ödipus, sondern gegen mich. Sie fauchten mich
an, immer erregter, unberechenbarer, und schlugen mit
ihren Tatzen gegen mich. Ich schlug mit meiner Peitsche
zurück. Sie duckten sich, knurrten, und als Ödipus nicht
mehr kam, griffen sie an, und ich wußte plötzlich, daß
etwas Unfaßbares geschehen war – nun, ihr habt ja
gesehen, was mit mir geschah und nun in der Unterwelt

immer wieder geschieht. Und als von der Erdspalte her, über der Pannychis sitzt, eure Stimmen zu mir herunterwehten, vernahm ich die Wahrheit, hörte ich, was ich schon längst hätte wissen müssen und was doch nichts geändert hätte, daß mein Geliebter mein Sohn gewesen ist, und du, Pannychis, hast die Wahrheit verkündet.«

Die Sphinx begann zu lachen, wie vorher die Pythia bei Ödipus gelacht hatte, auch ihr Lachen wurde immer unermeßlicher, selbst als sich die Löwinnen wieder auf sie stürzten, lachte sie, auch als sie ihr das weiße Kleid vom Leibe rissen und als die Löwinnen sie zerfleischten, lachte sie immer noch. Dann war nicht mehr auszumachen, was da von den gelben Bestien verschlungen wurde, das Lachen verhallte, als die Löwinnen das Blut aufgeleckt hatten und verschwanden. Dampf stieg wieder aus der Erdspalte. Mohnrot. Die sterbende Pythia war allein mit dem kaum noch sichtbaren Schatten des Tiresias. »Ein bemerkenswertes Weib«, sagte der Schatten.

Die Nacht war einem bleiernen Morgen gewichen, schlagartig war er in die Höhle eingebrochen. Aber es war weder ein Morgen noch eine Nacht, sondern etwas Wesenloses, das unaufhaltsam hereingeflossen kam, weder Licht noch Dunkelheit, schatten- und farblos. Wie immer in dieser ersten Frühe legten sich die Dämpfe als kalte Feuchtigkeit auf den Steinboden, klebten an den Felswänden, bildeten schwarze Tropfen, die langsam ihrer Schwere nachgaben und als lange dünne Fäden in der Erdspalte verschwanden.

»Nur eines verstehe ich nicht«, sagte die Pythia. »Daß mein Orakel zutraf, wenn auch nicht so, wie Ödipus es sich nun einbildet, ist ein unglaublicher Zufall; aber wenn Ödipus dem Orakel von Anfang an glaubte und der erste

Mensch, den er tötete, der Wagenlenker Polyphontes war und die erste Frau, die er liebte, die Sphinx, warum kam ihm dann nicht der Verdacht, sein Vater sei der Wagenlenker gewesen und seine Mutter die Sphinx?«

»Weil Ödipus lieber der Sohn eines Königs als der Sohn eines Wagenlenkers sein wollte. Er wählte sich sein Schicksal selber aus«, antwortete Tiresias.

»Wir mit unserem Orakel«, stöhnte Pannychis verbittert, »nur dank der Sphinx kennen wir die Wahrheit.«

»Ich weiß nicht«, meinte Tiresias nachdenklich, »die Sphinx ist eine Priesterin des Hermes, des Gottes der Diebe und der Betrüger.«

Die Pythia schwieg; seit der Dampf nicht mehr aus der Erdspalte stieg, fror sie.

»Seit sie das Theater bauen«, behauptete sie, »dampft es hier viel weniger«, und dann meinte sie noch, die Sphinx habe nur in Hinsicht auf den thebanischen Hirten nicht die Wahrheit gesagt, »sie hat ihn wohl kaum zu einem Heiligtum geschickt, sondern den Löwinnen vorgeworfen wie den Ödipus, den Sohn der Iokaste; und ihren Ödipus, ihren Sohn, den übergab sie eigenhändig dem korinthischen Hirten. Die Sphinx wollte sichergehen, daß ihr Sohn am Leben blieb.«

»Kümmere dich nicht darum, Alte«, lachte Tiresias, »laß sein, was doch anders war und immer wieder anders sein wird, je mehr wir forschen. Sinne nicht mehr nach, sonst steigen weitere Schatten herauf und hindern dich am Sterben. Was weißt du denn, vielleicht gibt es einen dritten Ödipus. Wir wissen nicht, ob der korinthische Hirte statt den Sohn der Sphinx – falls es der Sohn der Sphinx war – der Königin Merope seinen Sohn ausgeliefert hat, nachdem er ihm ebenfalls die Fersen durchbohrt und den echten Ödipus, der ja auch nicht der echte war, den wilden Tieren ausgesetzt hatte, oder ob Merope den dritten Ödipus nicht ins Meer geworfen hat, um ihren eigenen Sohn, den sie heimlich geboren – womöglich auch von einem Gardeoffizier –, dem treuherzigen Polybos als vierten Ödipus zu präsentieren? Die Wahrheit ist nur insofern, als wir sie in Ruhe lassen.

Vergiß die alten Geschichten, Pannychis, sie sind unwichtig, wir sind in all dem wüsten Durcheinander die Hauptpersonen. Wir befanden uns beide derselben ungeheuerlichen Wirklichkeit gegenüber, die ebenso undurchschaubar ist wie der Mensch, der sie herbeiführt. Möglich, die Götter, gäbe es sie, hätten außerhalb dieses gigantischen Knäuels von phantastischen Fakten, die, ineinander verstrickt, die unverschämtesten Zufälle bewirken, einen gewissen, wenn auch oberflächlichen Überblick, während wir Sterblichen, die sich inmitten dieses heillosen Wirrwarrs befinden, hilflos darin herumtappen. Wir beide hofften, mit unseren Orakeln einen zaghaften Anschein von Ordnung, die zarte Ahnung einer Gesetzmäßigkeit in die trübe, geile und oft blutige Flut der Ereignisse zu bringen, die auf uns zuschoß und uns mit sich riß, gerade weil wir sie – wenn auch nur ein wenig – einzudämmen versuchten.

Du orakeltest mit Phantasie, mit Laune, mit Übermut, ja mit einer geradezu respektlosen Frechheit, kurz: mit lästerlichem Witz. Ich ließ mit kühler Überlegung orakeln, mit unbestechlicher Logik, auch kurz: mit Vernunft. Zugegeben, dein Orakel war ein Volltreffer. Wäre ich ein Mathematiker, könnte ich dir genau sagen, wie unwahrscheinlich die Wahrscheinlichkeit war, daß dein Orakel zutreffen würde: sie war phantastisch unwahr-

scheinlich, unendlich unwahrscheinlich. Aber dein unwahrscheinliches Orakel traf ein, während meine wahr-
scheinlichen Orakel, vernünftig abgegeben, in der Absicht, Politik zu machen und die Welt im Sinne der
Vernunft zu ändern, ins Nichts verpufften. Ich Tor. Ich
setzte mit meiner Vernunft eine Kette von Ursache und
Wirkungen frei, die das Gegenteil von dem bewirkte, was
ich beabsichtigte. Und dann kamst du, ebenso töricht wie
ich, mit deiner blühenden Unbefangenheit, einfach
drauflos und möglichst boshaft zu orakeln, aus welchen
Gründen, spielt ja längst keine Rolle mehr, auch wem
gegenüber, war dir gleichgültig; zufällig orakeltest du
denn auch einmal einem blassen, humpelnden Jüngling
namens Ödipus gegenüber. Was nützt es dir, daß du ins
Schwarze getroffen hast und ich mich irrte? Der Schaden,
den wir beide angerichtet haben, ist gleichermaßen ungeheuerlich. Wirf deinen Dreifuß weg, Pythia, in die Erdspalte mit dir, auch ich muß ins Grab, die Quelle Tilphussa hat ihr Werk getan. Lebe wohl, Pannychis, aber
glaube nicht, daß wir uns entkommen. So wie ich, der die
Welt seiner Vernunft unterwerfen wollte, in dieser feuch-
ten Höhle mit dir konfrontiert worden bin, die du die
Welt mit deiner Phantasie zu bezwingen versuchtest, so
werden auf ewige Zeiten jene, für welche die Welt eine
Ordnung, solchen gegenüberstehen, für welche die Welt
ein Ungeheuer ist. Die einen werden die Welt für kritisierbar halten, die anderen nehmen sie hin. Die einen
werden die Welt für so veränderbar halten, wie man
einem Stein mit einem Meißel eine bestimmte Form zu
geben vermag, die anderen werden zu bedenken geben,
daß sich die Welt samt ihrer Undurchschaubarkeit verän-
dere, wie ein Ungeheuer, das immer neue Fratzen an-

nimmt, und daß die Welt nur insoweit zu kritisieren sei, wie die hauchdünne Schicht des menschlichen Verstandes einen Einfluß auf die übermächtigen tektonischen Kräfte der menschlichen Instinkte besitzt. Die einen werden die anderen Pessimisten schelten, die anderen jene Utopisten schmähen. Die einen werden behaupten, die Geschichte verlaufe nach bestimmten Gesetzen, die anderen werden sagen, diese Gesetze existieren nur in der menschlichen Vorstellung. Der Kampf zwischen uns beiden, Pannychis, wird auf allen Gebieten entbrennen, der Kampf zwischen dem Seher und der Pythia; noch ist unser Kampf emotional und wenig durchdacht, aber schon baut man ein Theater, schon schreibt in Athen ein unbekannter Dichter eine Ödipustragödie. Doch Athen ist Provinz, und Sophokles wird vergessen werden, aber Ödipus wird weiterleben, als ein Stoff, der uns Rätsel aufgibt. Ist sein Schicksal nun durch die Götter bestimmt oder dadurch, daß er sich gegen einige Prinzipien, welche die Gesellschaft der Zeit stützten, versündigt hat, wovor ich ihn mit Hilfe des Orakels zu bewahren suchte, oder gar, weil er dem Zufall zum Opfer fiel, hervorgerufen durch deine launische Orakelei?«

Die Pythia antwortete nicht mehr, und auf einmal war sie nicht mehr da, und auch Tiresias war verschwunden, und mit ihm der bleierne Morgen, lastend über Delphi, das auch versunken war.

Nur zwei etwa achtjährige Knaben kämpften miteinander, in Mannheim, auf dem Weg in mein Hotel, verkrallten sich ineinander wie zwei Tiere, und um die beiden sich würgenden, kratzenden, schlagenden Buben herum sprang ein Mädchen, etwa zehn: Um diesen Eindruck hinunterzustampfen ins Unbedrohliche, hatte ich mir nachträglich Ödipus vor Augen gestellt, der geblendet aus seinem Palast trat. Literatur. Hehre Dichtung. Der Anblick der ineinander verkrallten Kinder auf dem breiten Bürgersteig beim Wasserturm ließ damals den Gedanken an Ödipus gar nicht hochkommen: Nur das Erlebte zählt unmittelbar, nicht das Literarische. Erst im Durchdenken des unerklärlichen Vorfalls von Mannheim kam ich auf dem Umweg über das Nachdenken, was Theater eigentlich sei und welche Formen es in der Geschichte angenommen hatte, auf einen seiner Urstoffe zurück, kam ich auf Ödipus, mußte ich auf Ödipus zurückgreifen, nachdenkend kam ich auf längst Gedachtes. Hatte ich die Geschichte von Smithy erzählt, um aufzuspüren, wie ich auf einen Stoff gerate, so erzählte ich die Geschichte des Ödipus aus Neugier, was mich an einem Stoff erregt. Das Erlebnis auf dem Bürgersteig in Mannheim ist nicht mehr deutbar – versuche ich dazu eine Vorgeschichte zu erfinden, transponiere ich das Erlebnis ins Literarische und verfälsche es damit. Die Geschichte des Ödipus dagegen ist schon so oft verfälscht worden, daß sie nur noch Literatur ist; zum Experiment geeignet, zur Untersuchung, wie sich denn Literatur und Wirklichkeit zueinander verhalten: Da beide, die Literatur und die Wirklichkeit, hypothetisch sind, ist auch das Experiment möglich, als Experiment in vitro, im Glase gleichsam (nicht in vivo, im Leben, wie es in der Biologie schon möglich ist).

Ist in der griechischen Tragödie der Mensch durch das Schicksal zugleich bedroht und gehalten, ist sein Schicksal eins mit ihm, seine Charakterisierung, so ist er in der Welt des Zufalls nur noch bedroht, aber nicht mehr

gehalten, er ist dem Zufall gegenüber, als dem Unvorher-
sehbaren, nur noch ein Opfer. Doch im Gegensatz zu der
dramaturgischen Taktik, den Zufall sorgsam zu behandeln, damit er Zufall bleibe, ereignet sich im *Mitmacher*
der Zufall immer wieder, es ist ein Zufall, daß Boss Doc,
Doc Ann trifft, daß Ann im weiteren die Geliebte von
Boss und Doc ist, es ist auch ein Zufall, daß Boss Cop
nicht erkennt, es ist ferner ein Zufall, daß gerade Bill
Docs Sohn ist usw., die Konstellationen dieser Mitma-
cherwelt sind zufällig, damit absichtlich, sie bilden ihrer
Struktur nach eine Posse, denn nur in ihr nehmen wir ein
Übermaß an Zufall hin, die durch ihn bewirkten komischen Situationen häufen sich, das Unerwartete geschieht
immerzu, und wir erwarten auch, daß es zu unserem
Vergnügen immerzu geschehe, besteht doch der Reiz der
Posse darin, daß aus dem Zufall immer wieder Notwendigkeit entsteht. Daß jedoch der *Mitmacher* seine Grausamkeit bewahrt und sich nicht im Possenhaften auflöst,
liegt nicht nur im Umstand, daß seine Gestalten Einzelne
sind und nicht Typen, wie doch sonst in der Posse; der
Hauptgrund ist der, daß seine Fabel immer wieder
durchbrochen wird, um immer wieder neu auf die Bühne
gebracht zu werden. Dramaturgisch ist ein solches Neu-
einsetzen der Fabel nur durch die Monologe zu vollziehen, womit wir auf den innersten Sinn der Monologe
stoßen, den nämlich, das Theater als Theater und die
Fabel als Fiktion aufrechtzuerhalten, ja der Zufall, daß
sich Boss nicht mehr an Cop erinnert, muß eintreffen,
um Cops Monolog zu rechtfertigen: Form und Inhalt
begründen einander, alles ist aufeinander bezogen, ein in
sich geschlossener Raum, in welchem stumme Machtkämpfe stattfinden, sich Menschen verleugnen und ein-

ander verraten; einmal ein schüchterner Versuch, sich zu
lieben, sich davonzustehlen; alles nur momenthaft sichtbar, wie von zufälligen Blitzen erleuchtet, doch immer
wieder von Monologen ermöglicht, ohne die das Ganze
in sich zusammensinken würde; eine Dramaturgie, die
sich zu Ende spielt, hartnäckig und stur, und das nur,
weil ich statt Schicksal Zufall sage, aus dem gleichen
Grunde, der Brecht vorschlagen ließ, statt Volk Bevölkerung und statt Boden Landbesitz zu sagen.

Statt Schicksal sagte Brecht im Falle Ödipus dagegen
listigerweise nicht Zufall, sondern »Prinzipien, welche
die Gesellschaft der Zeit stützen«. Brecht schrieb seine
Dramaturgie seinen Stücken zuliebe, sie war ein Ergebnis
seiner Theaterarbeit: »Ich selbst habe«, darf er von sich
melden, »wie Ihnen als Leuten vom Bau bekannt ist,
nicht wenige Versuche unternommen, die heutige Welt,
das heutige Zusammenleben der Menschen, in das Blick-
feld des Theaters zu bekommen. Dies schreibend, sitze
ich nur wenige hundert Meter von einem großen, mit
guten Schauspielern und aller nötigen Maschinerie ausge-
statteten Theater, an dem ich mit zahlreichen, meist
jungen Mitarbeitern manches ausprobieren kann, auf den
Tischen um mich Modellbücher mit Tausenden von Fotos unserer Aufführungen und vielen mehr oder minder
genauen Beschreibungen der verschiedenartigsten Probleme und ihrer vorläufigen Lösungen.«

Das tönt fürstlich, seine Stücke waren durchprobiert,
die meinen nicht, sie sind im westlichen Theaterbetrieb
steckengeblieben und, hatten sie Erfolg, über die Bühnen
gejagt worden, wie, war eigentlich gleichgültig, und so
sind sie denn Brechts Stücken gegenüber in vielen Teilen
von der Bühne her noch nie bewältigt worden, noch

läppischer: Alles hing von den Uraufführungen ab, die
Stücke, die da nicht durchkamen, blieben liegen, waren
von Anfang an geprägt, nur wenige Bühnen spielten sie
nach, ohne daß von den Fehlern der Uraufführungen
hätte gelernt werden können, denn sie waren durch
keinen Mitarbeiterstab dokumentiert. Aber auch von den
Stücken, die Erfolg hatten, sah ich nur wenige gute
Aufführungen, nichts fürchte ich heute mehr, als eines
meiner Stücke zu sehen: Ich bin auf dem Theater nur in
Glücksfällen reproduzierbar, aus grotesken Mißver-
ständnissen heraus; den Instinkt Becketts oder des frühen
Ionesco, ihre Stücke für das Theater narrensicher zu
schreiben, indem die Bühne nichts weiter zu sein hat als
die Bühne mit einigen Requisiten, habe ich nie entwik-
kelt.

Brecht dagegen war schon aus dramaturgischem Instinkt Marxist, ob er es auch als Nicht-Dramaturg war,
weiß ich nicht. Er wollte als Dramatiker bewußt vom
Allgemeinen her schreiben: Dieser Eintrittspreis war mir
stets zu hoch. Doch ist Brechts Dramaturgie nicht nur
von seiner Bühnenpraxis her zu begreifen, zum großen
Teil ist sie vor ihr entstanden; sie ist aus einer Zeit heraus
zu verstehen, die Brecht als derart finster empfand, daß
er bat, man solle seiner einmal mit Nachsicht gedenken.
Sie war so finster, ja noch finsterer. Nicht einmal die
Hoffnung erfüllte sich ihm, daß die Herrschenden ohne
ihn sicherer gewesen wären, seine Proteste nützten
nichts, die Mächtigen veränderten schließlich den Welt-
winkel, in welchen er sich hatte hineinlocken lassen,
indem sie ihn mißbrauchten, und sei es nur, daß er sich
von ihnen ein Theater schenken ließ. Wie viele Rebellen
war auch Brecht vom Dogmatischen fasziniert, hatte er

den Hang, sich zu theologisieren, sich in einem System zur Ruhe zu bringen; hätte es nicht einen Marx und hinter Marx, als Mythos schon, Hegel gegeben, wäre er vielleicht Thomist geworden, ein Katholik wie Haecker, im richtigen Augenblick war kein Jesuit zur Stelle. Wie stark seine Neigung zum Dogmatischen war, zeigt sein Versuch ›Fünf Schwierigkeiten beim Schreiben der Wahrheit‹.

Im süddeutsch-österreichischen Sud, der mit den Nazis hochgekommen war und mit seinem mythisch-völkischen Dampf alles verbrühte, galt es für die Wahrheit eine neue Sprache zu finden, einen Schutzanzug, doch von allen Schwierigkeiten, die Brecht anführt, scheint ihm die größte der Schwierigkeiten, die Wahrheit, die man schreiben will, auch zu finden, die geringste, obgleich er behauptet, es könne keine Rede davon sein, daß es leicht sei: Aber Brecht hätte sich das Kapitel über diese zweite Schwierigkeit ersparen können, denn eine Wahrheit, die schon gefunden ist, braucht nicht noch gesucht zu werden: »Nötig ist für alle Schreibenden in dieser Zeit der Verwicklungen und der großen Veränderungen eine Kenntnis der materialistischen Dialektik, der Ökonomie und der Geschichte. Sie ist aus Büchern und durch praktische Anleitung erwerbbar, wenn der nötige Fleiß vorhanden ist.« Die einzige Schwierigkeit sieht Brecht vielmehr darin, ausfindig zu machen, *welche* Wahrheit zu sagen sich lohnt, die Klugheit, die Wahrheit zu erkennen, besteht somit darin, aus den Wahrheiten die richtige zu wählen. »So ist es z.B. nicht unwahr, daß Stühle Sitzflächen haben und der Regen von oben nach unten fällt. Viele Dichter schreiben Wahrheiten dieser Art. Sie gleichen Malern, die die Wände untergehender Schiffe mit

Stilleben bedecken ... Unbeirrbar durch die Mächtigen, aber auch durch die Schreie der Vergewaltigten nicht beirrt, pinseln sie ihre Bilder. Das Unsinnige ihrer Handlungsweise erzeugt in ihnen selber einen ›tiefen‹ Pessimismus, den sie zu guten Preisen verkaufen und der eigentlich eher für andere angesichts dieser Meister und dieser Verkäufe berechtigt wäre. Dabei ist es nicht einmal leicht zu erkennen, daß ihre Wahrheiten solche über Stühle oder den Regen sind, sie klingen für gewöhnlich ganz anders, so wie Wahrheiten über wichtige Dinge. Denn die künstlerische Gestaltung besteht ja gerade darin, einer Sache Wichtigkeit zu verleihen. Erst bei genauem Hinsehen erkennt man, daß sie nur sagen, ein Stuhl ist ein Stuhl und: niemand kann etwas dagegen machen, daß der Regen nach unten fällt.«

Ich gebe zu, daß mir diese Bemerkung Brechts zu denken gibt. Nicht etwa, weil die Passagen mit dem tiefen Pessimismus und den guten Preisen allzu oft von den Abschreibern Brechts, mehr oder weniger abgeändert, dazu verwendet wurden, mich abzuschießen, sondern weil sich Brechts Hintergründigkeit so teuflisch an ihm selbst rächt: Ich glaube kaum, daß er bestimmte Dichter meinte, die wesentlichen waren emigriert wie Brecht; Hauptmann, Benn und Ernst Jünger ausgenommen. Es ging Brecht ums Ganze, um seine Ideologie. Darum die verräterische Unterscheidung in Wahrheiten, die sich lohnen, und in solche, die sich nicht lohnen: wer regt sich schon auf, wenn Wahrheiten, die nicht lohnen, unterdrückt werden. Brecht wollte ungleich radikaler aufräumen, die Dichter waren ihm nebensächlich, es ging Brecht um seine Wahrheit, nicht um die Dichtkunst, es ging ihm um die Ideologie, die er zur Wahrheit erklärte;

die Schrift ist ein verhängnisvoller Versuch, Politik zu treiben. Die Gleichsetzung von Faschismus und Kapitalismus, 1934 formuliert, mußte die Demokratien Hitler gegenüber wesentlich schwächen, indem die Arbeiter, insofern sie auf diese Formel hereinfielen, sich von den Demokratien abwandten und sie so Hitler auslieferten. Stalin dachte realpolitisch, darum sein Pakt mit Hitler; die Kapitalisten, ob Faschisten oder kapitalistische Demokratien, sollten sich untereinander abschlachten: Stalins Rechnung ging nicht auf, und Brecht hat es nachträglich so nicht gemeint. Daß Stühle Stühle sind, meint zwar den Identitätssatz A = A, und daß der Regen nach unten fällt, die Physik, aber Brecht kann auch nur zufällig dieses Beispiel eines ›belanglosen Denkens‹ gewählt und die Dichter gemeint haben – aber wer kennt sich bei diesem Tiresias der materialistischen Dialektik schon aus: Ich habe ihn im Verdacht, daß er doch nicht die Dichter meinte.

Indem die Grundlagen der Logik wieder untersucht wurden und Einstein sich aufs neue überlegte, warum der Regen nach unten falle, entstand mehr als eine neue Naturwissenschaft, es entstand ein neues philosophisches Denken. Nicht umsonst waren schon vor Hitler die moderne Logik und die moderne Physik mit dem marxistischen Weltbild in Konflikt geraten, ihre Erkenntnisse, doch vor allem die Schlüsse, die sich aus ihnen ergaben, galt es für die marxistischen Ideologen noch entschiedener als Hitler zu bekämpfen, sie stellten den Marxismus an sich in Frage, dagegen war Hitler zwar ein schrecklicher, aber nur ein vergänglicher Gegner: Zum Glück hielt er die Erkenntnisse der modernen Logistik und der modernen Physiker für ebenso belanglos wie Brecht, er glaubte an die Welteislehre. Hätten die Nazis die moderne Physik ernst genommen und die Atombombe erfunden, hätte die Weltgeschichte leicht einen noch fataleren Verlauf genommen, als sie ihn dann nahm: Daß nämlich unter dem Riesengewicht eines siegreichen, gigantischen und monolithischen Sowjet-Imperialismus der dialektische Materialismus ebenfalls zu etwas Irrationalem, ja Völkischem verdampfte, zu einem kultischen ›Om mani padme hum‹, war auch für die Marxisten eine fürchterliche Erkenntnis; inwieweit Brecht, der ja nun sein Theater hatte und, von den Schreien der Vergewaltigten nicht sonderlich beirrt, seine unsterblichen Bilder pinselte, diese neuen Verwicklungen und großen Veränderungen, die über jene hereinbrachen, die an eine zukünftige klassenlose Gesellschaft glaubten, überhaupt wahrnahm, bleibe dahingestellt; Graß, der sich an diese Frage herantastete, mußte es büßen, seine Plebejer, die den Aufstand probten, verschwanden von den deutschen Bühnen, man spielte sie lieber nicht; an Brecht wagt man sich nicht heran.

Daß viele westliche Marxisten den Stalinismus erst nach dem Tode des Diktators durchschauten, eigentlich erst auf die Rede Chruschtschows hin, ist ein Zeichen, wie sehr sie sich wie Brecht in den Marxismus als eine Religion geflüchtet hatten, obgleich sie nicht Dichter waren, doch tut man ihnen unrecht, wenn man die Echtheit der Reformation bezweifelt, die sich seitdem im Westen unter den Marxisten immer mehr durchsetzt, geistige Ansätze werden sichtbar, die von der Geschichte vielleicht einmal als ebenso wichtig beurteilt werden wie die Impulse, die heute von China ausgehen. Nun ist der Weg einer Reformation nicht voraussehbar. Einmal in

Gang gekommen, läßt sie, zuerst zögernd, dann entschlossen, weitere Reformen frei, bis auch die Grundkonzeption überwunden ist. Was sich vorbereitet, ist die Überwindung des Marxismus nicht im Sinne eines Anti-Marxismus, wie sich das der Anti-Marxismus erhofft, sondern als das Auftauchen eines Neuen, so wie ja das moderne wissenschaftliche Denken nicht einfach als ›Antireligion‹ gedeutet werden kann: Unter diesem hypothetischen Aspekt wäre dann Brechts Dramaturgie zu verstehen als ein unvermeidlicher Schritt, den das Theater machen mußte, der es freilich aus der Knechtschaft durch das Publikum in die Knechtschaft durch die Dramaturgen führte, will man nicht lieber sagen, das Theater sei, durch den Dichter Brecht verführt, auf den Denker Brecht hereingefallen.

So oder so, das Theater brauchte dringend jemanden, der an es glaubte, auch wenn dieser Glaube an gewisse Bedingungen geknüpft war, an die nämlich, »daß die heutige Welt auch auf dem Theater wiedergegeben werden kann, aber nur, wenn sie als veränderbar aufgefaßt wird«. *Auch* und *nur:* Der Stückeschreiber hat nicht mehr nur Dramatiker zu sein, das muß er zwar auch sein, doch nur als Marxist wird es ihm gelingen, die Welt auch auf die Bühne zu bringen. Nun hält sich der Marxismus für eine Wissenschaft. Brecht bemühte sich daher, eine nicht-aristotelische Dramaturgie zu schreiben; was er in Wirklichkeit schrieb, war eine Ergänzung der Aristotelischen Dramaturgie.

Der Grieche schrieb über die Dramatik, die er vorfand, Brecht über eine, wie es sie noch nicht gab. Für Aristoteles standen die Dramatiker unter den Philosophen, wenngleich er sie weit höher einstufte als sein Lehrer

Platon, ja sie noch über die Geschichtsschreiber stellte, sah er doch die Aufgabe der Dichter darin, darzustellen, »was nach Wahrscheinlichkeit oder Notwendigkeit möglich ist«. Ein sehr modernes Zitat. Dennoch, die Tragiker »ahmten Mythen nach«, an die Aristoteles nicht mehr glaubte, höchstens mußte er so tun, als ob er an sie oder doch wenigstens an die Götter glaubte. Für Brecht hingegen sollten die Stückeschreiber die Welt als kritisierbares Ereignis im Rationalen, Veränderbaren abbilden; darum seine Hoffnung, eine restlos durchsichtige Kunst des restlos Durchsichtigen werde einmal wenigstens das Amüsement derer sein, die er bewunderte, der Wissenschaftler, das Vergnügen derer eben, die nach seiner Meinung die Welt bewußt veränderten und sie nicht wie die Stückeschreiber als veränderbar nur darstellten. Sah Aristoteles als Denker auf die Dichter hinab, sah Brecht als Dichter zu den Denkern hinauf, doch schreibe ich das nicht, um gegen Brecht zu polemisieren, sondern weil ich es für wichtig halte, daß man seine Dramaturgie so liest, wie ich hoffe, daß meine Gedanken über das Theater, liest sie jemand, auch gelesen werden, nämlich richtig: nicht als Wahrheitsfibel, sondern als Dokument, das ein Mensch verfaßt hat, der, im Versuch, über sich als Schriftsteller ins klare zu kommen, das Theater und darüber hinaus die menschliche Situation überdenken mußte: Daß dieses Dokument ebenso von seinen Irrtümern zeugt wie von seinen Erkenntnissen, ist selbstverständlich.

Und so komme ich wieder auf meine Schwierigkeiten zurück. Von den Notwendigkeiten, die auf der Bühne herrschen, von der Feststellung ferner, daß es doch eigentlich keine Bühnenpartitur gebe, und vom Versuche

aus, eine solche Partitur herzustellen an Hand eines
Stücks, das ich zuerst auf dem Schreibtisch ausgearbeitet
und dann auf der Bühne inszeniert habe – über dem
Umweg freilich einer mißglückten Uraufführung –, von
diesem Fragen- und Tatsachenknäuel ausgehend bin ich
beim Versuch, ihn zu entwirren, in die Dramaturgie,
später in eine Erzählung hineingeraten, um mich auf
dem Umweg einer weiteren Erzählung schließlich bei
den Schwierigkeiten wiederzufinden, die meine letzten
Stücke meinen Kritikern offenbar machen, wenn
ich auch zugebe, daß ich ihnen diese Schwierigkeiten
unterschiebe, denn wirklich nachgedacht haben wenige
von ihnen: die ihnen aus Höflichkeit unterschobenen
Schwierigkeiten sind die meinen. – Noblesse oblige:
Immer noch sitzt Tiresias der Pythia gegenüber, wenn
auch die meisten Kritiker die Argumente des Tiresias
nachplappern.

Und so komme ich mir denn vor wie einer, der sein
Haus gegen Osten zu verließ und, seine Richtung stur
einhaltend, alle nur denkbaren Verkehrsmittel benutzend, sein Haus plötzlich von Westen her kommend
wiederfindet. Trat er aus der Vordertür hinaus, steht er
nun vor der Hintertür und trifft die alten Fragmente, all
das Halbbegonnene, Liegengelassene, ja nur Gedachte
wieder an, das er einmal zur Hintertür hinauswarf, in der
Meinung, es sei dann aus dem Wege geschafft: Nun muß
sich der Reisende, will er seine Reise vollenden, durch all
dieses Gerümpel den Weg ins Haus bahnen, darum habe
ich die wenigen Seiten ergänzen müssen, die von der
Novellenfassung geschrieben waren: um die Reise zu
vollenden, die mir dieser Stoff auferlegte. Doch nun wird
mir am Ende dieses Abenteuers auch klar, warum ich

diesen Stoff damals liegenließ, zur Hintertür hinauswarf, in den Hintergrund schob, zurück ins Unbewußte, wenn man will, er war damals, als ich ihn konzipierte, kein Stoff, den ich für die Bühne brauchen konnte, er war nichts als verdichtete Atmosphäre, ein Vorwand nur, um ein Erlebnis in den Griff zu bekommen, das Erlebnis der Riesenstadt New York. Doch dann, als ich nach Europa zurückkehrte, konzipierte ich noch im gleichen Jahr die *Physiker* und den *Meteor,* zwei Stoffe, deren Geheimnis wie bei den Stoffen der antiken Tragödie in der Handlung lag, war ich doch damals der Meinung, die Handlung sei das Wichtige, in ihr sei die Aussage versteckt, sie sage das Entscheidende aus. Erst als ich mit den Schauspielern arbeitete, begann ich das Undurchdringliche zu entdekken, das den Einzelnen ausmacht, das eben, was der Schauspieler auf der Bühne, seit er die Maske fallen ließ, darstellt. *Play Strindberg* war der erste Versuch, die Handlung in den Schauspieler hineinzuverlegen, im *Porträt eines Planeten* gab ich die Handlung ganz auf, der Schauspieler hat immer jemand anderen darzustellen, er ist kein Einzelner mehr, sondern eine ganz bestimmte Anzahl von Einzelnen, an die Stelle der Handlung trat die Komposition, und im *Mitmacher* endlich versuchte ich mit den neuen Mitteln wieder eine Handlung darzustellen, auf eine anders konzentrierte Weise.

Doch fragt mich nun einer, bevor ich schließe, gesetzt, er sei mir bis zu diesem Punkt gefolgt, zu diesem End- und Ausgangspunkt zugleich, wozu denn diese Reise, so antworte ich, des Reisens wegen; und fragt er, was ist dein Standpunkt, so antworte ich, der eines Reisenden; fragt er unerbittlicher, deinen politischen Standpunkt will ich wissen, antworte ich, von Fall zu Fall, in der

Sowjetunion, halte ich mich dort auf, bin ich Antikom-
munist, in Indien oder Chile, wäre ich dorthin verschla-
gen, Kommunist usw. Ich bin gegen die USA, aber es gibt
Fälle, wo ich wieder froh bin, daß es sie gibt, den Fall
Israel zum Beispiel, wenn ich auch noch glücklicher
wäre, wenn Israel die USA nicht nötig hätte; und fragt er
mich noch neugieriger, so nenne mir wenigstens deine
philosophische Herkunft, antworte ich, es stimmt, wie
du vermutest, ich bin von Kierkegaard und Kant ausge-
gangen, von dem wenigen, was ich von ihnen verstanden
habe, wenn ich auch nicht sicher bin, ob ich überhaupt
etwas von ihnen verstanden habe, und so weiß ich denn
auch nicht, durch welche Gebiete die Reise führt, außer
daß sie immer wieder zurückführt; und sagt er, dann ist
es ja sinnlos zu reisen, entgegne ich, deshalb erzähle ich ja
Geschichten; und wirft er mir vor: du bist doch eben erst
von einer Reise zurückgekommen, sage ich: das war auch
nur so eine von meinen Geschichten; und tritt er endlich
ungeduldig auf mich zu und packt mich: was glaubst du
eigentlich?, dann antworte ich ihm: unter Antisemiten
bin ich Jude, unter Antichristen Christ, unter Antimarxi-
sten Marxist, unter Marxisten Antimarxist. Fragt er
dann: und wenn du allein bist?, antworte ich: Ich kann es
dir nicht sagen. Denn ich glaube, je nach dem Augenblick. Es gibt Augenblicke, da ich zu glauben vermag,
und es gibt Augenblicke, da ich zweifeln muß. Das
Schlimmste, glaube ich, ist, glauben zu wollen, was es
nun sei, was man glauben will, sei es das Christentum
oder irgendeine Ideologie. Denn wer glauben will, muß
seine Zweifel unterdrücken, und wer seine Zweifel unterdrückt, muß sich belügen. Und nur wer seine Zweifel
nicht unterdrückt, ist imstande, sich selbst zu bezwei-

feln, ohne zu verzweifeln, denn wer glauben will, verzweifelt, wenn er plötzlich nicht glauben kann. Aber wer sich bezweifelt, ohne zu verzweifeln, ist vielleicht auf dem Wege zum Glauben. Ohne ihn vielleicht je zu erreichen. Was für ein Glaube es jedoch ist, dem so einer entgegengeht, ist seine Sache. Es ist sein Geheimnis, das er mit sich nimmt, denn jedes Glaubensbekenntnis ist unbeweisbar, und was nicht bewiesen werden kann, soll man für sich behalten. Verzeih, ich muß wieder weiter. Warte! ruft er mir nach, als ich aus der Vordertür ins Freie trete. Was willst du noch? antworte ich, mich entfernend. Du verwirrst mich! ruft er mir nach. Du mich auch, antworte ich, du mit deiner Fragerei. Ich habe ein Recht zu fragen, schreit er mir nach, ich bin dein Leser! Ich bleibe stehen: Dafür kann ich nichts, dann gehe ich weiter. Ich habe dein Buch gekauft, schreit er, nur noch eine Silhouette in der Vordertür, würde ich zurückblicken, und er schreit, weil ich mich nicht zurückwende: Dafür hätte ich fünfmal ins Kino gehen können! Ich schaue in die aufsteigende Dämmerung vor mir, in die immer dunkleren Schichten, die sich mir entgegenschieben: Geh das nächstemal fünfmal ins Kino. Bist du ein Protestant? schreit er schon undeutlich. Ich habe ein Leben lang nichts anderes getan als protestiert. Seine Stimme wird deutlicher, er muß mir nachgerannt sein: Glaubst du eigentlich irgend etwas? Sein Keuchen ist zu hören. Fängst du wieder damit an? frage ich zurück, immer weitergehend, ich bin allergisch gegen das Wort ›Glauben‹. Gib mir ein anderes Wort, bettelt er, wieder zurückbleibend. ›Einleuchten‹, sage ich. Was leuchtet dir ein? ruft er mir nach. Vieles, antworte ich, die Richtigkeit der Mathematik oder die Möglichkeit der

Gleichnisse. Leuchtet dir Gott ein? schreit er von irgendwoher zwischen mir und der Türe, aus der ich ging. Er hat mich nicht erleuchtet, daß er mir einleuchtet, antworte ich und schreite in die immer schwärzere Dunkelheit, in die immer gewaltigere Finsternis. Also glaubst du nicht an Gott, schreit er, endlich habe ich dich festgenagelt. Warum wirst du denn gleich so verdammt theologisch, schreie ich noch, bevor ich endgültig in die Nacht entweiche, stur geradeaus. Du gehst schon wieder auf Reisen, schreit er mir, glaube ich, nach, höhnisch, aus Leibeskräften, obgleich ich für ihn längst nicht mehr auszumachen bin, und ich antworte, und es ist unwahrscheinlich, daß er mich durch die unendliche Schwärze zwischen sich und mir, zwischen Mensch und Mensch, noch versteht, während ich im Ungewissen, Weltweiten, nur Ahnbaren den ersten unwirklichen Lichtschimmer errate, mein Ziel, das ich anstrebe, den Ausgangspunkt meiner Reise, den ich eben verlassen habe, die Hintertür mit dem Gerümpel davor, den Rücken des Fragenden endlich, durch die Vordertür sichtbar, in der Nacht stehend, in der er mich zu erspähen sucht, vergeblich, da ich mich, indem ich mich ihm nähere, immer mehr von ihm entferne: Ich habe nur wieder eine Geschichte erzählt. Und während ich weiterlaufe, immer weiter, fragt einer plötzlich, einer neben mir, einer, an dem ich auf meinen Wanderungen stets vorbeigelaufen bin und den ich doch anreden wollte, ein Schauspieler: Na schön, aber wie soll man das Ganze denn spielen? Und ich antworte, während mich die Nacht verschluckt, wie sie alle verschluckte, Doc, Ann, Bill, Boss, Cop, Smithy, Ödipus, Tiresias, die Pythia, alle, alle: Mit Humor!

Anhang

Namenregister

Kritik
Kritiken und Zeichnungen. detebe 250/25

Literatur und Kunst
Essays, Gedichte und Reden. detebe 250/26

*Philosophie und Naturwissen-
schaft*
Essays, Gedichte und Reden. detebe 250/27

Politik
Essays, Gedichte und Reden. detebe 250/28

Zusammenhänge/Nachgedanken
Essay über Israel. detebe 250/29

Außerdem liegt vor:
Über Friedrich Dürrenmatt
Essays, Aufsätze, Zeugnisse und Rezensio-
nen von Gottfried Benn bis Saul Bellow.
Chronik und Bibliographie. Herausgegeben
von Daniel Keel. detebe 250/30

● **Das zeichnerische Werk**
Bilder und Zeichnungen
Mit einer Einleitung von Manuel Gasser und
Kommentaren des Künstlers. Diogenes
Kunstbuch

Die Heimat im Plakat
Ein Buch für Schweizer Kinder. Zeichnungen. Mit einem Geleitwort des Künstlers.
kunst-detebe 26